우리는 왜
어른이 되지 못하는가

우리는 왜
어른이 되지 못하는가

일, 육아, 교육이
갈수록 어려워지는 이유

파울 페르하에허 지음
이승욱, 이효원, 송예슬 옮김

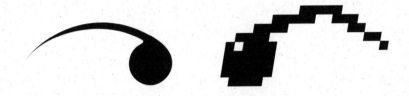

반비

서문

내가 기억하는 가장 어렸을 적 장면 중 하나. 나는 아버지의 작업장 밖에서 뛰어놀고 있었다. 그곳에 새 창유리 하나가 작업장 벽에 기대어져 있었는데, 실수로 그 유리를 깨트리고 나서 혼나는 게 두려워 엉엉 울었다. 그러나 집에 돌아온 아버지는 화를 내지 않으셨다. 그날의 기억, 특히 그날 느꼈던 놀라움이, 아직도 생생하다. 나는 왜 그렇게까지 겁에 질렸던 걸까? 그럴 만한 이유는 없었다. 아버지는 좀처럼 우리를 혼내거나 때리지 않는 좋은 분이었다. 그런데도 왜 나는 아버지를 공포의 대상으로 생각했던 걸까?

내가 서른이 되었을 때, 아들이 새로 지은 온실의 유리창을 깨트렸다. 나는 참을 수 없이 화가 나 그 녀석을 호되게 꾸짖었다. 그러고 나서 남은 것은 후회. 그리고 수치심.

✛✛✛

중고등학교는 엄격한 규율이 다스리는 곳이다. 기숙학교 감독생은 약한 아이들을 체계적으로 골라내 공개적으로 망신을 준다. 우리 모두 알고 있고 화도 나지만, 이를 막을 수 없다는 무력함을 느낀다.

십수 년 후, 자신이 가진 힘과 권위를 거리낌 없이 쓸 줄 아는 사람이 우리 학교 교수진의 대표로 임명된다. 그래도 그는 그 힘과 권위를 교수들을 위해 사용하는 사람이다. 어느 날, 회의 도중 그가 동료 X를 추궁하기 시작한다. X는 학교 도서관의 총책임자인데, 그 도서관은 제대로 운영되지 않은 지 한참이다. 모두 그 사실을 알고 있고, 그 이유도 알고 있다. 함부로 해고할 수 없는 정규직 사서, 매사에 딴지를 거는 것이 취미이자 특기인 그 직원 때문이었다. X는 할 수 있는 것이 없었다. 나는 화가 나 불쑥 대화에 끼어든다. 기숙학교 시절의 무기력함이 떠오르지만, 지금은 그때와 다르다. 나는 동의할 수 없다고 말한다. X가 도서관 상황을 책임져야 한다면 그에 맞는 권력을 주는 것이 맞지 않느냐고, 그 힘을 줄 수 없으면 책임을 물어서도 안 된다고 의견을 밝힌다. 회의가 끝난 후, X가 다가와 내 어깨에 손을 잠시 올렸다가 아무 말 없이 다시 갈 길을 간다.

❖❖❖

박사생 시절, '교수님'과 조교들이 토론하는 자리에서 겪은 일. 어쩌다 보니 나는 교수에게 미운털이 박혀 있었다. 토론 중에 납득할 만한 의견을 제시했으나 그대로 무시당했을 때, 나는 같은 주장을 다시 말하면서, 그 의견이 내가 낸 것이라는 이유만으로 무시당하고 있다는 점도 잊지 않고 덧붙였다.

몇 년 후 나는 이와 같은 상황을 반대로 겪게 되었다. 내가 하는 모든 말에 사람들이 귀를 기울였다. 그 말이 옳아서가 아니라, 순전히 내가 한 말이어서였다.

⊹⊹⊹⊹

초임 교수가 되어 교수 회의에 처음 참석한 날. 의기양양한 나는 회의에 적극적으로 열띠게 참여하리라 다짐한다. 회의가 끝나고 선임 교수가 내게 다가와 말을 건넨다. "충고 한마디만 해도 되겠나? 이다음 회의에서는 듣는 데 집중하고 앞으로 몇 달간은 아무 말 하지 말아보게." 나는 그분의 권위를 인정하기에 그분이 하는 충고를 새겨듣는다. 학생 시절 내가 본 그분은 수업에 진지하게 임하는 몇 안 되는 교수였다. 다음 회의에 참석해서 나는 지난 회의 때 내가 보인 거만함이 얼마나 순진하고 멍청한 것이었는가를, 얼마나 주제 파악을 못 한 행동이었는가를 깨닫는다. 그렇게 나는 6개월간 회의에서 입도 뻥긋하지 않기로 결심한다.

25년 후, 나와 내 연구 분야에 대한 비판이 일간지 《데 스탄다르트(De Standaard)》에 실린다. 이 비판의 주동자는 타 대학 소속의 젊은 박사후연구원이었다. 그런데 그의 비판은 오류투성이어서 처음으로 교수진 전체가 우리 학과 편에 선다. 동료 교수는 이렇게 혼잣말한다. "그 아이를 자기 자신으로부터 지켜줄 사람은 아무도 없는 건가?"

✛✛✛

졸업생들을 위한 '학위 수여식'이 대강당에서 열린 날, 제자이자 이제는 동료가 된 학생이 말을 걸어왔다. 그녀는 내게 고맙다는 인사를 전하며 이렇게 말했다. "교수님은 언제나 우리들 사이에서 권위(authority)를 인정받는 분이세요. 교수님에게 있는 권력(power)을 남용하지 않으시니까요." 나는 마치 인정한다는 듯 점잖게 고개를 끄덕였고, 그 말뜻을 더 깊게 생각하지 않았다. 이 순간에 나는 그녀가 알고 있는 것을 알지 못했다. 권력은 권위와 다르다. 나는 이 사실을 한참 후에야 이해했다.

차례

일러두기

1. 이 책은 영어판 *Who Says?: The Struggle for Authority in a Market-based Society*(2018)를 저본으로 삼아 번역했다.
2. 각주는 모두 저자의 것이다.
3. 옮긴이 주는 소괄호 안에 넣고 '—옮긴이'로 표시했다.
4. 원서에서 이탤릭으로 강조한 부분은 고딕으로 표시했다.
5. 본문에 언급된 단행본은 한국에서 번역 출간된 경우 국내에 소개된 제목을 따랐다. 원제는 국내에 출간되지 않은 경우에만 병기했다.

1

정체성과
권위

전작『우리는 어떻게 괴물이 되어가는가』에서 나는 정체성을 우리가 살아가는 동안 계속 진화하는 구성물로 정의했다. 정체성 문제에 주목하기로 마음먹은 것은 임상심리학 교수이자 심리치료사인 내 직업의 영향이었다. 전작을 쓰기 몇 년 전부터 나는 정신병리학 강의를 할 때 이른바 성격장애, 즉 정체성에 관한 문제들에 갈수록 더 많은 시간을 할애하고 있다는 것을 깨달았다. 왜 갑자기 이러한 문제가 늘어났을까? 상담할 때에도 예전과 달리 실존적 문제로 고민하는 내담자를 갈수록 더 많이 만나게 된 터였다. 게다가 이런 문제들은 내 전문 분야를 넘어서서 모든 사회 영역, 특히 학교와 직장에 영향을 미쳤다. 나는 우리의 정체성에 새로운 의미를 부여한 사회적 변화에서 그 이유를 찾았다. 그 의미가 많은 사람을 불행하게 만들고 있다.

내 주장을 요약하면 이러하다. 정체성은 세계 어디에서나 같은 과정을 거쳐 형성되지만 그 내용은 극단적으로 다를 수 있다. 사람들이 상담실에 들고 오는 문제가 사회마다 판이하게 다른 것은 바로 이런 이유에서다.

정체성 형성 과정은 쉽게 설명할 수 있다. 정체성은 상이하고, 어찌 보면 상충되는 두 과정을 거쳐 만들어진다. 첫 번째 과정을 '동일시(identification)'라고 부르는데, 나는 '정체성(identity)'과 어원이 같은 이 용어를 선호하는 편이다. 또는 이 과정을 '거울반응(mirroring)'이라고 부르기도 한다. 우리는 태어나는 순간부터 환경과 주변 사람들(특히 부모)이 우리에게 끊임없이 보여주는 단어와 그림 들을 받아들이고, 그것들을 토대로 정체성을 형성한다. 이 과정은 대체로 사회 속에서 일어나기 때문에 우리는 같은 사회에서 자란 사람을 만났을 때, 생각했던 것 이상으로 많은 공통점을 발견하게 된다. identity와 identification의 어원인 라틴어 이뎀(idem)은 '동일하다'는 뜻이다. 우리는 대부분 인지하지 못하지만 실은 모두 같은 거울을 보고 있다.

두 번째 과정은 동일시와 반대되는 '분리(separation)'이다. 아주 어려서부터 우리는 스스로 결정하기를 원하며 주변이 강요하는 것을 거부한다. 이 과정이 동일시보다 더 널리 알려진 데에는 그럴 만한 이유가 있다. 분리는 우리 인생에서 두 번의 시기를 대표하는데, 이 시기에 부모들은 곧잘 과연 이 아이를 낳은 것이 잘한 결정이었을까 진지하게 자문하게 된다. 유아들은 일찍부터 '나'와 '아니'라는 말을 학습해 틈만 나면 이 두 단어를 합쳐 써먹는다. '끔찍한 두 살'로 불리는 이 시기가 지나고 나면 곧 사춘기라는 속편이 시작된다. 이 시기 아이들은 한계를 실험하듯 될 수 있는 대로 모든 선을 넘으려 하고, 부모가 가장 싫어할 법한 동일시 대상을 찾아 나선다.

동일시와 분리는 번갈아가며 일어나지 않는다. 이 둘은 동시에 일어나지만 상대적 힘의 크기는 다양한다. 우리는 '아니'라고 말하며 분리를 원하는 어른들을 종종 목격한다. 그들은 모든 것에 격하게 저항한다. 반대로 무조건 '그래'라고 말하는 어른들, 즉 동일시를 택하는 어른들도 있다. 이런 사람들은 최신 유행과 주류 집단의 태도를 더 빨리 습득할 것이다. 우리 대부분은 이 양극단 사이 어느 지점에 있다. 가장 이상적인 모습은 '그래'와 '아니' 사이에서 균형 잡힌 선택을 내리는 것이다.

정신분석학과 발달심리학이 정교해지고 최근 거울뉴런(mirror neuron)의 존재가 밝혀지면서, 동일시를 상당히 잘 이해할 수 있게 되었다. 반면, 분리에 대해서는 이것이 우리를 개성적인 존재로 만드는 핵심 요소인데도 알고 있는 것이 거의 없다. 이 두 과정에 대해 확실하게 말할 수 있는 것은 동일시는 우리를 집단으로 향하게 하며, 그럼으로써 순응하는 존재로 만들고, 분리는 우리를 자율적 개인으로 향하게 하며, 그럼으로써 스스로 결정하는 존재로 만든다는 사실이다. 이 둘의 결합은 좀처럼 안정적일 수 없다.

이 두 과정을 거치면서 우리의 정체성이 형성된다. 그렇다면 다음 문제는 그것의 내용, 즉 나라는 존재가 무엇이냐는 것이다. 여기서는 모든 성격 유형을 규명하기보다, 인간에게 핵심적인 네 가지 관계를 통해 형성되는 정체성에 집중하고자 한다. 첫 번째로, 나는 이성(異性)과의 관계와 그 관계가 내게 주는 의미에 따라 내 남성성을 형성한다. 두 번째로, 나는 내 주변 사람들(또래 집단, 이웃, 직장 동료)과의 관계를 통해 내 정체성을 형성한다. 세 번째로, 나는 내 몸과의 관계를 통해 '나 자신'을 정의한다. 네 번째는 조금 후에 알아보도록 하자.

구성 방식(동일시와 분리)과 내용(관계)의 상관관계는 분명하다. 예를 들어 내가 이성과 맺는 관계는 대체로 내가 어떤 사회에서 자랐는지에 좌우된다. 내가 들여다보는 거울은 내가 속한 문화에 의해 결정된다. 그렇기에 개개인의 정체성이 문화마다 그토록 다른 것이다. 다른 거울을 들여다보면 다른 양상으로 관계를 맺고 결국 다른 정체성을 갖게 된다. 그 차이가 너무 심하다 보니 어떨 때에는 다른 문화에서 온 사람들이 우리의 거울과 심각하게 충돌하고 우리와도 충돌한다.

우리가 맺는 관계들이 사회규범과 가치를 바탕으로 만들어진 수많은 규칙과 제약으로 채워져 있다는 것을 깨닫는 순간, 이 충돌의 원인은 자명해진다. 나는 전작에서 모든 정체성이 이데올로기에서 발원한다고 주장했으며 이를 놓고 꽤 많은 말이 오갔다. 하지만 이 주장을 증명하기란 쉽다. 정체성을 만드는 관계들이 절대 가치중립적이지 않기 때문이다.

우리가 이성과 맺는 관계가 대표적이다. 규칙과 제약이 크게 달라졌음에도 우리는 여전히 다음과 같은 질문에서 자유롭지 못하다. 무언가 잘못된 상황에서 누가 책임을 지는가? 육아 분담은 어떻게 하는가? 왜 아직도 여성들은 동일노동에 더 적은 임금을 받을까? 혹시 우리가 아직 전형적인 이분법(남자와 여자)에 갇혀서 동성애자를 향한 공격에 위선적인 침묵으로 지지를 보내고 있지는 않은가? 과연 우리는 다른 조합(동성애 관계)의 존재를 인정하고 있는가? 젠더 정체성의 복잡함을 당연하고 자연스러운 것으로 받아들일 수 있는가?

얼마 전까지만 해도, 다르지만 평등한(other-but-equal) 관계의 사람들을 우리는 '동료' 또는 '동지'라고 일컬었다. 썩 내키지 않더라도 어떤 식으로든 도와야 하는 사람. 그러나 이제는 상황이 달라졌다. 다른 사람들과 공동체를 이뤄 더불어 지내느냐, 아니면 나 자신을 우선순위에 둘 것인가를 놓고 갈등이 일어난다. 급여 일부를 은퇴자, 실업자, 병자를 돕기 위해 내어줄 수 있는가? 복지수당으로 쓰일 세금을 아까운 마음 없이 내고 있는가? 아니면 '세금해방일(tax freedom day, 납세의무에서 해방되어 자신을 위해 돈을 벌 수 있게 되는 날. 1년 중 이날 이전까지 번 소득은 세금으로 납부해야 한다고 생각하면 된다.—옮긴이)'만 손꼽아 기다리는가? 사적인 공간에 다른 사람을 들일 수 있는가? 아니면 어떠한 신체 접촉도 두려워 문을 닫고 지내는가?

이 질문은 우리의 정체성을 형성하는 세 번째 관계, 즉 몸과의 관계를 생각하게끔 만든다. 지금은 거의 잊힌 머나먼 옛날, 어느 가톨릭 사제는 육체를 가리켜 (불결하며 죄의 근원이라는 뜻에서) '당나귀 형제(Brother Donkey)'라고 불렀다. 그러나 오늘날 우리 몸은 끝없는 걱정거리가 되었다. 코가 너무 큰가? 입술이 너무 얇나? 가슴이 너무 작나? 이 사마귀가 혹시 악성종양이 되면 어쩌지? 대장암 검사를 받아야 하나? 보통 사람은 아무리 노력해도 만들 수 없는 연예인들의 몸매는 미의 기준이 되었다. 이처럼 유한한 육체에 끊임없이 관심을 쏟는 것은 스포츠, 음식, 성(性) 그 무엇이든 무조건 즐겨야 한다는 분위기에 기인한다. 당나귀 형제자매들은 죽을 때까지 쾌락을 좇아야 한다. 코앞에 달랑거리는 당근을 입에 넣으려 부지런히 헬스장에 가고 성형수술을 받고 그 전에 잠깐 성인용품 가게를 들르기도 한다. 이제 우리 몸과의 관계는 이성과 맺는 관계와 거의 하나로 합쳐졌다고 해도 무방하다. 우리는 헬스장 거울을 보며 자기 모습뿐 아니라 다른 사람들 모습도 관찰하고 그렇게 그곳을 연애의 장으로 만든다. 이때 우리는 거절당하는 것에 대한 근원적 두려움을 느낀다. 나 정도면 괜찮은 걸까? 남들 시선에 맞춰 '나 자신'에게 들이밀게 된 보이지 않는 기준들에 내가 부합할까?

이 세 가지 관계를 모두 아우르는 관계가 있다. 바로 네 번째로 언급할 권위와의 관계이다. 우리 내면에는 우리가 여자로서, 남자로서, 동료로서, 인간의 몸으로서 해야 하거나 하지 말아야 하는 것을 명령하는 강력한 힘이 작동하고 있다. 이 힘은 우리의 일부이면서 우리와 분리되어 있다. 심리학자들은 이를 '내면화(internalization)'라고 말한다. 원래 외부에서(예컨대 타인에게서) 온 금지와 명령이 우리의 정체성과 합쳐지는 것을 뜻한다. 해야 하거나 하지 말아야 할 것을 명령하는 이 목소리는 우리의 일부가 되어 끊임없이 우리를 꾸짖는다. 프로이트(Sigmund Freud)는 이를 '초자아(superego)' 개념으로 설명했다. 실제 자아를 지배하는 초자아는 엄격한 아버지상(像)에 그 기원을 두고 있다. 이 내면화라는 것도 우리에게 주어진 사회적 기대에 순응하는 과정이기에 결국 사회화의 한 형태임을 잊지 말아야 한다. 회사를 때려치우고, 상사 면전에 욕을 하고, 나보다 나이가 (훨씬) 어린 동료에게 막말을 퍼붓고 싶다가도 그렇게 하지 않는다. 내 안의 무언가가 날 막아 세워 계속 열심히 일하도록, 상사에게 예의를 지키도록, 나이 어린 동료에게 점잖게 굴도록 만든다. 이 모든 것이 내면의 어떤 힘에 의해 가능하다니 신기하지 않은가.

권위, 정상성, 권력

정체성에 대한 이런 이해는 오늘날 이토록 많은 문제가 생겨난 이유를 말해준다. 최근 몇십 년 동안 일어난 사회변동을 통해 우리가 들여다볼 새로운 거울들이 만들어지고 있다. 이로써 우리는 예전과 다른 가치 및 규범(성공, 경쟁, 유연성, 개인주의, 강요된 '자기결정')을 받아들이고 예전과 다른 관계를 형성한다. 이 모든 것은 신자유주의라 불리는, 이 시대를 지배하는 경제 모델에 기초한다.

이 체제가 건강하지 못하다는 것은 이미 충분히 입증되었다. 사회적 측면에서 신자유주의는 불평등을 심화하고 사람들을 승자와 패자로 나눈다. 이는 건강하지 못할뿐더러 위험하다. 이데올로기로서 이런 모델은 죄책감과 공포를 일으킨다. 개인에게 끊임없는 위협을 가하고 성공하지 못한 자에게 자책감을 불어넣는다. 오늘날 걷잡을 수 없이 퍼지고 있는 불안장애와 우울증이 그 결과이다.

경제 모델로 출발한 신자유주의는 이제 모든 영역으로 세력을 뻗치며 정상의 기준을 결정하기에 이르렀다. 정상이란 뜻의 normal은 규범이란 뜻의 norm에서 파생되었다. 정상적인 사람은 규범을 따른다. 그러지 않는 사람은 멍청하거나, 시대에 뒤처졌거나, 정신에 문제가 있다고 간주된다.

이렇게 하여 정체성에 대한 나의 연구는 권위에 대한 의문으로 이어졌다. 어떻게 고작 두 세대가 바뀐 짧은 시간에 서구 사회의 규범과 가치가 이토록 급격하게 바뀔 수 있었을까? 어쩌다 연대(solidarity)가 듣기 싫은 단어가 되었으며, 욕심이 미덕이 되고, 쾌락이 의무가 되었을까? 이런 변화의 근원에 어떤 권위와 권력이 존재하는 것일까? 그 힘이 과거에 존재했던 권위와 어떻게 다를까? 어떤 변화가 일어난 것일까?

이 질문들에 대한 답을 찾는 것은 결코 쉽지 않았다. 이 책은 그 노력의 결실이다. 확실히 말할 수 있는 것은 한 개인이 자기 힘만으로 권위를 가질 수는 없다는 사실이다. 권위는 개인의 차원을 넘어서는 무언가에 의해서만 유지되고 드러난다. 권위란 도덕 그 자체로, 사회가 구성원들의 관계를 규정하기 위해 사용하는 규범과 가치에서 탄생하는 강력한 힘이다. 이 힘은 남성과 여성의 관계, 또래 집단 안에서의 관계, 우리보다 위에 있거나 밑에 있는 사람들과의 관계 그리고 우리 자신과의 관계를 규정한다.

현대 신자유주의의 규범과 가치는 기독교의 규범과 가치와 현격히 다르다. 기독교적 도덕성은 권위를 거의 잃었고, 과거의 지배력은 사라졌다. 그렇다고 신자유주의가 엄청난 권위를 가지고 있다고 볼 수도 없다. 신자유주의의 지배적인 성격에도 불구하고 도덕적 권위는 미약하다. 신자유주의적 규범과 가치가 발휘하는 강력한 영향은 권위보다 권력과 훨씬 더 밀접한 관계가 있다.

여기서 권위와 권력의 차이를 짚고 넘어가야 할 것 같다. 둘은 분명 다르지만 상호 배타적이지 않다. 모든 형태의 권위는 권력의 양상을 포함하고 있다. 원하는 행동을 강요하려면 권위에 권력이 필요하다. 이때 말하는 권력이란 정당한 권력을 의미한다. 반면 권력은 권위가 없어도 홀로 기능한다. '힘이 정의다.' 또는 (흔히 그렇게 되듯이) '부가 정의다.'라는 말처럼, 때로 우리는 다른 사람이 우리보다 힘이 세기(부유하기) 때문에 그가 하라는 대로 할 수밖에 없다. 이

때 권력이란 개인이 가진 특징일 뿐 권위와는 무관하다.

권위란 '최종 결정권'이라고 볼 수 있다. 이는 한 개인에게서 권위가 어떤 방식으로 발현되는지를 말해준다. 전통적으로 교사는 학생들이 무엇을 해야 할지 말할 수 있는 사람, 즉 학생들에게 '최종 결정권'을 행사하는 사람이다. 요즘 교사들은 예전만큼 학생들에게 발언권이 없다는 사실은 오늘날 권력과 권위의 문제를 잘 보여주는 사례인 셈이다.

사회변화에 불만을 느끼는 사람들은 권위의 상실이 문제라고 말한다. 보수층은 서구 문명의 쇠퇴를 그 원인으로 지목하고 어떤 사람들은 '이방인'을 탓한다. 그들이 말하는 이방인이란 구체적으로 무슬림을 가리키는데, 역설적이게도 무슬림 집단은 보수적 규범과 가치를 상실했다고 불평하는 서구 사람들보다 훨씬 더 엄격하게 그러한 규범과 가치를 지키는 사람들이다. 나는 권위의 상실을 애석해하는 자들의 의견에 동의하지 않지만, 이런 의견을 통해 서구 사회가 권위에 관계된 문제를 겪고 있다는 것만큼은 확실하게 알수 있었다. 이 문제를 조금 더 살펴볼 필요가 있다.

그때와 지금

최근 일들을 예로 들었기 때문에 권위 문제가 최근에 생긴 현상이라고 생각할 수 있다. 하지만 그렇지 않다. 권위는 계몽주의 시대부터 줄곧 공격받아왔다. 그리 놀라운 일이 아니다. 권위에 대한 저항심은 우리의 정체성에 깊게 배어 있기 때문이다. 우리가 개인 차원에서 하는 일, 즉 다른 사람들이 무엇으로 우리를 맞서려 하는지 비판적으로 따져보는 일을 집단 차원에서도 한다는 뜻이다.

집단 차원에서 우리는 주기적으로 우리 앞에 있는 거울을 의심하고, 거부하고, 깨부수기까지 한다. 그리고 새롭게 들여다볼 거울을 찾아 나선다. 철학자 임마누엘 칸트(Immanuel Kant)는 아이의 성장 과정과 인간의 성장 과정에 공통점이 있다고 보았다. 아이와 같이 인간은 '미숙'하며 그 상태에서 벗어나야 한다. 그 '미성년' 상태를 벗어나는 인간은 권위를 획득하고 스스로 선택할 수 있는 능력을 갖는다.

칸트는 왕족들이 신에게서 절대권력을 받았다고 하여 전능한 군주로 사람들을 통치할 수 있었던 시대가 막 저문 때를 살았다. 군주의 권위에 도전하는 사람은 자동으로 신의 권위에 도전한다고 간주되었으며 당시에 이는 아주 위험한 생각이었다. 17세기부터 서구 사회에 민주주의가 서서히 자리 잡으면서 교회와 국가의 분리도 진행되었다. 새로운 형태의 권위는 천천히 형성되었지만 가끔은 갑작스러운 격동으로 빠르게 진보하기도 했다. 최근 있었던 격동은 우리 기억에 아직도 생생한 '68혁명'이다.

주목할 점은 당시 권위 개념에는 대부분 부정적인 연상물들이 뒤따랐다는 사실이다. 엄격한 가장, 권위적인 학교 선생, 폭력적인 경찰 그리고 프랑코(Francisco Franco)나 피노체트(Augusto Pinochet) 같은 독재자들까지. 권위는 비열함 그 자체이자 파괴되어야 하는 것이었다. (지금 와서 돌이켜보면 참 순진한 생각이지만) 권위가 존재하지 않는 세상에서 인류가 더 잘 살 수 있고, 공동체가 자발적으로 모두에게 이로운 일들을 할 것이라는 믿음이 생겨났다. **코뮌에게 규칙은 필요하지 않다. 자유여 영원하라.**

이러한 사상은 계몽주의 철학자 장 자크 루소(Jean-Jacques Rousseau)가 남긴 유산이다. 루소는 숲속을 홀로 배회하며 사과를 따 먹고, 토끼도 잡으면서 자기 짝을 만족시키고, 생글생글한 아이들을 많이 키우는 '고결한 야만인(noble savage)' 개념을 제안했다. 루소는 현대 문명, 특히 도시화의 열렬한 반대자였으며, 현대 문명의 목적은 오로지 전원생활을 망치는 것에 있다고 생각했다. 1970년대 생태학자들은 루소의 사상에 기대 자기주장을 펼쳤다. **문명과 기술은 나쁘며 권위는 독재와 같다.** 그러니 '만물의 어머니인 대자연으로 돌아가자'는 것이었다.

만물의 어머니. 사람들이 그토록 없애고 싶어 하던 권위가 신화적인 아버지상 그리고 독재적인 가부장과 밀접하게 이어진다는 것은 심리학 지식을 몰라도 어렵지 않게 이해할 수 있다. 이는 그와 동일하게 신화적인 어머니상, 다정하게 우리를 보살피며 들리지 않을 만큼 부드러운 목소리로 우리를 나무라는 어머니의 존재와는 확연히 대조된다. 어머니가 물려주는 젖꼭지는 아버지가 드는 회초리를 대체한다. 모든 중앙집권적인 권위를 거부한 초창기 무정부주의 세력이 근원적이고 '자연에 가까운' 모계사회에 대해 이야기한 것은 우연이 아니다.

이 상반된 두 개념은 공생 관계를 이룬다. 이른바 아버지 개념은 점점 많은 규칙을 세우는 쪽으로 진화해 시간이 흐를수록 많은 문제를 만들고 그 문제를 해결하기 위해 계속 더 많은 규칙을 세운다. (한 정신의학 컨퍼런스에서 본 적이 있는)『가이드라인을 벗어나기 위한 가이드라인(*Guidelines for Deviating from the Guidelines*)』이라는 책 제목이 좋은 예라고 생각한다. 이 상황이 지속되면 결국 대부분의 일들은 엉망이 되어버린다. 다들 잔뜩 긴장한 채 규칙을 지키는 것에만 신경 쓸 뿐 규칙의 내용에 대해서는 생각하지 않기 때문이다. 머지않아 곪았던 문제가 터지면 무게추는 반대 방향으로 움직인다. 기존의 권위와 규제가 낡은 구식이 되는 것이다. **자유여 영원하라. 모든 것은 내버려두면 알아서 해결되리니.**

처음에는 모든 것이 알아서 잘 돌아간다. 예전부터 이어져온 강압적 힘과 그것이 유발하는 두려움이 한동안 영향을 미치기 때문이다. 그러나 얼마 안 있어 성직자들이 성가대 소년들에게 굉장히 특별한 용서를 빌어야만 하는 행위들을 했고, 국회의원들이 국가예산을 함부로 썼으며, 청년들이 거리시위 도중 별 생각 없이 상점을 약탈했다는 소식이 들려온다. 그러면 무게추는 다시 반대 방향으로 움직인다.

이렇게 다시 권위를 필요로 하는 목소리가 대두되기 시작한다. 얼마 전까지만 해도 그렇게 없애고 싶었던 그 권위 말이다. 한때 심리치료사들은 사실상 모든 정신장애의 원인이 지나치게 권위적인 아버지의 존재에 기인한다고 보았기 때문에 그 아버지들이 제거되어야 하는 것은 당연했다. 그러나 이제 우리는 정반대의 이야기를 듣고 있다. 심지어 몇몇 정신분석가들은 아버지들을 영광스러웠던 권위의 자리로 되돌려놓아야 한다고 이야기한다.

선거 기간이 되면 이러한 주장은 더욱 인기를 끈다. 정당이 '법과 질서'를 회복하겠다고 공약을 걸면 그 즉시 여론조사 선호도가 올라가고, 정당 대표가 가부장적 권위자를 연상시키면 선호도는 더 높이 올라간다. 놀랍게도 그 공약을 지키는 당은 단 한 군데도 없지만 말이다. 여기서 명심할 부분은, 이런 주장이 상정하는 권위가 언제나 위에서부터 내려온다는 것이다. 하느님 아버지, 이 나라(우리 조국!)의 국부들, 또는 그 국부들을 대신하는 사람들. 당신과 나 같은 사람은 스스로 통제할 수 없는 사람들로 간주된다. 우리는 양육되어야 하는 약하고 악한 존재이다.

양육과 권위

2014년 9월 말의 어느 목요일 밤, 헨트시에서 일어난 일이다. 열여덟 살 학생들 한 무리가 (헨트대 예술철학부 건물 인근에 있는) 카턴베르

흐 거리를 휘청거리며 지나간다. 딱 봐도 새내기티가 나는 이 학생
들은 처음 맛보는 '자유'를 실컷 즐기고 있는 것이 분명해 보인다. 거
리가 쓰레기 봉지들로 가득 차 있는데, 학생 중 한 명이 공놀이하
듯 그것을 발로 차기 시작하고 다른 학생들도 곧바로 신이 나 공놀
이에 끼어든다. 얼마 지나지 않아 보도에는 깡통과 찌그러진 페트
병, 온갖 쓰레기가 나뒹굴고 있다. 인근에 사는 예순 살 된 주민이
이 광경을 보고 화가 나 학생들을 꾸짖는다. 학생들 대부분이 부리
나케 도망가지만, 일부는 갑작스러운 호통에 당황해 그 자리에 얼
어붙는다. 그녀는 꼼짝 말고 있으라고 명령한 다음 집에서 쓰레기
봉지 뭉치를 가지고 나와 거리에 널린 쓰레기들을 모조리 주워 담
으라고 시킨다. 그리고 자리를 뜬다. 다음 날 아침, 거리는 쓰레기
하나 없이 깨끗하다. 나에게 이 이야기를 한 그녀는 웃으며 말한다.
"자기네 엄마를 본 기분이었겠지."

어머니는 권력을 가졌으며 자녀를 보호하는 존재다. 심리학자
들은 자녀가 엄마와 맺는 안정적이거나 불안정적인 애착 관계에 대
해 자주 이야기한다. 애착 관계는 실로 매우 중요하며, 아이가 학교
에 들어가기 전까지 엄마와 아이가 맺는 관계와 밀접히 연관되어
있다. 보통 아빠의 역할은 나중에야 중요해진다. 역설적이게도, 자
녀가 엄마와 얼마나 안정적인 애착 관계를 형성하는지는 엄마가 자
녀를 얼마나 놓아줄 수 있는지에 달려 있다. 예컨대 안정 애착 관계
를 맺고 있는 아이는 일반적으로 다음과 같은 행동을 보인다. 엄마

와 함께 낯선 환경에 있는 걸 인지한 젖먹이 아이는 능동적으로 주변을 탐색한다. 위험할 수 있는 물체에 다가갈 때마다 엄마가 경고를 주면, 아이는 활짝 웃으면서 기저귀를 찬 엉덩이를 요리조리 씰룩이며('나 잡아봐라' 놀이를 하듯이) 엄마에게서 최대한 빨리 멀어지려고 한다. 반면, 불안정 애착 관계를 맺은 아이가 이와 같은 상황에 놓이면 전혀 다른 반응을 보인다. 이 아이는 아무리 달래도 엄마의 치맛자락을 꾹 잡고 곁을 떠나지 않을 확률이 굉장히 높다.

부모 역할에 얼마나 성공했는가는 자녀가 부모를 떠나는 능력을 보면 알 수 있다.

아이가 느끼는 안전감의 정도는 유아기에 반복적으로 그리고 예측 가능하게 경험한 안정감과 관련 있으며, 이 경험은 어른이 되어서까지 중요한 역할을 한다. 어린 시절 타인에 대한 신뢰를 경험한 사람들은 그 경험으로부터 자기 확신을 얻는다. 엄마가 사라졌다가 다시 등장하는 것이 예측 가능한 일이라고 확신할 때 아이들은 안전감을 느끼는 방법을 배운다. 기를 쓰고 언제 어디서나 아이 눈앞에서 사라지지 않으려고 하는 엄마는 자신이 느끼는 불안과 두려움을 아이에게 고스란히 전달하게 된다.

우리가 얼마나 잘 양육되었는가는 부재에 어떻게 대처하는지를 보면 알 수 있다.

이렇게 해서 보기 좋은 대칭 구도가 만들어진다. 몇 년이 지나면 엄마들이 성인이 된 아들딸의 부재에 대처하는 법을 익혀야 하니 말이다. 동시에 엄마들은 자녀가 돌아오리라고 확신해야 한다. 자녀가 가정을 떠나지 못하거나 어쩔 수 없이 독립하는 모양새가 된다면 무언가 잘못된 것이다.

자녀의 두 반응 모두 불안정의 역사에서 비롯되었다. 근본 원인은 다양하다. 예측 불가능한 부모, 강압적인 엄마, 어린 시절의 트라우마 등등. 어른이 된 자녀가 집을 떠나지 못하는 것은 바깥세상을 위험하고 무서운 곳으로 인식한다는 뜻이다. 반대로 집에서 최대한 멀리 떠나고 싶어 하는 것은 그 위협이 안에 있다고 여긴다는 뜻이다. 첫 번째 반응을 보이는 집단은 의존적 성향이 높으며, 순응함으로써 불안정함을 해결하려고 한다. 두 번째 집단은 더 자율적이고 독립적인 듯 보이지만, 실은 거의 강박적으로 주변 환경을 거부하는 것이다. 첫 번째 집단은 마지못해 '네'라고 말하는 반면, 두 번째 집단은 큰 소리로 '아니오'를 외친다. 어떤 경우이든 굴복하거나 저항하기를 요구하는 '타자'에 전지전능함을 부여한다.

전능함? 권위가 우리의 초기 양육 과정에 어떤 식으로 침투하는지 이제 좀 더 분명해진다. 젖먹이 아이는 엄마에게 전적으로 의존하기 때문에 엄마의 사랑을 받기 위해서라면 뭐든 할 준비가 되어 있다. "우리 아기가 착하면 엄마는 행복해요. 우리 아기가 말을 안 들으면 엄마는 화가 나요." 인간에게 주어진 뛰어난 학습 능력 덕분에 아이들은 어떻게 행동해야 하는지를 금방 배운다. 아이가 경험하는 첫 처벌은 세계 어디에서나 비슷하다. 대체로 집단과의 안정감 있는 가까운 거리에서 떨어트려두는 형태로 이루어진다.("저기 가서 벽 보고 서 있어!") 성인의 세계에서도 이 방식은 배제, 구금, 추방 등에서 알 수 있듯 탁월한 사회적 제재 방편으로 기능한다.

권위, 특히 어머니의 권위는 아이에게 두려움 없이 독립해 살아가고 바깥세상을 탐험할 수 있는 안정감을 심어준다. 괴테는 다음의 시 구절에서 이렇게 묘사한다.

속박 속에서 주인이 모습을 드러내며
법만이 우리를 자유케 하리[2]

이때 자유란 완전한 안정감 속에서 탐험한다는 뜻이다. 역설적이게도 권위를 통해 얻은 이 안정감은 최초의 처벌(거리 두기)이 갖는 효과가 차츰 약해지게 하고("당장 네 방으로 들어가!" "반가운 소리네. 어차피 혼자 있고 싶었으니까!"), 권위에 대한 새로운 반발심을 만들어낸다. 아이는 집단의 요구에 순응할 것을 요구하는 환경에 있으면서도 너무 일찍, 또 너무 과도하게 자율권을 요구하게 된다. 전통적 가족 구조에서는 이러한 순간에 아버지의 권위가 발동한다. 아버지의 권위는 어머니의 권위보다 약간 덜 미묘한 방식으로 작동하는데, 아버지의 권위가 대개 권위 자체보다는 고함 지르기나 때리기처럼 물리적 힘에 기초하고 있기 때문이다.

불안정한 부모, 불안정한 자녀

아이의 양육 과정에서는 자유보다 안전이 우선이다. 나는 이 장을 쓰는 동안에도 젊은 부모의 고민을 접했다. 이들은 딸아이를 어느 초등학교로 보낼지 고민하느라 스트레스가 이만저만이 아니었다. (이제 막 세 살이 된) 딸아이 이바를 데리고 여러 학교를 방문한 다음 아이에게 어느 학교를 가고 싶은지 물었다. 아이는 결정하지 못했다. 부모도 마찬가지였다.

이바의 우유부단함은 부모의 불안정성을 반영한 것이었다. 그러나 요즘 시대의 다른 이바들은 다르다. 요즘 부모들이 자녀에게 미치는 통제력은 당연시되지 않는다. 요즘 아이들이 예전보다 자기 주관이 뚜렷하고 거칠다는 말은 절반만 진실이다. 자녀의 뚜렷한 자기 주관은, 권위자로서 부모 역할을 확실히 이행하는 것에 대한 부모의 두려움이 만들어낸 결과다. 부모의 두려움은 분명 좋은 의도를 가지고 있지만 잘못 이해된 ('아이들에게도 발언권이 있다.'라는 명제를 따르는) 교육 방침에서 비롯된다. 그런데 우리는 요즘 아이들도 여전히 어린아이일 뿐이라는 것, 부모는 자녀를 책임져야 한다는 것, 아이에게 얼마든지 발언권을 주되 최종 결정은 언제나 부모의 몫이어야 한다는 것을 잊고 있다.

아이 양육 과정에 권위를 개입시키면 안 된다는 생각은 큰 오산이다. 얼마 전 자녀를 키우는 젊은 남성이 "5세 아이들에게 주어진 민주주의를 그리 좋게 생각하지 않는다."라고 말한 적이 있다. 정상적인 양육 과정에서 부모는 확실한 권위자의 위치에 있으면서 어린 자녀가 '성인'으로 자라날 때까지 서서히 독립심을 키운다. 그런데 요즘 우리는 이 순서를 인위적으로 뒤바꾸려고 한다. 젖먹이 아이들이 원하는 대로 하게 내버려두고(심지어 박수까지 치며 응원하고), 초등학교는 최소한의 규칙들로 아이들을 관리한다. 아이들이 사춘기에 접어들어 말썽을 일으키면 '협상'을 시도한다. 하지만 이런 시도는 '협상'하기 위한 준비가 전혀 되어 있지 않기 때문에 처참한 실패를 낳을 것이 뻔하다. 문제는 갈수록 심각해진다.

이러니 학교가 애를 먹는 것은 놀라운 일이 아니다. 학교는 가정에서 바깥세상으로, 청소년에서 성인으로, 순종에서 자립으로 나아가는 어느 지점에 있는 공간으로, 아이들에게 지식을 가르치는 동시에 어엿한 인간으로 만들고 가꾸는 것을 임무로 한다. 요즘 부모들은 학교가 아이들에게 권위를 가르쳐주길 원한다. 반면 학교는 부모가 자녀 양육에 대한 책임을 떠넘긴다고 불만을 터트린다. 도대체 무슨 일이 일어나고 있는 걸까?

교육과 권위

학교에서 문제를 일으키는 아이들이 점점 많아지고 있고, 번아웃을 호소하며 나가떨어지는 교사도 많아지고 있다. 교육제도의 문제도 곳곳에서 발견된다(과도한 첨단화, 예산 부족, 이민자 학생 수 증가, 턱없이 부족한 취업 교육, 너무 높은 여성 교사 비율, 심지어 급식에 포함되는 인공색소와 보존제까지). 나는 교사들에게 있었던 권위가 사라진 것이 문제의 원인이라고 생각한다.

로마 시대로 거슬러 올라가보면, 제자를 뜻하는 '디스키풀루스(discipulus)'는 지식과 가르침을 뜻하는 '디스키플리나(disciplina)'를 얻는다. 이 말은 스승인 '마지스터(magister)'에게 훈육(discipline)을 받는다는 뜻이기도 하다. 스승은 나이가 많고 더 많은 것을 알고 있다. 제자는 아직 어리고 배울 것이 많다. 이런 차이로 인해 제자는 사회로부터 권위를 부여받은 스승의 말을 경청해야 한다. 이때 목표는 시간이 흘러 제자가 스승 없이도 스스로 인생을 헤쳐나갈 수 있게 되는 것이다. 중세 사회의 계급제도에서는 남자아이가 문하생 또는 도제 개념으로 스승 밑에 들어가 유능한 기능공이 되고 마침내 그 스스로 장인의 경지에 이른다.

오늘날 많은 학교는 다니기 즐거운 곳이 되기 위해 각별히 신경을 쓰고, 교육 정책은 대개 학생과 교사의 파트너십을 고려해 만들어진다. 이러한 접근 방식에서는 학생들이 배움에 대한 흥미를 자발적으로 키워야 하기 때문에 자율적인 배움에 초점을 맞춘다. 그에 맞춰 교사들은 조력자 또는 코치의 역할을 맡는다. 교육 환경이 학구열을 적당히 자극하기만 하면 학생들은 자연스럽게 배우게 돼 있으니 교사의 권위는 필요가 없어진다.

물론 현실에서는 이야기가 달라진다. 그래도 걱정할 필요가 없다. 학생들이 자발적으로 더 어려운 공부를 원할 것이라는 환상을 지키기 위해 요즘 유행하는 대중 심리학이 충분한 해명과 대답을 제공해줄 것이기 때문이다. 이렇게 등장하는 마법의 단어가 바로 '동기부여(motivation)'다. 어떤 학생들은 배움에 대한 동기부여가 낮거나 아예 없어 보이고, 심지어 등교 자체에 대한 동기부여가 부족해 보인다. 동기부여는 불가사의하긴 하지만 학생에 따라 누구는 조금, 누구는 많이 가지고 있는 것이다.(분명 누군가는 이에 대한 유전적 원인을 찾고 있을 것이다.) 또한 젊은 세대 사이에서 동기부여가 점점 떨어지고 있다. 그러니 그것을 외부에서 채워야 하며 그 일은 교육제도가 해야 하는 것일까? 교사에게 쏟아지는 치명적인 비난 중 하나는 교사가 학생들에게 '동기를 부여하지 못한다'는 것이다.

그 결과, 교실은 트집 잡기를 좋아하는 아이가 온갖 멀티미디어를 활용해 최소한의 관심이라도 끌려고 필사적으로 애쓰는 고도로 훈련된 스탠드업 코미디언을 향해 시끄럽게 야유를 퍼붓는 무대로 변질되고 만다. 코미디언이 되어버린 교사는 아이가 수업에 흥미를 느끼게끔 동기를 부여할 기술과 방법을 총동원하지만, 학생들의 동기부여가 부족하다는 지적은 좀처럼 잦아들지 않는다.

교사 다음으로 불려 나오는 사람은 상담가이다. "우리 아이가 요즘 의욕이 없어요. 학교에 다니는 이유를 모르겠대요." 그러나 상담가도 딱히 할 수 있는 것이 없다. 억지로 다니는 상담은 전혀 도움이 되지 않기 때문이다. 상담을 통해 학생에게 동기를 부여하려는 사례가 증가하면서, 심리치료는 은근한 징계 조치로 점차 변화하고 있다.

심리학이 제시하는 또 다른 해결책은 이 모든 것을 설명할 수 있게 정확한 병명을 찾아내는 것이다. 그러면 데우스 엑스 마키나(deus ex machina, 복잡하게 전개되던 극의 결말에서 기계 장치를 타고 내려온 초자연적 존재가 모든 갈등을 해소해주는 고대 극작법으로, 이처럼 다소 작위적으로 결말에 이르는 것을 일컫는 말—옮긴이)처럼 왜 아이의 성적이 부모의 기대치에 못 미치는지가 명확히 해명될 것이다. 그리고 각자 양보를 하게 될 텐데, 이 양보란 아이가 받는 부담을 체계적으로 덜어내는 성격을 지닌다.

나는 학업에 어려움을 겪고 있는 아이들이 추가로 도움을 받는다면 더 나아질 수 있다고 확신한다. 지금까지 진행된 거의 모든 연구는 이런 어려움의 대다수가 사회적 불이익, 특히 그 불이익이 언어발달에 미치는 영향과 관련 있다고 이야기한다. 또 이를 돕기 위한 지원책 대부분이 상대적으로 문제를 훨씬 덜 겪는 중산층 아이들에게 집중되고 있다고 지적한다.[3]

이제 그 누구도 과도한 규제를 받는 교육제도에서 권위자가 되려 하지 않는다. 다른 누군가에게 그 역할을 하라고 요구할 뿐이다. 자신이 떠맡을 수도, 그렇다고 없애버릴 수도 없는 그 역할을 서로에게 계속 떠넘기고 있다. 부모는 학교가 아이를 키워주기를 바라지만 학교는 지식을 가르치는 것만이 자신들의 일이라고 말한다. 교

사는 아이가 가정교육을 제대로 받지 않은 채 학교에 온다고, 학부
모는 학교가 아이를 제대로 훈육하지 않는다고 불평한다. 그러나
교사가 엄격하게 학생을 처벌하면 득달같이 달려와 항의할 것이다.
아이를 엄하게 키우는 엄마는 타이거맘(tiger mother)[4]이라 불리고 심
하게는 아동 학대자로 손가락질받을 것이다. 그렇다고 너무 오냐오
냐 키워도 욕을 먹는다. 어떤 지역에서는 아이가 무단결석을 하면
부모가 대신 벌을 받는 제도를 도입했다. 아이를 혼내지 않았다는
이유로 부모가 혼나는 것이다.

　아이로 살아간다는 것은 힘든 일이지만, 요즘은 부모로 살아가
는 것도 상당히 고달프다. 어떤 때는 역할이 바뀌어버린 듯하다. 정
부가 아이들에게 부모를 감시하도록 조장하는 (다행히도 극히 예외적
인) 사례도 있다. 과거 동독 같은 전체주의국가에서 흔히 사용하던
방식으로, 정부는 부모가 모범 시민인지 아닌지를 자녀들이 대놓고
감시하게 했다. 2007년에 영국 내무부는 자녀를 이용해 부모 행동
의 변화를 유도하는 캠페인을 실시했다.[5] 어떤 이슈에 경각심을 갖
자는 취지였겠으나(분리수거, 건강한 식습관, 교통안전 준수 등), 이런 일들
은 사실상 심각한 역할 반전을 초래한다. 자녀가 부모에게 행사하
는 지배력을 '조르기의 힘(pester power)'이라고 부르는 것으로는 우리
의 걱정을 덜어주지 못한다.[6]

　이 권력의 이동에 따른 변화는 이미 현실이 되었다. 자녀가 부
모를 학대하고 교사를 괴롭힌다. 2007년 네덜란드에서 실시된 연구

에 의하면, 4명 중 3명은 요즘 아이들이 너무 버릇없고, 반사회적이고, 부정직하고, 반항적이라고 생각했다.[7] 헝가리 출신의 영국 사회학자 프랭크 푸레디(Frank Furedi)는 2008년 실시된 연구를 인용해 영국 내 교사 절반(!)이 학생들에게 괴롭힘을 당하거나 심지어 신체적 폭력까지 당한 적이 있다고 말했다. 여기서 주목할 대목은 많은 교사들이 '부정적 평가에 대한 두려움' 때문에 이런 피해 사실을 상부에 보고하지 않는다는 것이다. 교사들은 학생이 아니라 교원평가를 두려워하고 있는 것이다.[8]

우리는 교육제도를 해치고 있는 문제점을 밝히고 그에 대한 해결책을 찾으려는 시작점으로 다시 되돌아왔다. 보수적인 해법은 '법과 질서'로 돌아가자는 것이겠으나, 진보적인 사람들은 이 생각에 치를 떨 것이다. 이 지점에서 드러나는 이상한 사실이 있다. 어떤 이유에서인지 권위적인 생각은 보수적인 철학에 기인하며, 우리가 지난 세기의 삼사분기에 목격한 반(反)권위적 태도는 진보적인 움직임으로부터 출발했다는 사실이다.

반권위주의 운동

보수주의가 득세한 요즘, 그 시기의 의미를 얕잡아 보는 사람들이 많다. 1968년 5월, 파리에서 일어난 학생 시위는 '68년 5월'이란 말로 축소된다. 그 시절, 거리는 들끓었고 수많은 행동위원회가 조직

됐으며, 지금도 아주 유명한 구호들("금지하는 것을 금지한다!")이 탄생했다. 이 모든 일을 '68년 5월'이라고 축소해 부르는 것은, 당시 유럽 각지에서 강압적인 권위에 반대해 벌인 시위들을 무시하는 처사이다. 역사적 관점으로 봤을 때 '68년 5월'은 불만에 찬 대학생들만이 아니라, 계몽기 급진적 자유사상가들로까지 거슬러 올라가는 훨씬 크고 오래된 저항운동의 서사에서 작은 느낌표에 불과하다.

성(性)혁명("전쟁이 아닌 사랑을 하자."), 반권위주의적 교육("배움의 자유"), 해방신학(체 게바라가 된 예수), 제2세대 페미니즘("여성의 결정권") 그리고 반정신의학("약 대신 대화를") 등 이 서사에 등장하는 운동을 지금 와서 구분하기는 어렵지 않다.♣

이런 움직임들이 우리의 정체성을 형성하는 핵심 관계들, 이를테면 이성과의 관계, 또래 집단과의 관계, 자기 몸과의 관계 그리고 권위와의 관계를 다루고 있다는 것은 어렵지 않게 알 수 있다. 이러한 상관성은 성혁명에서 가장 선명하게 드러난다. 인정하기 싫더라도 섹슈얼리티는 이 모든 관계의 영역과 연관되어 있다. 내 몸과 어떻게 관계 맺어야 할까? 다른 사람의 몸과는 어떻게 관계를 맺어야 하지? 어떤 쾌락이 허용되는 것일까? 왜 여성이 남성보다 열등하다고 여겨질까? 내게 친절하지 않은 권위자(교사, 상사, 성직자)의 말을 왜 따라야 하는 걸까?

♣ 이와 같은 전개는 이 책 전반이 그렇듯이 서구 사회를 기준으로 한다. 만일 예외적으로 서구 사회를 기준으로 하지 않거나, 특정 국가를 언급해야 할 때는 이 점을 별도로 언급하고 있다.

　　이렇게 다양한 움직임 속에서 생겨난 변화들은 지금 우리의 정체성에 막대한 영향을 미쳤다. 이 모든 저항운동이 요구한 것은 본질적으로 단 하나, 더 많은 자율성을 갖는 것, 즉 '아버지는 늘 옳아.(Father knows best.)'라는 모델에서 벗어나는 것이었다. 강압적인 가부장 사회는 순응을 만연한 것으로 만들었고, 심지어 사회를 향한 저항이 표출되는 방식에까지 영향을 미쳤다. 학생 시절 억압에 맞서겠다며 거리로 나선 나는 다른 수백 명과 보조를 맞춰 행진했다. 똑같은 갈색 외투와 청바지를 차려입은 우리는 다름의 권리를 외치며 질서정연하게 행진했고, 우리와 다른 제복을 차려입은(우리에게 없는 경찰봉도 가지고 있는) 사람들을 향해 구호를 외쳤다.

　　사회 혁명이 대개 그렇듯, 이 혁명 후에도 과잉 수정이 뒤따랐다. 쟁취한 '자유'는 역설적이게도 '반드시' 있어야 하는 것이 되었다. 과거에 금지되었던 것들이 모두 의무가 되어 '반드시 허용되어야' 했다. 이렇게 '반드시'에 또 한 번 방점이 찍혔다. 오늘날 우리는 정반대로 전개되는 상황을 목도하고 있다. 범죄에 무관용 원칙을 적용하고, 숨 막힐 정도로 정치적 올바름을 지키려고 한다. 대학생들은 누구를 두려워하는 것인지 알지 못한 채 겁에 질려 감히 목소리를 내려 하지 않는다. 그리고 그 두려움을 없애기 위해 누구에게 도움을 요청해야 하는지도 알지 못한다.

　　권위에 뭔가 커다란 문제가 생겼다는 것. 우리는 사회로서, 또 개개인으로서 바로 이러한 어려움에 마주쳤다. 사람들은 더티 해리

(Dirty Harry, 범인을 잡기 위해서는 법과 규칙을 무시하고 과도한 폭력도 불사해 '더티 해리'라 불리는 형사를 주인공으로 한 1970~80년대 영화 시리즈의 제목—옮긴이), 로보캅, 간달프를 합쳐놓은 강력한 권위자가 돌아와 우리 모두에게 제자리에 있을 것을 명령하면 모든 문제가 해결되리라 생각한다.

하지만 이 해결책은 실패할 것이다. 질병보다 나쁜 치료제이며 자발적으로 자유를 내주는 것과 같다. 칸트가 저승에서 지르는 비명이 여기까지 들리는 듯하다. 진짜 해결책을 원한다면, 우선 문제를 제대로 이해해야 한다.

2

권위의 원천:
왜냐고?
내가 하는 말이니까!

교실에서 권위를 인정받지 못하는 교사는 분명 이런 질문을 받게
될 것이다. "당신이 뭔데 그래요?" 이렇게 묻는 학생은 아마 모르겠
지만, 이 존재론적 질문은 문제의 정곡을 찌르고 있다. 교사의 권위
는 어디에 근거하고 있는가? 왜 우리는 어떤 사람의 권위는 존중하
고, 어떤 사람의 권위는 무시하는 것일까? 넓게 말해 권위는 어디에
서 비롯될까?[1]

　권위를 정의하기란 쉽지 않다. 우선, 권위와 권력의 차이에 따
라 권위를 정의할 수 있다. 동물의 세계에서 권위와 권력은 동일하
다. 가장 힘이 센 동물이 가장 많은 권력을 갖고, 가장 약한 동물
이 가장 적은 권력을 갖는다. 인간의 세계에서 힘은 곧 돈이다. 돈이
가장 많은 사람이 권력을 갖고, 돈이 없는 사람은 권력을 갖지 못한
다. 그러나 인간 사회에서 물리적 힘과 막대한 돈을 가졌다고 해서

권위까지 자동적으로 따르지는 않으며, 도덕적 권위는 더더욱 그렇
다. 많은 경우에 권력을 행사하는 것은 권위의 부족, 또는 부재를
의미한다. 학생들에게 늘상 벌을 주어서 가면 갈수록 처벌 강도를
높여야 하는 교사에게는 권위가 없다고 할 수 있다. 권위란 설득에
서 오는 것도 아니다. 자녀에게 열심히 공부하면 그만큼 보상해주
겠다고 설득하는 아버지에게는 권위가 없다.("지금부터 딱 두 시간만 공
부하면 나머지 시간에는 계속 게임하고 놀아도 돼.")

결국 권위란 불평등에 기초해 있다. 누군가 다른 이에게 권력
을 행사하면서도 아무런 이의 제기도 하지 않고 얼마간 자발적으
로 복종하게 만든다. 1548년, 열여덟 살이던 에티엔 드 라 보에티
(Étienne de la Boétie)는 「자발적 복종, 또는 반(反)독재자(Discours de la
servitude volontaire)」[2]라는 글을 썼다. 복종이 자발적으로 일어나는
것이기 때문에, 권위는 폭력과 거의 또는 전혀 무관하다. 대학교수
가 강의를 하면 학생들은 경청하며 그의 말을 받아 적는다. 판사가
판결을 내리면 피고와 원고 모두 그 결정을 따른다. 의사가 병을 진
단하면 환자들은 그 말을 믿고 치료를 위해 다음 진료를 예약한다.

여기서 핵심은 앞에서 말했듯 '이의를 제기하지 않는 것'이다.
우리는 왜 권위를 자연스럽고 반박할 수 없는 것으로 생각하는가?
권위를 행사하는 사람 때문은 아니다. 권위가 사람에게서 비롯된
다고 한다면 권력과 다를 바 없다. 이 장 서두에서 언급한 다소 공
격적인 물음, '당신이 뭔데 그래요?'는 가장 근본적인 문제를 건드린

다. 권위는 권위를 행사하는 사람의 외부에서 비롯된다는 것이다. '권위를 행사(行使)한다'는 표현은 시사하는 바가 크다. 권위는 그것을 (명령의 형태로) 표현할 수 있는 위치에 있는 사람들이 차지하는 것이다. 사람은 권위를 얻거나, 발휘하거나, 잃거나, 타인에게 부여할 수 있다. 따라서 권위의 원천은 그 사람의 외부에 있어야 한다.

권위의 원천이 개인의 외부에 있다는 것은 권위와 권력의 차이에서도 드러난다. 권력은 양변적 구조를 지니고 있어 두 사람을 필요로 한다. 이를테면 힘이 센 사람이 약한 사람에게 영향력을 행사하는 식이다. 따라서 권력은 언제나 유예된 폭력이다. 반면 권위는 삼중 구조를 지니고 있다. 사람이 타인에게 권위를 행사할 때, 그 권위는 제3의 요소, 즉 모두가 공통으로 믿는 외부의 원천에 근거하고 있다. 권위에 대한 다소간 자발적인 복종은 바로 이 외부의 원천에 의지한다. 권위는 언제나 내적 강박과 관련 있는 것이다. 권위를 이해하려면 그것이 무엇에 근거하고 있는지를 알아야 한다.

여러 연구는 '자연적인' 권위 모델로 자녀 양육을 언급한다. 가장 전통적인 자녀 양육 형식에서 권위는 아버지에게서 비롯된다. 이와 마찬가지로 불과 얼마 전까지만 해도 권위의 자리에는 늘 남성이 존재했다.

언뜻 보면 이런 현상은 권위의 원천에 대해 뻔한 설명을 제공하는 듯하다. 아버지가 된다는 것은 남성에게 자신의 아이들에 대한 소위 자연적 권위를 부여하고, 그러면 즉시 그 권위의 원천이 만들어진다. 이 부성적 권위는 다른 자리(교사, 판사, 성직자 등)로까지 퍼져나가, 그 자리에 있는 사람들이 타인의 자발적 복종을 유발하는 강압적 힘을 행사하도록 한다.

이러한 설명은 조금 진부하지만 설득력이 있다. 당장 눈으로 확인할 수 있고(아버지는 어디에나 있으니까.), 꽤 과학적인 주장으로 들리기 때문이다(아버지가 되는 것은 생물학적 사실이자 인간 본성의 일부이니까.) 그러나 비판적으로 사고하는 사람에게 이런 답변은 허술하기 짝이 없다. 아버지됨(fatherhood)이 권위의 근거라고 한다면, 아버지됨의 근거는 누구이며 무엇인가? 생물학적 근거를 내세우는 것은 신경과학과 유전학이 지배하는 오늘날 꽤 그럴듯하게 보일 수 있으나, 이를 확실히 뒷받침할 과학적 증거는 없다.[3]

위와 비슷한 추론은 프로이트가 제시한 원초적 아버지(primal father) 이론에서 찾아볼 수 있다. '원초적 아버지'에게서 물려받은 생물학적이고 진화론적 유산으로 인해 모든 아버지가 자녀에게 자연적 권위를 행사한다는 것이다. 그러나 훗날 프로이트가 이 생각이 얼마나 말이 안 되는지를 스스로 깨달았다는 점은 대체로 간과된다. 이제 프로이트의 빈 시절로 떠나보자.

엄격하지만 공정한, 우리네 아버지들

현대 정신과 의사들과 다르게 프로이트는 권위라는 현상에 천착했다. 요즘에는 정신질환을 뇌에 생긴 기능 이상으로 규정하고 끝내버린다.[4] 또 대부분이 망각하고 있는 사실이지만, 정신의학은 환자 의사에 반하는 치료를 강요하는 유일한 의학 분야이다. 필요할 경우에는 정신병원 입원으로도 불렸던 '강제 구금(mandatory detention)', 다른 말로 감금(confinement)을 강요한다. 초창기 정신의학 치료가 사람들에게 도덕을 가르친다는 뜻에서 도덕치료(moral treatment)라 불린 것은 우연이 아니다.

프로이트는 환자들이 섹슈얼리티를 비롯해 모든 문제에 양심의 가책을 느끼며 괴로워하는 이유가 원초적 아버지에게서 비롯된 권위와 (그것도 매우 크게) 관련이 있다고 말한다. 빅토리아시대의 아버지상은 권위의 상징이었고, 여성과 아이는 그의 말을 반드시 따라야 했다. 사람들이 욕망과 도덕 사이에서 겪는 갈등은 그 원인을 되짚어가다 보면 결국 아버지와의 갈등으로 환원되었다. 이는 프로이트가 제시한 오이디푸스 콤플렉스 이론의 기본 바탕이 되는 생각으로, 프로이트는 이 생각을 문화 전반에까지 확장해 적용했다. 문화는 우리 본성을 억제하는 역할을 하는데, 이 안에서 아버지는 엄격한 문화를, 여성과 아이는 쾌락에 충실한 본능을 상징한다. 프로이트의 오이디푸스 콤플렉스 이론은 다음과 같이 요약할 수 있다. 아이는 (더 정확히 말해 남자아이는) 욕망덩어리이며 어머니를 독차지하기 위해 아버지를 제거하고 싶어 한다. 그러나 안타깝게도 아버지가 자신보다 더 크고 힘도 세다는 것을 깨닫게 되고 그때부터 아이는 거세 공포를 느낀다. 너무 두려운 나머지 자신의 욕망을 제쳐놓고 아버지가 세운 규칙과 제재를 내면화해 양심(초자아)을 발달시킨다. 급기야 나중에는 아버지가 눈앞에 없을 때조차 금지된 욕망을 **생각했다**는 것만으로도 죄책감을 느끼게 된다.

프로이트의 시대에 가장 흔한 정신질환이던 신경증(neurosis)은 자기 능력을 뛰어넘어 **너무나 도덕적**이려고 할 때 일어난다. 프로이트의 이론대로라면, 신경증 환자들의 아버지는 지나치게 엄격했을 것이고 신의 징벌을 거론하며 겁을 줬을 것이다. 그런 아버지 밑에서 자녀는 너무 많은 겁을 먹어 신경증에 걸릴 수밖에 없었을 것이다. 사내는 **진짜** 사내다워야 했고 아버지는 **진짜** 아버지다워야 했던 과거를 생각해보면 충분히 말이 된다. 이렇게 '자연적' 권위의 원천이 생겨났다는 것이다.

설득력 있어 보이지만, 이런 설명에는 두 가지 오류가 있다. 첫 번째로, 프로이트가 분석한 사례에는 엄격한 아버지상이 등장하지 않는다. 우리에게 알려진 5건의 사례 중 4건에 나오는 아버지들은 약한 존재로 그려지며 오히려 어머니가 가정에서 주도권을 가지고 있다. 초창기 프로이트가 자주 언급한 또 다른 아버지상은 법을 따르지 않는 아버지들, 다시 말해 엄격한 아버지와는 사뭇 상반된 존재들이다. 성적 학대는 그때에도 만연했고, 지금과 마찬가지로 가해자는 낯선 성인 남자에 한정되지 않았다. 법의학의 아버지라 불리는 어거스트 타르디외(August Tardieu)는 1857년에 이미 성적 학대

가해자는 보통 피해자의 아버지라고 발표한 바 있다.

그렇다면 **진짜** 아버지란 나약한 실패자, 심지어는 학대범인 것이다.

프로이트 이론의 근본적인 논리가 안고 있는 두 번째 오류를 설명하려면 얘기가 좀 길어질 듯하다.

프로이트: 상상된 아버지

1909년 프로이트는 제자이자 동료인 오토 랑크(Otto Rank)가 쓴 책에 서문을 써주었다. 영웅 탄생의 신화를 다룬 이 책에 실린 프로이트의 서문 제목은 「가족 로맨스(Family Romances)」였다. 다섯 쪽밖에 되지 않는 짧은 글에서 프로이트는 환자들이 어떤 방식으로 이상적 아버지상을 지켜내는지에 대해 이야기한다. 아버지가 너무 나약하거나, 더 나쁘게는 학대를 일삼는다면, 그보다 더 나은 버전의 아버지상을 상상한다는 것이다. "아버지에 대해서는 늘 불확실성이 존재한다.(Pater semper incertus est.)"라는 오래된 말이 뒷받침해주는, 이를테면 이런 상상이다. '이 아버지는 **진짜** 아버지가 아니야. 내 진짜 아버지는 왕자, 아니, 왕이야! 내가 이 가족의 일원이 된 건 기막힌 우연일 뿐이야. 병원에서 다른 애와 뒤바뀐 게 분명해. 내가 있어야 할 곳은 여기가 아니야. 분명해. 난 느낄 수 있다고.' 다른 글에서 프로이트는 환자들이 자주 품는 또 다른 환상에 대해 서술한다. 그

것은 아버지가 나를 때린 것은 그가 나를 사랑하는 방식이었다는 상상이라는 것이다.[5]

 '엄격하지만 공정한' 아버지는 늘 실망스럽기만 한 현실을 바로잡으려고 우리의 상상력이 만들어낸 허구이다. 프로이트가 이야기한 '신경증적 가족 로맨스'는 대중소설이나 순문학 작품 모두에 흔히 등장하는 주제로서 (결말 전까지 정체가 드러나지 않는) 진짜 부모님은 늘 그들의 대리자보다 나은 존재로 그려진다. 아마 다들 이런 과정을 좀 더 평범한 버전으로 경험해봤을 것이다. 돌아가신 아버지의 대단함은 시간이 흐를수록 커진다. 거슬리던 모습은 잊히고 장점들은 최대한 부풀려져서 그렇게 우리 기억 속의 아버지는 다른 사람이 되어버린다. "죽은 자에 대해서는 좋은 말만 하라.(De mortuis nil nisi bene.)"는 말이 있듯이 영웅이 탄생하는 데 가장 중요한 조건은 죽어야 한다는 것이다. 그래야 비로소 이상화하는 과정을 시작할 수 있다.

 이 환상에서 가장 두드러지는 점은 그것이 지니고 있는 막강한 설득력이다. 비교적 최근까지 대부분의 사람들은 현실이 전혀 그렇지 않은데도 '엄격하지만 공평한' 아버지상을 믿었다. 이에 대해 프로이트는 사람들이 실망스러운 현실에서 벗어나 환상으로 도피한다는 일리 있는 설명을 제시한다. 그러나 프로이트 자신은 이 설명만으로 만족하지 못했다. 이토록 많은 사람이 이 환상을 믿는 데에는 틀림없이 다른 이유가 존재해야 했다.

프로이트 역시 (신화적 또는 상상의 아버지가 아닌) 진짜 생물학적 아 버지에게 권위가 주어지는 이유를 이해하고자 권위가 기초하는 외 부 원천과 근본 원리를 찾으려 했다. 이는 내가 처음에 던진 질문이 기도 하다. 이에 대한 프로이트의 설명은 원초적 아버지라는 신화 로 역사에 남게 되었다.

영장류부터 처벌까지

우선, 오늘날까지도 인기 있는 믿음과 연결되어 있는 프로이트 신 화를 간략히 서술해보겠다. 옛날 옛적 반은 유인원, 반은 인간이었 던 우리의 조상들은 아프리카 초원에서 작은 무리를 지어 살았다. 무리의 우두머리 자리는 가장 강한 수컷이 맡았는데, 그는 법과 질 서를 수호하고, 커다랗고 위험한 외부 존재가 다가오지 못하게 막았 다. 물론 대가 없는 노력은 없는 법이기에 이 우두머리 수컷은 보상 으로 모든 암컷을 독차지할 수 있었다. 따라서 아들들에게는 그 어 떤 성관계도 허락하지 않았다. 주제넘게 구는 아들은 내쫓거나 죽 여버렸다. 그러나 이 수컷은 노쇠해져 자신보다 더 강한 아들들의 먹이가 되고 만다. 아버지를 제거하고 나서 아들들은 이제 자기들 끼리 서열 싸움을 해서 누가 아버지의 자리(그리고 침실)를 차지할지 정한다. 이 모든 일이 일어나는 동안 암컷들은 불안에 떨며 자신들 의 다음 주인이자 남편이 누가 될지 순순히 기다린다.

영화 전문 채널 HBO에서 제작한 드라마 「왕좌의 게임(Game of Thrones)」 시즌 2에는 크래스터라는 인물이 등장한다. 그는 자기 집의 원초적 아버지로 아내이자 딸인 열아홉 명의 여성들과 함께 지낸다. 아들들은 숲에 제물로 바쳐지고 딸들은 나중에 크래스터의 침상에 오르게 된다. 결국 크래스터는 밤의 경비대 내부의 반란 세력에 의해 죽임을 당한다. 경비대 총사령관인 모르몬트도 살해한 이 반란 세력은 크래스터의 집에 있는 여성들을 겁탈하고 닥치는 대로 물건을 약탈한다. 이 이야기의 교훈은 악한 원초적 아버지의 존재가 원초적 아버지의 부재보다 낫다는 것이다.

이런 이야기가 여전히 많은 사람에게 설득력을 갖는 것은, 이것이 대중적인 생물학이 오랫동안 우리에게 제시해온 이미지와 닮아 있기 때문이다. 그에 따르면, 생물학적으로 아버지의 권위는 진화 과정에서 결정되었고, 따라서 남성의 유전자에 새겨진 자연의 섭리이다. 인류가 수천 년 동안 진화하면서 아버지상은 세련되게 변모했다. 문화의 기능이 그런 것 아니겠는가? 그러나 깔끔한 정장과 넥타이 이면에는 여전히 첩들을 거느리는 야만적인 주인의 모습이 도사리고 있다. 그리고 여자들은 그렇게 지배당하는 것을 좋아하지 않는가?

놀라운 사실은, 우리가 동물 세계 안에서도 우리 자신과 사회의 모습을 발견하려고 한다는 것이다(지배하는 나이 많은 수컷 고릴라와 그에 복종하는 암컷 고릴라). 이때 '우리'라는 말은 얼마 전까지만 해도

'남성 과학자'만을 의미했는데, 이 남성들은 (참 놀랍게도) 동물들의 세계 안에서 지극히 고전적인 가부장 모델을 발견했다. 그 모델에 따르면, 나이가 많고 힘이 센 수컷은 순종적이고 어린 암컷 무리를 지배한다. 이 암컷들은 수컷이 원하면 언제 어디서든 짝짓기에 응한다. 이 수컷은 반항하는 젊은것들을 억압하고 소란을 피우면 내쫓는다. 남성 생물학자에게는 그야말로 야릇한 꿈이 아닐 수 없다. 동시에 남성의 '자연적' 권위를 정당화하는 근거가 된다.

이러한 관점은 20세기 후반에 들어서야 비로소 바로잡아졌다. 그 계기는 여성 생물학자들의 연구(제인 구달(Jane Goodall)의 침팬지 연구, 다이앤 포시(Dian Fossey)의 고릴라 연구 그리고 비루테 갈디카스(Birute Galdikas)의 오랑우탄 연구)였다. 영장류 동물들은 위계질서가 존재하는 무리 안에서 살아가는데, 이곳의 우두머리는 그저 제일 위에서 통솔하는 것이 아니라 하층 구성원들에게 강하게 통제받고, 암컷들은 예전에 추정했던 것보다 훨씬 더 많은 영향력을 행사하며, 개인은 아무런 의미를 갖지 않는다. 즉 모든 행동은 더 큰 집단 내 사회적 관계의 결과물이며, 우두머리 수컷 또는 암컷이 그 자리에 있는 이유는 관계를 관리하고 연합을 조직하는 능력 덕분이다.

그러나 원초적 아버지에 대한 사이비 생물학적 이야기는 오늘날까지 설득력을 지닌다. 어떤 이들은 프로이트에게 최고의 권위를 부여하기까지 한다. 정신분석학의 아버지인 프로이트는 바로 이 주제로 글을 남겼지만, 그의 설명은 한결 더 복잡하다. 놀랍게도 그는 권위의 근거가 아버지에게 **맞서는** 최초의 폭력 행위에 있다고 보았다. 옛날 옛적 자신의 무리를 오직 물리적 힘으로 지배하던 원초적 아버지가 존재했다. 그는 모든 여성을 독차지했다. 그의 아들들은 성적 불만과 권력에 대한 욕심에 휩싸여 결국 그를 살해했다. 그러나 그의 죽음으로 그의 통치가 끝난 것은 아니었으며 오히려 그 반대에 가까웠다. 그는 죽고 난 **後에야** 그를 숭배하게 된 무리에 의해 비로소 권위를 갖게 되었다. 아들들은 아버지를 죽이고 획득한 권력으로 성적 우위를 누리기는커녕 뿌리칠 수 없는 죄책감에 빠져들었다. 이에 아들들은 죽은 아버지를 신격화된 권위자의 자리에 올리고, 그의 앞에 무릎 꿇고, 제물을 바치고, 자신을 벌했다. 한마디로, 그들은 경건하고 순종적으로 그리고 신경증적으로 변했다.[6]

(가장 추상적인 의미에서) 법의 정립 또한 최초의 폭력 행위를 뒤따른다. 후기 저서에서 프로이트는 이 폭력 행위 안에서 유일신 종교의 기원을 발견한다. 유일신 종교는 거의 대부분 가부장적이다. 프로이트는 이 종교들의 기원에서 자신이 '가족 로맨스'에서 설명한 것과 비슷한 과정을 발견한다. 아들이 아버지를 가장 높은 자리로 격상하고 그런 다음에 그 환상에 자신을 완전히 맡겨버리는 것이다. 아들 예수가 자신을 희생해 자신의 아버지를 섬기는 종교를 발흥하고 확립한 것이 가장 대표적이다. 또 다른 '아들들'인 유대교의 신 여호와를 숭배하도록 한 모세와 이슬람의 신 알라를 숭배하도록 한 마호메트는 예수보다는 조금 더 나은 운명을 겪는다. 세 사람 모

두 아버지의 말씀과 그에 관한 법을 세운다. 모세는 신의 계명을 돌에 새겨 시나이산을 내려오고, 예수는 산상수훈을 남기며, 마호메트는 샤리아를 도입한다. 종교와 세속의 권위는 수 세기가 지난 후에야 분리되었다.

신앙심

신격화된 원초적 아버지상은 권위의 원천이 된다. 아버지에 대한 숭배가 자리 잡은 그 순간부터 그의 권위는 모든 아버지들에게로 퍼져나가고 그들을 작은 원초적 아버지들로 만들어준다. 이런 방식으로 권위에 종교적이고 신화적인 면모가 더해진다. 권위는 원초적 아버지부터 하느님 아버지 그리고 진짜 아버지들까지 일련의 발전 과정을 거쳐 확산된다.

이 발전 경로는 마음을 사로잡을 만큼 자명해 보이지만, 사실은 잘못된 추론에 근거하고 있다. 프로이트도 자기 주장 속 순환 논리의 오류를 솔직하게 인정한다. 모든 아버지는 자신이 아버지라는 부류에 속한다는 이유만으로 자동적으로 권위를 얻으며 그 원천은 한 명의 원초적 아버지로 거슬러 올라간다. 그러나 이 원초적 아버지의 권위는 그가 죽은 후에야 아들들에 의해 만들어진 것이다. 이 모순을 생각하며 프로이트는 교회의 **아버지들** 중 하나인 테르툴리아누스(Tertullianus)가 신의 본성에 관한 연구에서 남긴 말을 떠올린

다. "나는 그것이 불합리하기에 믿는다.(Credo quia absurdum.)" 가부
장적 권위는 논리로 설명될 수 있는 것이 아니라 믿음의 문제이다.[7]

프로이트의 신화와 성서를 통해 분명해진 사실은, 앞의 논리
를 따르면 권위의 원천은 우리의 밖에(이 경우에는 하늘에) 있다는 것
이다. 또한 그것은 더 높은 권위다. 모세는 그가 신과 독대한 실질적
인 성과로 십계명을 새긴 돌을 들고 하산했다. 십계명 원판의 절반
은 신성한 아버지에 대한 절대적이고 독점적인 충성심과 더불어, 신
도들의 복종을 명한다는 점을 짚어볼 필요가 있다. 거듭 말해 논리
가 순환적이다. 즉 신은 오직 자신에 대한 복종을 강요함으로써 권
위의 원천이 되는 셈이다. 사람들 간의 관계를 다스리는 나머지 계
명들은 전지전능한 신에 대한 믿음과 복종을 기반으로 법적 효력을
얻는다. 이 힘은 사람들이 믿어야만 하는 것이며, 믿지 않으면 모래
성처럼 무너지고 말 것이다.

파스칼과 권위의 신비로운 근거

1654년도에 루이 14세가 프랑스 왕위에 올랐다. 이후 그는 절대군
주로서 나라를 통치하며 태양왕이라는 별칭을 얻었다. 그는 왕권신
수설(le droit divin)에 근거해 절대군주제를 정당화했다. 바로 그해 프
랑스가 낳은 최고의 지성 중 한 명인 블레즈 파스칼(Blaise Pascal)은
종교적인 경험을 하고 나서 자신의 철학을 글로 남기기 시작했다.

그가 남긴 가장 유명한 작품은 생각이란 뜻의 『팡세』로, 『팡세』 단
장 294에서 파스칼은 권력의 본질에 대해 질문을 던진다.[8] 그가 내
놓은 답은 오늘날에 읽더라도 충격적일 뿐 아니라 신선하다. 파스
칼은 정의와 불의를 구별 짓는 기준은 장소에 따라 또 시대에 따라
다르다고 말한다. 또한 권위의 신비로운 근거는 존재하지 않으며, 오
히려 그것은 순전히 관습에 달려 있는 것이다.

관습은 순전히 그것이 받아들여진다는 이유로 형평성을 만든다. 이
것이 권위의 신비로운 토대인데, 누구든 관습의 제1원리로 거슬러
올라가다 보면 결국 그 관습을 파괴하고 만다. 잘못을 바로잡으려고
하는 법만큼 잘못된 것은 없다. 정의에 복종한다고 생각하며 법에
복종하는 자는 단지 자신이 상상하는 정의에 복종하는 것이지 법의
본질에 복종하는 것은 아니다. 법은 아주 자기 충족적이다. 법은 법
일 뿐, 그 이상의 의미는 없다.

흠, '엄격하지만 공정한' 것도 아니고 신성한 권리도 없다니. 게
다가 이게 끝이 아니다. 이어지는 단락에서 파스칼은 200~300년
후에 프로이트가 발견하게 될 것을 예견하고 있다. 법과 권위의 근
거를 찾아 나서는 사람은 크게 실망하게 된다는 것. 찾을 근원이란
것은 없으며, 애타게 찾을수록 더 멀리 달아나기만 할 뿐이다. 참
역설적이게도, 파스칼은 권위를 훼손하는 가장 좋은 방법이 그 출

처를 찾는 일이라고 말한다. 프로이트도 이 점을 깨달았다. 권력의 근거를 찾으려 할수록 도무지 신뢰할 수 없는 모순에 맞닥뜨린다는 것이다. 아주 신실했던 파스칼은 결국 믿음을 택했지만, 그의 이성적인 판단에는 중대한 이유가 있었다. 권위는 관습에 근거할 뿐이라는 진실을 사람들이 모르는 편이 낫다고 생각한 것이다. 선한 사람들이 계속 착각 속에 살아가도록, 법이 오래전부터 진실되게 존재했음을 계속 믿을 수 있도록 내버려두는 것. 이것이 모두를 위한 일이라고 파스칼은 믿었다. 이 신념은 훗날 가부장주의로 명명되는 생각의 근거를 이룬다. 이른바 '아버지가 제일 잘 알아.' 또는 '이게 다 너를 위한 일이야.' 모델은 이 신념에서 비롯되었다.

사실 『팡세』 단장 294는 보기 드물게 현실을 냉철하게 직시하고 있다. 역사를 통틀어 권위의 근거를 신성한 존재에서 찾는 것은 예외적인 일이 아니었다. 인간은 신격화된 존재에 권위를 부여한 다음 자신들이 만든 이 존재로부터 자신들의 권위를 넘겨받았다. 이 순환 논리는 세상에서 가장 오래되고 널리 알려진 법에서도 찾을 수 있다.

4000년 전 바빌로니아는 성문법을 관할권 내에 조직적으로 적용한 최초의 제국 중 하나였다. 이 법은 당시 이를 시행한 왕의 이름을 따서 '함무라비법전'이라고 불렸으며 바빌로니아 주신들인 아누(Anu), 엔릴(Enlil) 그리고 마르두크(Marduk)가 "땅에 정의의 원칙을 세우고 못되고 악한 자들을 파멸해 강한 자가 약한 자를 해치지 못하도록" 왕을 임명했다는 선언으로 시작한다. 왕과 300여 개 법은 주신들이 그렇게 명령했기에 법적 권력을 갖는다고 **왕이 말했다.** 3500년이 흘러 세상에서 가장 유명한 헌법인 미국 헌법이 쓰였으며 그 원천은 미국독립선언문에 있다. 즉 스스로 근거가 되는 셈이다. 그 안에 무슨 말이 담겨 있느냐고?

우리는 다음과 같은 진실을 자명한 진리로 받아들인다. 모든 인간은 평등하게 태어났고, 결코 빼앗길 수 없는 권리를 **창조주에 의해** 부여받았다. 그 권리에는 생명, 자유, 행복의 추구가 있다.[강조는 인용자]

이스라엘 역사학자 유발 하라리(Yuval Harari)는 함무라비법전과 미국 헌법을 비교한 후, 둘의 유일한 공통점은 신에 대한 언급이라고 결론 내린다. 함무라비법전은 사람들 간에 존재하는 근본적 불평등에 기초하는 반면 미국 헌법은 평등을 기본 권리로 주장한다. 법적 권위를 행사하는 주체는 자신과 자신의 법만이 진정한 권위를 갖는다는 점을 납득시키려 지고한 존재(Supreme Being)에게 호소한다. 물론 지고한 존재는 한 명이 아니고 각자 아주 다른 생각을 하고 있지만 모두가 공유하는 생각이 하나 있다. 바로 자신만이 단 하나의 진실한 권위라는 것이다.[9]

서구 사회에서 신성한 권리란 구시대적으로 여겨진다. 미국 대통령이 자신의 말을 강조하려고 계속해서 신을 거론하는 것을 우습게 생각하는 유럽인도 있을 것이다. 우리는 그렇게 몽매하지 않다고. 우리는 계몽기도 겪었어. 그러면서 이성이 종교보다 법과 질서를 더 잘 지탱할 수 있다는 걸 알았지. 그러니 권위의 근거도 그 위에서 찾을 수 있어. 그게 아니라면, 우린 그렇게 생각하고 있어.

이성이라는 신화

파스칼이 죽고 100여 년이 흘렀을 무렵, 계몽주의 시대를 이끈 지성인 임마누엘 칸트가 나타났다. 칸트에 의하면 계몽의 가장 중요한 의미는 "스스로 초래한(self-imposed) 미성숙에서 벗어나는 것"[10]이다. 나아가 칸트는 이것을 실현하는 방법까지 알려준다.

> 미성숙이란 타인의 가르침 없이는 자신의 지성을 사용할 줄 모르는 무능력을 의미한다. 이 미성숙은 지성이 부족해서가 아니라, 타인의 가르침 없이 자신의 지성을 사용할 결단과 용기를 내지 못해서 생겨나므로, 스스로 초래한 것이라 할 수 있다. "네 지성을 사용할 용기를 가져라!(Sapere Aude!)" 이 말은 계몽의 표어다.

칸트의 원칙은 간단하다. 스스로 생각할 수 있으면 자유로운 인간이 된다는 것이다. 계몽주의는 이성을 인간에게만 있는 고유의 특성으로 내세운다. 이 이성은 우리 모두에게 존재하므로, 우리 모두는 각자의 지적 능력을 이용해 인생을 바르게 살아가게 해주는 보편적 법칙을 찾을 수 있다. 이 법칙들은 보편적으로 받아들여지며 더는 지고한 존재나 그의 대리인으로부터 강요되는 것이 아니다.

아마 다들 살면서 한 번쯤은 공정한 체제가 생긴다면 어떨까 생각한 적이 있을 것이다. 그 체제가 정말 공정하다면 대다수는 기꺼이 체제에 복종할 것이다. 당연히 그러지 않겠는가? 그렇게 된다면, 권위와 그 근거에 대한 문제는 단번에 사라질 것이다. 사람들이 상식을 발휘하기만 하면 된다. 상식이 없는 한두 명은 설득당할 것이고, 필요하다면 생각을 바꾸라고 강요당할 것이다.

그렇다면 문제는 해결되었다. 다만 두 가지 '세부 사항'은 해결되지 않은 채 남아 있다. 첫 번째로, '이성'이 무엇을 수반하는지 아무도 확신할 수 없다. 두 번째로, 보편적 도덕법칙(격률(格率))을 만들려는 시도 자체가 이미 그 규칙의 한계를 드러내며 그 규칙을 맥락화할 필요성을 보여준다. 그동안 많은 학자가 보편적 도덕법칙을 세우는 일에 시간과 노력을 바쳤지만, 우리는 그것을 노련하게 반박할 수 있다. 네덜란드계 미국인 생물학자 프란스 드 발(Frans de Waal)은 도덕성의 근원을 찾으면서 고전적이고 기초적인 법칙의 두 가지 예를 제시하지만, 이후 이 주장을 뒤집는다.[11]

첫 번째 법칙은 꽤 익숙하다. "남에게 당신이 대접받기 원하는 대로 대접하라." 드 발의 사례: 학회에서 본 아리따운 젊은 아가씨를 미행한다. 그녀가 머무는 호텔 방까지 뒤따라가 그녀를 덮친다.(생물학자들이 개최한 학회인 것이 틀림없다!) 나는 내가 대접받고 싶은 대로 그녀를 대했다. 채식주의자가 저녁 식사를 하러 왔을 때, 나는 그의 코밑에 핏물이 배어나는 레어 스테이크를 들이민다.

두 번째 법칙은 첫 번째의 연장선상에 있다. "가장 많은 사람을 행복하게 하는 것이 최선의 선택이다." 드 발의 사례: 한 남성이 매일 밤새도록 튜바를 불며 온 동네 사람들을 잠 못 들게 한다. 동네 사람들의 만류에도 그는 연주를 그만두지 않는다. 어느 날, 그는 자는 동안 (고통 없이) 살해된다. 이로써 동네 주민들은 모두 행복해진다. 문제는 이렇게 해결되었다. 추가 사례: 그다지 달갑지 않은 특정 단체가(당신이 원하는 단체 하나를 고르시오!) 도시를 안전하지 못한 곳으로 만들고 있다. 그 단체를 문 닫게 하면 모두가 행복해질 것이다.

칸트식 정의에 대한 확고한 원칙을 만드는 데 가장 근접한 시도는 미국 철학자 존 롤스(John Rawls)의 '무지의 장막(veil of ignorance)' 사고실험이다. 당신이 어디에서 태어날지(헨트일지 카불일지), 부모가 누구일지(마약중독자일지 모범 시민일지), 여자일지 남자일지, 이성애자일지 동성애자일지, 어느 민족으로 태어날지, 성한 몸으로 태어날지 아닐지를 모르는 상황이라고 생각해보자. 당신이 살아갈 사회에 대해 아무것도 알 수는 없지만, 세계 만인이 무조건 복종할 법과 규칙들을 미리 정할 수 있다. 롤스는 이런 방법으로 가장 정의로운 규칙을 만들고, 가장 정의로운 사회를 만들 수 있다고 생각했다.[12]

롤스의 논리에는 타당한 부분이 많지만, 이를 어떻게 실행하는

지에 대한 문제가 남는다. 이런 사고실험을 통해 정의로운 법제도를 만들 수 있다 하더라도 그것을 사회에 어떻게 도입하는가에 대한 문제가 남아 있는 것이다. 냉소적으로 들리겠지만, 이런 정의로운 체제는 강제로 도입하지 않는 이상, 실행이 불가능하다. 그렇다면 무력을 사용해 실행에 옮겨질 가능성이 크다. 역사는 이러한 전개가 예외적인 일이 아님을 알려준다.

최초의 폭력

칸트가 설명한 계몽의 의미("미성숙은 타인의 가르침 없이는……")는 권위의 근거가 될 수 있는 두 가지를 보여준다. 권위는 모두에게 이로운 것에 자발적으로 복종해야 한다는 결론에 이르는, 자기결정권을 가진 개인의 내면에서 비롯되거나, 미성숙한 개인이 복종하게 되는 압도적으로 높은 존재로부터 나타난다. 그런데 이 두 가능성은 아주 실제적인 질문을 회피하고 있다. 권위가 실제 우리가 살아가는 세상에 어떤 방식으로 적용되고 있는가? 그 시작 지점은 어디인가? 현대 사회는 평등과 정의를 갈망한다. 그런데 법의 원칙에 기반을 둔 근대국가는 언제 그리고 어떻게 형성된 것인가?

역사는 그런 시작이 대체로 부당한 질서를 전복하기 위해 불가피한 도구로 쓰인 폭력에 둘러싸여 있다고 말한다.(간디는 예외였다.) 법률적 관점에서 말하자면, 이런 힘의 원시적 형태를 절대 정당화할 수 없음을 깨닫는 것이 굉장히 중요하다. 이 힘은 필연적으로 기존 질서와 충돌해 많은 경우 그 질서를 공식적으로 대표하던 자의 죽음으로 끝난다. 그러나 결국 이 힘은 미래의 합법적 질서를 세우는 근거가 된다. 기존의 권위가 폭력에 의해 전복되어 새로운 법질서가 생겨나면, 그 질서가 소급적으로 최초의 폭력을 정당화한다.

프랑스 철학자 자크 데리다(Jacques Derrida)도 이런 결론을 내린다. 한때 법 담론에 열중했던 데리다는 원초적 아버지의 권위에 대해 프로이트가 내린 것과 같은 결론에 도달한다. 즉 권위는 어떤 신비로운 기원을 가진 것이 아니라 언제나 폭력 형태에 그 근거가 존재한다는 것이다. 법은 '법의 강제력에 의해' 법이 된다.[13]

칸트도 마지못해 이와 같은 생각에 동의해야 했다. 그에게 폭력이란 절대 정당화할 수 없는 것이지만, 법의 원칙을 세울 때만큼은 예외였다. 그는 구성적 폭력의 정당성이 자유에 대한 인간의 '선천적' 갈망에서 비롯되며, 따라서 자연법칙에 근거한다고 판단한다.[14] 이런 형태의 폭력에 대한 예시는 넘쳐난다. 프랑스의 이상인 자유(liberté), 평등(égalité), 박애(fraternité)는 피로 물든 극단적 혁명에 의해 세워질 수 있었다. 미국 건국의 아버지들은 무력으로 영국의 법적 권위를 물리친 후에야 자신들의 헌법을 도입할 수 있었다. 처음에 그들은 반역자였으나(요즘 사회라면 테러리스트로 불릴 것이다.) 자유의 전사가 되었고 마침내 건국의 아버지가 되었다. 프로이트식으로 이야기하자면, 그들은 자신의 아버지를 죽인 후 새로운 법질서를 세우고, 시간이 지나 아버지의 자리를 꿰차고, 자신들의 권위를 상상 속에 존재하는 높은 권력의 자리, 신비로운 근원에 세운다. 신이여, 미국에게 축복을.(God bless America.) 신께서 우리와 함께 하신다.(Gott mit uns.) 알라는 위대하다.(Allahu akbar.)

원점으로 돌아오기:
상상된 지도자

권위는 신에게서 온다는 전통적 관점이나 인간이 스스로 생각해야 한다는 칸트의 관점과 달리, 대부분 사람들은 권위의 가장 이상적인 원천이 지도자 개인이라고 생각한다. 타고난 자질(현명함과 공정함)을 바탕으로 권위를 차지하거나 맡게 된 위대한 지도자를 신뢰하는 것은 당연한 생각이었다. 이러한 생각의 기원은 플라톤의 철인왕(philosopher king) 개념으로 거슬러 올라가는데, 이후 이 개념을 가장 중요하게 발전시킨 철학자는 토머스 홉스(Thomas Hobbes)였다. 이후 장 자크 루소가 아주 개인적인 해석을 내놓았고, 20세기 초반 독일에서 막스 베버(Max Weber)가 카리스마적 리더십을 옹호하는 의견을 내비쳤다.

영국 철학자 홉스는 온 세상이 싸우고 있던 시대에서 자랐다. 가톨릭과 프로테스탄트 사이의 30년전쟁(1618~1648) 이전에 가톨릭과 위그노(프랑스 칼뱅주의 프로테스탄트) 사이의 전쟁이 일어났고, 그 이후에는 왕과 의회, 성공회교도와 청교도가 맞붙은 영국 내전이 발발했다. 따라서 홉스가 "만인의 만인에 대한 싸움(bellum omnium contra omnes)"이라는 표현을 쓰고 인간의 삶을 "끔찍하고 잔인하며 짧다."라고 이야기한 것은 그리 놀라운 일이 아니다. 정치철학가였던 그는 종교 기반의 사회를 실패한 모델로 여겼으며 그 당시에는 생각조차 할 수 없었던 해결책을 제시했다. 그 해결책이란, 군주('리바이어던(Leviathan)')가 엄격히 통치하는 세속적 사회였는데 그 군주조차 어떤 계약에 매여야 했다.

바로 이 마지막 지점, 군주조차 규칙에 매이는 것이 난점이다. 홉스가 생각한 권위란 온전해야 하며 분리되어서는 안 되는 것이었고(그는 분리된 권위가 얼마나 참담한 결과를 낳는지 너무 잘 알고 있었다.) 따라서 반드시 절대적이어야 했다. 홉스는 군주를 '지상의 신(mortal god)'이라고 불렀다. 그러나 군주는 통치하기 위해서 먼저 사람들에게 권위를 인정받아야 했다. 이렇게 하여 사람들은 안전을 보장받는 대가로 자신들의 자유를 포기하게 된다.

홉스의 주장에 이르러 권위란 더 이상 하늘로부터 내려오는 것이 아니라 보통 사람들로 구성된 사회가 통치자에게 수여하는 형태를 띠게 된다. 200년 후 루소는 자신의 이념을 정리한 걸작을 발표하는데, 여기서 그는 홉스와 다르게 개인의 자기결정권과 자연과 조화를 이루며 사는 자유를 옹호했다. 그러나 그의 이론은 로베스피에르, 스탈린, 히틀러와 같은 독재자들에게 명분을 주기도 했다.

그의 생각은 이렇다. 모든 인간은 자유와 정의를 추구하는 자연스럽고 건강한 본능을 소유하고 있지만, 현대 생활(이때는 1750년이다.)이 그 본능을 타락시켰다. 이에 대한 해결책은 '위대한 입법자(Great Lawgiver)'가 나타나 모든 인간 안에 있는 건강한 본능을 표현하는 것이다. 그럼으로써 그는 '일반의지(general will)'를 표현하게 되고 이에 대한 반대는 용인되지 않는다. 뛰어난 능력을 가진 위대한 입법자는 일반의지를 누구보다 잘 체현한다. 그의 임무는 사람들을 (재)교육하여 그들이 건강한 본능을 다시 인식하도록 하는 것이다. 누구라도 위대한 입법자에게 맞선다면 일반의지에 도전하는 것이자 본의 아니게 자신에게도 득이 되지 않는 일을 하는 것이다. 이러한 논리는 위대한 입법자에게 반대하던 사람들을 설득해 위대한 입법자가 원하는 것이 곧 자신들이 원하는 것이라는 사실을 깨우치게 (재)교육하는 것의 중요성을 이야기한다.

조지 오웰(George Orwell)의 소설 『1984』에서 주인공 윈스턴 스미스는 전체주의적인 사회에 반항하다가(한 여자와 사랑에 빠지고 스스로 생각하기 시작했다는 터무니없는 이유로), 재교육을 당하게 되고 그 결과 과거에 반대했던 모든 것을 믿게 된다. 오웰은 자신이 쓰는 것들에 대해 잘 알았다. 그는 공산당 독재를 직접 경험한 사람이었다. 이 소설이 나온 후에도 마오쩌둥(毛澤東)과 폴 포트(Pol Pot, 캄보디아의 공산당 크메르 루주의 지도자로 '킬링필드'로 알려진 대학살을 자행했다.—옮긴이)는 '재교육' 명목으로 지식인 수백만 명을 농촌으로 보냈고, "행복에 겨운 건강한 농민들이 위대한 지도자에게 갈채를 보내는 동안, 반체제 인사를 '추방'하거나 그냥 죽일 수 있는 [……] 국가의"[15] 자유를 강요했다.

옛 좌파 포퓰리즘은 변종된 우파로 대체되었지만 이들이 구사하는 논리는 달라지지 않았으며, 위대한 지도자는 여전히 민중(das Volk)의 대변자('나는 모두가 생각하는 것을 말한다.')로 여겨진다. 20세기 초에 이르러, 루소가 위대한 입법자라 일컬은 '리더'가 베버의 '카리스마적 리더십(charismatic leadership)'으로 변화한 것이다.

독일 학자(경제학자, 역사가, 법학자, 사회학자) 베버에게 카리스마적 리더란, 합리적 국가라는 위험한 현상에 대한 답이었다. 합리적 사회는 도구적으로 조직된 정부가 행사하는 비인격화된 권위를 탄생시켰다. 구체적으로 이 권위는 베버가 강철 우리(iron cage)라고 표현한 관료제에 의해 행사된다. 베버는 합리적 사회가 권위와 도덕적 가치의 분리, 나아가 의미의 상실을 낳는다고 말한다. 그에 따르면, 해결책은 민주적으로 선출된 카리스마적 리더가 체현하는 가치합리적(value-rational) 사회에서 발견해야 한다. 베버는 카리스마를 '평범한 사람과 구별되는 초자연·초인간적, 또는 특별히 예외적인 힘이나 자질을 타고난 개인의 성격을 이루는 특징'으로 정의한다. 이러한 사람이 민주적 선거를 통해 권력을 차지하면 도구적 합리성을 견제할 수 있고 이로써 인격적인 권위를 행사하게 된다.[16]

30년 후 바로 이런 카리스마적 리더가 등장해 독일을 구렁텅이로 떨어뜨리고 도구적 합리성의 독재가 시작되었다. 히틀러의 부상에는 이유가 있었다. 사람들은 위기가 닥쳤을 때 절박하게 해결 방법을 찾으려 하고 히틀러 같은 강력한 인물에게 모든 희망을 건다. 그러나 이러한 인물이 지도자로 선출되는 순간 민주주의는 단숨에 자취를 감춘다.

홉스의 군주, 루소의 위대한 입법자, 베버의 카리스마적 리더와 같은 개념이 이상적 아버지를 연상시킨다는 것은 정신분석가가 아니어도 눈치챌 수 있다. 결국 우리는 한 바퀴를 돌아 원점으로 돌아온 것이다. 루소가 무책임한 부모를 비난하며 교육을 재구성해야 한다고 촉구한 것은 우연이 아니다.

냉철한 한나

권위의 근거를 찾는 여정은 여전히 그럴싸한 답을 내놓지 못했다. '진짜' 기초를 찾으려는 시도는 여태껏 실패했으며 오히려 역효과가 났다. 내가 생각하기에 이에 대해 가장 냉철하게 설명해낸 사람은 한나 아렌트(Hannah Arendt)이다.

독일 태생 유대인이자 제2차 대전 당시 미국으로 망명한 아렌트의 인생은 그녀의 자서전이나 글을 읽어보면 알 수 있듯 지난 세기 서구 사회의 중대한 사건들과 평행을 이룬다. 1954년에 아렌트는 「권위란 무엇인가(What Is Authority?)」라는 에세이를 써 놀라우면서도 분명한 결론을 내린다. 서구 사회에서 권위의 근거는 삼중 구조로 이뤄지는데, 오늘날 이것의 설득력이 거의 사라진 상태다.[17]

권위란 외부에 존재하는 우월한('초월적') 힘에 근거하며, 사람은 여기에서 오는 권위를 얻기도 하고 잃기도 한다. '우월'이라는 개념은 권위가 피라미드 구조로 작동한다는 생각으로 이어진다. 피라미드 꼭대기에 있는 사람들은 권위의 초월적인 원천에 가장 가까워 가장 많은 권위를 행사할 수 있으며, 아래로 내려갈수록 가질 수 있는 권위는 적어진다. 각 층마다 어느 정도 권위를 가질 수 있되 위층보다는 적게, 아래층보다는 많게 가지게 된다. 각 층은 견고하게 통합되어 있으며 전체 구조 속에서 상호 관계를 맺는다.

이런 식으로 계층적인 모델이 생겨나며, 권위가 작동하는 데 중요한 전제 조건인 불평등이 모습을 드러낸다. 계층적 차이라는 의미에서 차등(difference)이 필요한 것이다. 아렌트는 독재국가야말로 가장 평등한 정부의 형태라고 예리하게 지적한다. 독재자가 모두를 지배하며 그 '모두'는 실로 모두 평등한 대우를 받기 때문이다. 권위의 결정적인 특징은 자발적 복종을 근거로 작동한다는 것인 반면에, 독재는 물리적인 힘을 근거로 작동한다.

권위에 자발적으로 굴복할 수 있는 이유는 그 권위가 사람들 대다수가 믿는 외부적 요인에 근거하기 때문이다. 아렌트에 따르면, 서구 사회에서는 서로 밀접히 연결된 권위의 원천이 세 갈래로 나뉘는데, 그리스 고전 철학(플라톤), 고대 로마 그리고 기독교가 그것이다. 플라톤은 이성과 영원한 진리를 의미한다. 로마는 전통과 조상을 나타낸다. 기독교는 이 두 가지 양상을 합친 것에다 두려움이라는 요소를 넉넉하게 가미한다.

권위가 작동하는 방법은 아마 전 세계적으로 똑같을 것이다. 반면, 권위의 원천은 시대와 장소에 따라 달라진다. 따라서 아렌트는 우리가 알고 있는 권위가 불변의 진리가 아니라는 결론을 내린다. 우리가 알고 있는 권위는 특정 시대의 맥락에 따라 결정된 것으로 언젠가 사라질 수 있다. 권위를 지탱하는 기반이 신뢰를 잃으면 권위는 언제든 사라질 수 있다.

권위의 근거를 이루는 삼중 구조

플라톤이 그린 이상 국가의 청사진에서 권위는 철인왕에게 주어진다. 그는 영원한 진리와 아름답고 선한 것(kalos kai agathos)에 대한 확실한 통찰력을 가지고 있기 때문이다. 대중은 이런 것에 대한 이해가 없다. 대중이 철인왕의 통찰을 따라 행동하도록 플라톤이 고안한 방법은 2000년이 지난 지금까지도 사람들의 밤잠을 설치게 하고 있다. 그는 단숨에 지옥과 불멸하는 영혼 개념을 창조한다. 사후 세계에서는 재판관인 신들 앞에서 최후의 심판이 치러진다.[18] 부도덕하게 살아온 사람은 지하 세계로 보내져 자신의 죗값을 열 배로 돌려받고 반대로 선하게 살아온 사람은 보상을 받으며 천상계로 올라갈 자격이 주어진다. 플라톤의 글을 보면, 그를 비롯해 당대 철학자들이 이런 신화를 믿지 않았다는 것은 확실하다. '영원한 진리'를 알고 있어 모범적인 삶을 살 수 있었을 테니, 굳이 이를 믿을 필요도 없었다. 이를 믿어야 하는 것은 대중이었다. 그래야 지옥과 지옥행이 두려워 알아서 잘 행동할 테니 말이다.

서구 역사에서 로마는 그리스를 잇는 다음 단계이다. 로마인들은 집집마다 조상신 라레스(Lares)를 기리는 제단을 만들었다. 권위는 도시를 세운 조상들에게서 내려왔으며, 그들의 관습(mores)은 대대손손 물려주어 지켜야 했다. 즉 권위는 전통(tradition)을 기반으로 삼았다.(트래디션(tradition)의 어원인 트라데레(tradere)는 '물려주다'라는 뜻을 가지고 있다.) 전통을 물려줄 책임은 본래 파트레스(patres), 즉 원로원(senate) 의원들에게 있었다. 라틴어 파트레스의 또 다른 뜻은 '아버지들(fathers)'이고, 영어 '세너트(senate)'는 고령이란 뜻도 내포하고 있다.('나이 많은 사람'을 뜻하는 라틴어는 세넥스(senex)이다.) 연장자들인 원로원 의원들은 선대와 가장 근접한 관계에 있으므로 가부장적 권위를 가장 많이 가질 수 있었다.

전통적 권위의 결정적 근거는 5세기 기독교와 함께 나타났다. 교회가 정치권력을 장악하고, 로마제국이 동서로 분열해 훗날 '신성로마제국'의 기원이 되는 서로마제국이 형성돼 있던 시기였다. 이 시기 가장 권위 있는 교부 아우구스티누스(Augustinus)는 아테네와 로마를 융합시켰다. 그는 우선 플라톤이 말한 지옥 개념을 기독교 교리에 포함했다. 죄인은 더 이상 용서를 기대할 수 없고 오히려 대다수가 영원히 지옥 불에서 고통받는 형벌을 받게 되었다. 영원한 진리는 신의 것이 되었고, 철학자들은 신실한 신도들에게 자리를 비켜줘야 했다. 로마인들로부터 아우구스티누스는 도시와 토대와 전통의 중요성을 배웠다. 기독교는 그리스도의 죽음과 부활이라는 행위에서부터 시작되었다. 이 행위는 신의 도시로도 불리는 『신국론 (De Civitate Dei)』의 토대가 되었다. 몇 세기 후, 최초 교부(성 베드로)의 후계자인 교황은 신의 최고 지상 대리인으로서 가장 높은 권위를 얻었다. 교황은 '우르비 에트 오르비(Urbi et Orbi, 도시 로마와 온 세계에)'라는 말로 축복을 내린다. 이로써 로마는 영원한 도시*로 남는다.

이렇게 세 가지 기본 요소들이 한데 모였다. 하느님 아버지를 최고 원천으로 삼는 고귀한 진리, 무언가 창시하는 행위와 그것이 만들어낸 전통, 대중을 억제하는 지옥 개념까지. 이 요소들이 합쳐져 탄생한 막강한 힘은 2000년 동안이나 적수 없이 지배적인 영향을 발휘했다. 이중 가장 중요한 권위의 근거는 단연 두려움이다. 처벌과 형벌에 대한 두려움, 영원한 지옥살이에 대한 두려움, 연옥의

✿ 우리는 권위의 '기원', '근거', '원천'을 이야기할 때 과거로 거슬러 올라가거나 위에서 아래로 이어지는 흐름을 생각한다. 이는 조상과 토대를 강조한 고대 로마의 유산이라고 할 수 있다. 그런가 하면, 권위의 원천을 우리보다 위에 있는 '높고', '초월적인' 힘에 두는 것은 플라톤 철학과 기독교 사상의 영향이다. 특히 마지막 두 가지의 경우 우리의 사고방식을 지배하고 있으며, 건물 구조에도 반영되어 있다. 고위 경영진이 건물 제일 위층을 사용하고 수위가 제일 아래층에서 근무하는 것처럼 말이다.

불길에서 견딜 수 없이 기나긴 세월을 보내야 하는 것에 대한 두려움. 지금은 상상하기 힘든 일이 되었지만 수 세기 동안 '신을 두려워하며 사는 것'은 것은 모든 인간의 현실이었다.

역사 속에 수많은 교황과 추기경, 황제와 왕, 왕자, 기사, 판사가 존재한다. 이들은 모두 하느님 아버지의 대리인 역할을 했고, 신으로부터 '축복받아' 절대 권위를 부여받았으므로 오직 신에게만 자신을 해명하면 되었다.(이들은 또한 신이 늘 자신들과 한마음이라고 생각했다.) 아렌트가 이상하게 놓친 부분은, 권위의 근거를 이루는 삼중 구조가 그녀가 거듭 확인했듯 가부장제를 재확인시켜준다는 사실이다. 고대 그리스인들이 생각한 자유시민은 남성이었다. 로마는 파트레스(아버지들)가 통치하는 조국(fatherland), 즉 파트리아(patria)였다. 기독교는 그야말로 가부장제의 전형으로서 하느님 아버지에게 절대적으로 굴복해야 하고 여성이 악의 원천이라고 여긴다.(어머니가 아닌 여성은 악의 원천으로 그려졌고 어머니일지라도 처녀여야 했다.)

한편 아렌트가 1954년에 **놓치지 않은** 부분은 바로 권위가, 적어도 가부장적인 권위가, 사라지고 있다는 것이었다.

사라지고 있는 가부장적 권위

나는 몇 주에 한 번씩 내 이웃이었던 남자를 만나러 간다. 여든네 살의 그는 얼마 전 반신마비 증상이 와 수동적 삶을 살아야 하는 형벌에 처해졌다. 그는 시골 농부로 자라 제2차 세계대전을 겪느라 정식 교육을 받지 못했다. 그렇다고 이 사람이 당신과 나보다 지능이 떨어진다고 말할 수는 없다. 평소 그는 "그들이 온갖 거짓부렁을 믿게 했어!"라는 말을 자주한다. 여기서 '그들'이란 교회를 말한다. 이제 이 사람은 기성 정치를 비롯해 그 무엇도 믿지 않는다. 모든 것들이 권위를 잃은 것이다. 요즘 젊은 세대 사이에서 이러한 생각은 더욱 만연한다. 사후 세계는 존재하지 않으며, 오로지 지금 그리고 여기만 존재한다. 그리고 인생을 최대한으로 살지 못했다는 두려움만 남는다.

지옥에 대한 두려움이 사라지면서, 권위와 종교의 연결 고리는 약해졌다. 더군다나 이런 변화는 권위와 나이에 대한 연결 고리가 완전히 끊어진 시대에 일어나고 있다. 전통은 그저 관광객의 흥미를 끄는 구경거리가 되었다. 우리는 우리의 원로원을 허물고 있다. 경험(노련함)은 방해만 될 뿐이고 쉰 살이 넘어 직업을 구하는 것은 꿈도 못 꾼다. 기업, 대학, 정신과 시설 관계자들은 '1817년 설립' 같은 말에 자부심을 느끼지만, 정작 그들의 나이를 물으면 입을 다문다. 오래된 것은 치워놓고, 모든 것은 젊고, 힙하고, 세련되어야 한다. 영원한 진리 같은 것은 한철(패션계의 한철) 정도 더 버틸 수 있을 것이다.

사후 세계에 대한 두려움도, 전통도, 믿음도 없다. 한나 아렌트에게 이 현상의 의미는 명백했다. 우리가 알던 권위는 사라졌으며 다시 돌아오지 않으리라는 것이다. 우리는 아렌트의 글에서 파스칼의 생각, 즉 권위의 토대에 의문을 품으면 결국 권위를 훼손하게 된다는 것을 다시 발견하게 된다. "그것[권위와 그것이 조성하는 억압]이 조만간 끝나버리기를 원치 않는다면, 그것을 권위적이고 영속적인 것으로 여기며 그 출처를 감추어야 한다."[19]

파스칼이 자신에게 던진 질문으로 보아, 권위가 사라지는 과정은 훨씬 이전부터 시작되었다는 것을 알 수 있다. 파스칼은 이 과정이 이토록 오래 이어지는 이유에 대해서도 답변을 내놓는다. 인간은 관습에 매인 존재이며, 관습은 그 존재의 이유를 잃어도 곧장 사라지는 것이 아니라, 더러 전개 속도가 빨라지는 지점에 이르기는 해도, 일반적으로 길고 지난하게 죽음에 도달하기 때문이다.

종교와 전통이 사라지는 이유는 널리 알려져 있다. 예전보다 많은 사람이 교육받고 과학을 배울 기회를 얻었으며, 과학이 종교와 전통을 대신해 실용적인 답들을 주었기 때문이다. 이제 우리는 성녀 아폴로니아(Saint Apollonia, 치통을 앓는 사람들의 수호성인)에게 기도를 올리는 대신 치과를 방문한다. 섹스는 죄가 아니라 즐길 수 있는 것이다. 더 많은 사람이 지식의 기회를 얻으면서 지옥 불을 두려워하는 사람이 갈수록 줄어들고 있다.

우리는 내가 이 장 서두에서 던졌던 질문에 대한 답에 도달했다. 권위는 최초의 폭력을 배경으로 하며 신비로운 근거에 대한 믿음과 두려움에 기반을 둔다. 언제나 사후적으로 정당화되기 때문에, 권위는 그 존재에 대한 실질적 근거를 제시한다. 하지만 그 근거를 따지기 시작하면 아무런 근거가 없다는 것이 밝혀진다. 내 세대는 이 사실을 일찌감치 깨달았다. 어린 시절 이걸 왜 해야 하며 왜 그 말대로 '행동해야' 하는지 꼬치꼬치 캐물을 때마다, '왜냐니? 내가 하는 말이니까!'란 답과 함께 귓방망이를 한 대씩 맞곤 했으니 말이다.

권위의 구조적 관점

전통적 권위는 가부장적 권위와 같은 말이다. 둘 다 하향식이며 남성의 전유물이다. 이 연관성은 아주 강력해서 다른 해석을 생각하기조차 쉽지 않다. 이는 권위의 상실 앞에서 사람들이 어쩔 줄 몰라 하며 상황을 복구하려고 하는 이유를 설명해준다. 하지만 아렌트에 따르자면, 그 노력은 실패할 것이며 권위와 가부장제가 더 이상 같을 필요도 없다. 아렌트의 분석을 빌려 우리는 권위의 구조를 까발리고 새로운 해석이 가능한지를 확인할 수 있다. 권위와 권력의 차이를 알게 되었다는 것도 기대하지 않은 수확이다.

권위는 삼중 구조이다. (1) 무엇(기관) 또는 누군가(권위자)가 (2) 무엇 또는 누군가에게 (3) 모든 당사자들이 믿고 자발적으로 복종하는 외부적 근거를 토대로 권위를 행사한다. 이때 외부적 근거란 '높이 있거나(기독교)', '오래되었거나(로마, 전통)' 할 필요가 없다. 하향식이거나 피라미드 형태일 필요도 없다. 다만 개인의 외부에서 와야 하며 대다수가 인정해야 한다. 이 조건들을 충족하면 권위는 존재한다. 권위를 행사하는 주체가 누구이든, 또는 무엇이든(개인 또는 기관), 대다수가 그, 그녀, 또는 그것에게 권한을 주었으므로 권위를 행사할 수 있다. 그 사람 또는 기관이 권위를 올바르게 사용하지 못하면 그 권위는 제거되어 다른 사람에게 넘겨진다.

권위는 권력 또는 정당화된 폭력을 암시하기도 한다. 권력과 폭력은 더 이상 자발적으로 권위에 복종하지 않는 사람, 즉 법을 어기는 사람에게만 가해진다. 대다수가 권위에 복종하기를 거부하면 (권위의 근거에 대한 믿음이 사라졌기 때문에) 권위는 무너진다. 이를 기점으로 전에는 정당화된 폭력이었던 것이 순수 권력으로 작동하기 시작하고, 곳곳에서 폭력과 강제적 복종이 일어난다. 이런 상황이 이어지면 결국 대항폭력, 다시 말해 반란이 일어난다는 것을 역사는 보여주었다. 많은 경우 시간이 지나면 새로운 권위가 등장해 사후적으로 최초의 폭력을 정당화할 것이다. 예전에는 반란이라 불렸던 것이 이제는 자유를 위한 싸움이라 불린다.

거의 깨닫지 못했겠지만 우리는 한 시대의 종말을 겪고 있다. 약 1만 년 동안 성, 사회, 종교, 정치, 경제 등 우리 인생의 모든 분야를 좌우했던 가부장적 권위가 사라지고 있다.[20] 그렇다고 우리가 권위 자체와 작별을 고하는 것은 아니다. 아렌트는 권위란 인간관계를 규제하는 기능을 하기 때문에 권위 없는 사회가 제대로 작동할 수 없다고 이야기한다. 그러면서 이런 문장으로 글을 끝맺는다. 권위가 사라지면 '인간이 더불어 살아가는 것의 기본 문제들'과 다시 한번 부딪히게 된다고. 여기서 중요한 질문은 우리가 어떤 형태의 권위를 새로 형성해야 하는가이다.

　이 질문에 대한 답을 신속히 찾아야 한다. 전통적 권위가 이미 기본적인 인간관계 속에서 더 이상 작동하지 않고 있다는 것이 더욱 자명해지고 있기 때문이다.

1

불가능한
세 가지 직업

1925년 프로이트는 미래를 예견하는 위트 있는 글을 남겼다. 이 세 상에는 불가능한 직업이 세 가지 있는데, 바로 교육하는(erziehen) 일, 치료하는(kurieren) 일, 통치하는(regieren) 일이라는 것이다. 이 일을 하는 사람인 아버지, 의사 그리고 정치인은 프로이트가 살던 시대에는 모두 남성을 가리켰다. 1972년 프랑스 정신분석가 자크 라캉(Jacques Lacan)은 아버지됨과 가장 밀접한 감정이 수치심이라는 놀라운 주장을 발표했다. 이 말은 정치인에게도 똑같이 적용할 수 있으며, 이 직업을 언급하는 것이 안타깝기는 하지만 심리치료사에게도 마찬가지다. 이 세 가지 직업은 수치심이 생겨나는 바로 그 지점에서 실패의 운명을 타고난 것이다.[1]

분명히 하자면, 육아와 정치, 사람을 돕는 일은 물론 가능하다. 프로이트가 말한 불가능과 라캉이 말한 수치심은 이 세 가지 직업에 관한 특정한 방식의 해석, 즉 이 일을 하는 남성은 가부장적 위치에 있는 주인상(master figure)과 불가분의 관계라는 해석과 관련 있다. 아버지의 말은 늘 옳고 아버지가 우두머리다. 정치인은 자신이 당선되기만 하면 모든 것이 바뀔 것이라 약속한다. 심리치료사는 자기 치료법의 효능이 확실하다는 점을 증명하기 위해 '증거 기반 연구'를 내세운다.

이런 시스템이 수백 년간 유지될 수 있었던 것은 사람들이 그 시스템을 믿었기 때문이다. 앞 장에서 나는 권위에 대한 무비판적인 수용에 관해 이야기했다. 대학교수가 강의를 하면 학생은 경청했다. 판사가 판결을 내리면 피고와 원고는 그 판결을 따랐다. 의사가 진단을 내리면 환자는 그 말을 믿었다. 그러나 요즘 강사들은 잡담하는 학생들 소리에 묻히지 않으려 마이크 볼륨을 높여야 한다. 피고는 어김없이 항소하고 변호사도 그를 전폭적으로 지지한다.(아니 이런 횡재가!) 환자들은 이 의사 저 의사를 찾아 다니면서 '닥터 쇼핑'을 한다.

앞서 말했듯 가부장제는 그에 대한 보편적 믿음에 근거할 때에만 작동한다. 그 믿음의 기반이 사라지면 누구나 주인 자리를 차지하게 될 것이다. 한나 아렌트가 말했던 결론이 이것이다. 한 사람이 어떤 고유한 자질을 갖고 있다 해도 혼자서 권위를 차지할 수는 없다. 권위란 그 기저에 있는 시스템을 믿는 제삼자가 부여한다. 누구도 혼자서 주인의 자리에 오를 수 없다. 아이가 입에 올리기 전까지 아무도 벌거벗은 임금님에게 진실을 말하지 않는다. 전통적인 가부장적 환경에서 그 아이는 꿀밤을 한 대 맞고 입을 다무는 법을 배운다. 모두가 임금님의 비밀을 쉬쉬할 것이다.

지배자(옛날 같으면 아버지, 왕, 황제, 지금이라면 교수, 의사, 정당 지도자들)의 측근일수록 그 지배의 약점에 익숙하다. 그들은 지도력의 허점을 더 많이 볼 것이다. 예컨대 한 집단이 바깥세상에 공표하는 이데올로기를 전적으로 믿는 내부자는 극히 드물지만 최근까지도 그 내부자가 집단의 약점이나 실수, 심지어 사기 행각을 공론화한다는 것은 상상할 수 없는 일이었다. 왕실의 비밀을 폭로하는 것은 반역으로 간주되었으며, 과거에 충성심은 주로 주인의 비밀을 지켜 체면을 살려주는 것을 뜻했다.

이러한 공모(共謀)는 옛말이 됐다. 이제 에드워드 스노든(Edward Snowden) 같은 내부 고발자들이 많아졌다. 이는 '엄격하지만 공정한' 아버지에 대한 사회적 믿음이 무너지고 있음을 정확히 보여준다. 이 시대의 '스노든'들은 기회주의자들과는 다르게 금전적 이익은커녕 대부분 엄청난 위험을 안고서 공동의 이익을 위해 기밀을 폭로한다. 아르투르 고틀리프(Arthur Gotlieb)의 사례는 이런 내부고발자들의 비극적 말로를 보여준다. 네덜란드 보건의료감독원(Nederlandse Zorgautoriteit)의 부패 행위를 세상에 알린 고틀리프는 극심한 괴롭힘에 시달리다 결국 스스로 목숨을 끊었다.[2]

우리 시대의 내부고발자는 더 이상 고립된 인물이 아니다. 이를

테면 위키리크스(WikiLeaks)는 집단지성으로 작동하기에 내부고발이라는 목적을 더 철저하게 수행할 수 있다. '신성로마제국' 황제 가문의 후손이자 비스마르크(Otto von Bismarck) 손녀의 남편이 박사학위 논문을 표절한 탓에 독일 국방장관직에서 사퇴하리라고 누가 상상이나 했을까. 카를테오도어 추 구텐베르흐(Karl-Theodor zu Guttenberg)는 자신의 논문을 놓고 온라인에서 벌어진 공개 논문심사에서 엄청난 양의 표절 증거가 쏟아지자 자리에서 물러나야 했다.[3]

전통적 의미에서의 충성심(더 정확한 표현으로는 공모)이 사라지면서 종교, 정치, 교육, 단란한 가족 등의 영역에서 갈수록 많은 스캔들이 등장하고 있다. 권력 남용은 가부장제의 틀 안에 구조적으로 자리 잡고 있다. 이는 권력의 자리에 있어서는 안 되는 사람이 그 자리에 들어가려고 하다가 우연히 저지른 실수가 아니다. 그 자리 자체가 그런 실수를 범하기에 너무 좋은 환경이기 때문에 그렇다.

누군가를 난공불락인(거의 모든 사람이 그렇다고 믿는) 자리에 올리고, 외부 통제가 효과적으로 작동하지 못하게 배제하면 그곳은 권력 남용의 온상이 된다. 가부장적 권위는 폐쇄적인 사회를 만들어내고, 바깥세상을 적대하거나 열등하게 여긴다. 극심한 경우, 이런 사회는 바깥세상과 완전히 단절된다. 폐쇄적인 집단일수록 병적 증상을 보인다는 사실을 우리는 임상심리학과 고전 정신의학을 통해 배웠다. 배타적인 집단은 외부인의 진입을 허용하지 않으며 내부인의 이탈도 허락하지 않는다. 전체주의국가의 국민들은 이동의 자유가 극히 제한되고, 해외 방문자들은 '가이드'만 따라다니며 허용된 것만을 볼 수 있다. 이런 고립 상태가 무너지는 순간 전체주의국가의 운명은 다하게 된다.

근친 성폭력은 폐쇄적인 집단에서 일어나는 권력 남용의 극단적인 사례다. 이는 국제앰네스티(Amnesty International) 벨기에 전(前)회장인 카리너 반덴베르허(Karine Vandenberghe)의 성명을 상기시킨다. "사람들은 왜 가족을 때리고 학대하는가? 자신에게 그럴 능력이 있기 때문이다." 이 문장에서 '사람들'이란 대부분 '남성 배우자와 아버지'를 가리키고, '가족'은 '여성과 아이들'을 뜻한다. 이런 사실을 통해 나는 불가능한 '직업' 중 첫 번째인 아버지됨에 관하여 생각하기 시작했다.

불가능한 직업으로서의 육아:
아버지의 증발

아버지는 앞으로도 계속 존재할 것이다. 생물학적 필요에 의해서라도 말이다. 그러나 가부장제가 서서히 사라지면서 당연하게 받아들여지고 무엇으로도 대체할 수 없었던 아버지의 권위가 최근 들어 증발하고 말았다. 그 빈자리는 커다란 의문을 남긴다. 권위 없이는 그야말로 육아가 불가능하기 때문이다.

전통적인 가정에서는 역할 분담이 확실했다. 권력의 주체는 주로 어머니로, 일대일 관계(어머니와 자식 관계)를 통해 자녀에게 권력을 행사했다. 권위의 주체는 주로 아버지로, 권위를 얻기 위해 별다른 일을 하지 않아도 되었다. 권위의 원천이 그의 외부에 있었으니 말이다. 어머니는 가정에 머물며 집을 돌보고 아이들과 아주 직접적인 관계를 형성했다. 아버지는 가까이하기엔 너무 먼 존재였다. 매일 '일'이라는 활동을 하기 위해 아침 일찍 집을 나가서 저녁이면 일정한 시간에 귀가했다. 아버지가 집에 돌아오는 것이 그다지 즐거운 일은 아니었는데, 아이가 말썽을 부린 날에는 어머니가 아버지에게 그 일을 말할 것이기 때문이었다. 그러면 아이는 보통 매를 맞아야 했다. 플랑드르어를 사용하는 벨기에 북부 지역에서 전해 내려오는 동요가 있다.

엄마가 널 꾸짖을 거야
아빠가 매를 들 거야
아이야, 아이야, 얼른 도망치렴!

2012년 플랑드르어 어린이 공영방송국 케트넷(Ketnet)은 두 번째 줄 가사를 다음과 같이 수정해 내보냈다. "사랑하는 엄마, 제발 아빠에게 말하지 마요." 방송국 관계자는 예전 가사가 요즘 정서에는 맞지 않으며, 이미 다른 지역에서는 가사를 바꿔 쓴 지 오래됐다고 밝혔다.

소위 진보적이라 불리는 이 수정본은 세 명의 등장인물 중 둘을 공모 관계로 묶고 나머지 한 명을 배제한다. 이는 여러 이유로 바람직하지 않다. 권력과 권위의 차이를 다시 한번 생각해보자. 순수 권력은 두 개인 사이에서 작동하며 둘 중에서 힘이 더 센 사람이 통제권을 쥐게 된다. 권력자는 외부 통제 없이 독단적으로 힘을 행사할 수 있다. 그에 비해서 권위는 제1의 사람이나 조직이 제2의 존재에게 권위를 행사하되, 그 권위를 제3의 존재에 의해 부여받는 삼중 구조를 상정한다. 즉 권위는 그 힘이 작용하는 두 당사자의 밖에 있는 외부 원천에 근거한다. 이는 굉장히 중요한 의미를 시사한다. 원칙적으로 권위에 대한 책임은 제3자에 있다는 점이다. 부모는 자신들도 규칙과 법의 구속을 받는다는 전제하에 규칙과 법을 대표할 수 있다. 부모가 자녀에게 행사하는 힘은 결코 순수 권력의 형태여서는 안 되며 권위에 머물러야 한다.

전통적인 가정에서는 아버지가 법과 바깥세상을 대표했다. 어머니는 그런 아버지의 존재를 분명하게 소환하고("아빠 오면 혼날 줄 알아!") 아버지는 바깥세상의 존재를 일깨운다. 어머니는 주로 집안에 머물며 그 안에서 강한 힘을 행사하지만 그 힘이 권위인 경우는 드물다. 아버지가 행사하는 권위는 법이 그에게 부여한 것이다. 권위자의 특징 중 하나는 권위의 외부 원천을 불러들이되, 그 권위와 자신을 일치시키지 않는다는 것이다. 더불어 그는 권위를 전달하는 사람으로서 자신에게도 적용되는 더 큰 권위를 따라야 한다.

여기서 전통적인 가부장제의 한계가 드러난다. 몇몇 아버지들은 자신이 다스리는 작은 왕국의 규칙을 만들며 독재자를 자처하지만, 이에 대한 외부의 통제는 거의 이뤄지지 않았다. 가족은 가부장제라는 피라미드 구조를 맨 아래에서 지탱하고 있기 때문이다. 가장(家長)보다 아래에 있는 사람은 도움을 청할 곳이 없고, 그보다 위에 있는 사람들은 한통속으로 못 본 체했다. 가정폭력을 당한 여성들을 위한 보호시설은 1970년대에야 처음 생겼고, 부부간 강간은 1990년대 들어서야 불법이 된 곳이 많았다.

요즘 관점에서 생각하면 옛 아버지들이 자녀에게 얼마나 소홀했는가는 놀라울 정도다. 일단 아버지들은 직장에서 일하거나 친구들과 축구를 하거나 대부분 집 밖에서 시간을 썼다. 이들은 육아를 자기 일로 생각하지도 않았다. 아버지들이 육아에 개입하는 순간은 자녀의 성적표에 사인을 하거나 아내 등쌀에 떠밀려 자녀들을 벌줄 때였다. 처벌은 아버지가 아들 또는 딸에게 어김없이 장래에 대해 경고하며 근엄하게 늘어놓는 설교를 동반했다. 이 '설교'라는 단어는 아버지의 역할이 신부나 목사의 역할과 유사함을 보여준다. 교사와 더불어 이들은 전통적인 가부장적 권위의 피라미드에서 가족 바로 위 계층을 차지한 사람들이었다.

부재 중인 아버지는 가부장적인 아버지의 전형이었다. 이 부재는 망태 할아버지(bogeyman) 같은 아버지상을 더욱 강화했고 그가 허술한 면들을 들키지 않게 막아줬다. 가부장제는 아버지에게 초인적인 이미지를 만들어주었고, 아버지는 법과 질서의 화신으로서 항상 본보기가 되어야 했다. 아버지도 실수를 하는 사람이라는 것을 처음 깨닫는 순간은 충격 그 자체다. 존 스타인벡(John Steinbeck)은 소설 『에덴의 동쪽』에서 이를 슬프도록 아름답게 표현했다.

어린아이가 처음 어른의 정체를 간파하는 순간, 어른이라고 해서 언제나 신처럼 전지하지 않으며 늘 지혜롭게 판단하거나 진실되게 생각하거나 올바르게 결정하지 않는다는 사실을 깨우치는 순간, 아이는 자신의 세상이 텅 비어버린 것 같은 공포에 사로잡힌다. 세상의 신들이 추락하고 모든 안전장치가 사라진다. 단 하나 확실한 것은, 추락한 신들이 그냥 땅에 떨어진 정도가 아니라, 완전히 부서지고 산산조각이 나고 녹조 늪에 처박혀버렸다는 것이다. 그 신들을 원래 지위로 되돌려놓기란 아주 힘들 것이다. 다시 예전처럼 빛나지 못할 것이므로. 아이의 세상도 예전처럼 충만하지 못할 것이다. 아이는 고통스럽지만 이렇게 성장한다.

애덤은 자기 아버지의 정체를 간파했다. 무엇 때문이었을까? 수상한 눈빛, 들통난 거짓말, 또는 머뭇거림이었을까? 무엇이었든 그로 인해 아이 마음속에 있던 신들은 무너지고 말았다.

과거에는 아버지의 실패를 숨겼지만 더 이상 그렇지 않다. 게다가 요즘 젊은 아버지들의 두 어깨에 지워지는 압박감은 그 어느 때보다 무거워졌다. 너무 무거워진 나머지 아버지 역할을 아예 거부하는 남성들도 늘고 있다. 반면에 이전 세대와 다르게 아이들과 훨씬 많이 소통하는 아버지들이 늘어났다. 그러나 스스로가 아버지 역할을 제대로 수행하지 못한다고 느끼는 사람들도 바로 이 적극적인 아버지들이다. 부연하면 어머니들의 상황도 마찬가지다.

요즘만큼 부모들이 자신의 역할을 의식하는 시절은 없었다. 온갖 곳에서 부모의 책임을 일깨우고 실패할 때 벌어질 위험도 끝없이 알려준다. 저널리스트 카트 스하우브루크(Kaat Schaubroeck)는 저서 『책임이라는 참담한 감정(Een verpletterend gevoel van verantwoordelijkheid)』에서 날카로운 분석을 내놓는다. 신생아, 영아, 유아에게 무슨 일이 생기든 모두 부모의 탓이 된다는 것이다. 잘못된 식습관을 들였다고, 수면 훈련을 잘못했다고, 뭘 잘못하고 또 뭘 잘못했다고 손가락질받는다. 그렇게 부모들은 결론이 이미 나 있는 성과 평가에 끊임없이 붙들려 있는 것처럼 보인다. **약자에게 자비란 없다.**

게다가 머지않아 자녀들에게도 평가를 받게 된다. 어린아이조차 아버지가 규칙을 완벽히 지키지 않는다는 사실을 빨리 눈치챈다.("아빠도 저번 일요일에 양치 안 하고 잤잖아!") 더 커서는 더 심각한 잘못을 발견한다.('아빠가 포르노 사이트에 접속하다니!') 어머니에 대해서도 마찬가지다.('엄마가 틴더를 쓰다니!') 고전적인 환상은 이렇게 깨져버린다. 더 이상 '아버지'는 도전받지 않는 권위의 자리에 있지 않으며 모든 부모는 자신을 '증명'해야 하고, 이는 실패에 이르는 가장 확실한 방법이라 할 수 있다. 어떤 증거를 대도 불충분하고 그것의 설득력도 잠시뿐이기 때문이다. 지난 시대의 아버지가 느꼈던 우월감은 이제 수치심으로 바뀌었다. 자기 반성적인 아버지는 자신이 자녀에게 요구하는 것에 스스로도 부응하지 못한다는 사실을 인지하고 있다. 사춘기 딸 두 명을 키우는 아버지가 나에게 이런 말을 한 적이 있다. "내가 가끔 자기 친구들을 힐끔거린다는 걸 안다면 나를 더러운 변태 아저씨로 볼 거야."

그 결과 현대 아버지의 유형은 양극단으로 나뉘었다. 첫 번째 유형의 아버지는 자신이 아버지라는 사실을 제대로 받아들이지 못하고 얼마 지나지 않아 포기해버리고, 일과 자기 생활에만 몰두할 뿐 아이들을 위한 자리를 내주지 않는다. 반대로 지극정성인 아버지가 있다. 아이들과 많은 시간을 보내고, 유난스럽게 아이들을 보호하며, 육아책을 열심히 읽고, 아이의 모든 일에 관여하고 싶어 한다. 말하자면 제2의 엄마가 되는 격이다. 그러나 엄마는 한 명으로 충분하기에 이는 좋은 생각이 아니다.

늘 옆에 없거나 너무 붙어 있거나. 이 두 가지 유형은 그리 과장된 것이 아니다. 이 아버지들에게 부족한 것은 필요한 순간에 용기 있게 '안 돼.'라고 말할 수 있는 단호함이다. 그렇게 **행동**하면 즉시 공격을 받게 된다.("완전 꼰대네!") 요즘은 남자로 살아가기가 혼란스러운 시기다. 생각해보라. 남자는 자녀에게 친구인 **동시에** 아버지여야 하고, 아내에게는 집안일을 도와주는 가정적인 남편인 **동시에**

(적절한 순간에만) 남자다운 모습도 보여야 한다. 게다가 회사에서는 좋은 동료인 **동시에** 워커홀릭이어야 한다.

우리가 부모에게 기대하는 역할은 이렇듯 애매모호하다. 최근 들어 '요즘 애들'이 너무 막 나간다는 이유로 예전의 엄격한 훈육 방법으로 돌아가야 한다는 목소리도 커지고 있다. 부모와 학교는 아이들을 방기했다며 서로에게 원인을 떠넘긴다. 그러나 정말로 엄격한 훈육 방법을 사용하는 사람은 거센 비난을 받는다. 이제 과거의 권위는 원치 않지만 새로운 형태의 권위를 찾지도 못했다.

온정주의: 유치원이 된 세상

육아의 최종 목적은 자신이 해고당하게 하는 것이라 할 수 있다. 다른 말로 하면 아이를 '믿고 놓아주는 것'이다. 아이가 우리 곁을 자신 있게 떠나 스스로 가정을 꾸리고 자기 자식들을 키울 수 있을 때 우리는 부모로서 성공했다고 말할 수 있다. 이는 독일계 유대인 여성 작가였던 글뤼켈 폰 하멜른(Glückel von Hameln)이 18세기에 쓴 소설 속 이야기와 꼭 닮아 있다.

태풍이 불어 아기 새들을 품고 있는 둥지가 물에 잠길 위험에 처한다. 아비 새는 아기 새들을 안전한 곳으로 한 마리씩 옮긴다. 첫째 아기를 나르며 아비 새는 말한다. "내가 너를 안전하게 하려고 얼마나 노력하는지 보이니? 너도 내가 늙고 약해졌을 때 똑같이 해줄 거니?" "물론이죠."라고 아기 새가 대답한다. 그 말을 들은 아비 새는 곧바로 아기 새를 물속으로 내팽개친다. "거짓말쟁이는 살릴 가치가 없어." 둘째 아기 새를 나를 때에도 똑같은 일이 일어난다. 막내인 셋째 아기 새에게도 같은 질문을 한 아비 새는 이런 답을 듣게 된다. "아버지, 저는 그것을 약속할 수 없어요. 그러나 제 자식만큼은 지켜낼 것이라 약속할 수 있어요." 아비 새는 마지막 아기 새를 안전한 곳으로 데려간다.

다음 세대를 키운다는 것은 다음 세대도 그들만의 방식으로 자녀를 지키리라고 신뢰하는 것을 의미한다. 문제는 이전 세대가 다음 세대를 충분히 신뢰하지 못하거나, 권력을 쥐고 놓지 않아 다음 세대가 성장하는 것을 방해할 때 생긴다.

이런 과정은 가정과 육아를 넘어 다른 분야에서도 일어난다. 어떤 사회계층은 자신들이 다른 계층보다 더 우월하다고 생각하며 자신들이 모든 계층을 대신해 결정권을 가져야 하는 것을 당연하게 여긴다. 이러한 태도를 가리켜 '온정주의(paternalism)'라고 하는데, 이 단어는 가부장제(patriarchy)와의 연관성을 잘 보여준다. 자신이 우월하다고 생각하는 '아버지들(paters)'은 자기 밑에 있는 사람들을 정말 아무것도 모르는 아이라 생각하며, 그 '아이들'을 대신해 '엄격하지만 공정한' 아버지의 방식으로 대신 결정을 내려야 한다고 생각한다.

1960년에 라캉은 이와 비슷한 신념에 대해 논한 적이 있다. 그는 당대 심리치료사들에게서 이러한 태도를 발견했다. 이들이 하는 말은 처음에는 무척 긍정적으로 들린다. "남들이 잘 되길 바랍니다." 그러나 조금씩 본심이 나온다. "내가 생각하는 모습대로 남들이 잘되길 바랍니다." 그러다 끝에 결정적인 말을 덧붙인다. "내가 생각하는 모습대로 남들이 잘되길 바랍니다. 사람들이 그 모습을 벗어나지 않고, **동시에** 내가 그것을 주도한다는 전제하에서 말입니다." 아무런 힘 없는 어린애처럼 올바른 선택을 할 수 없는 환자는 무엇이 최선인지 알고 있으며 그것을 강요하는 전능한 아버지, 상담자를 만나게 된다.[4]

정당화되지 않은 우월감(잘난 체)은 서양 가부장제의 역사를 관통해왔다. 권력을 쥔 사람은 누구나 사람들의 의견을 구하지도 않았고 사람들로부터 권한을 넘겨받지도 않았으면서 특정 사람들을 대신해 중대한 결정을 내린다. 이 두 가지 특성이 가부장제의 전형을 이룬다.

이러한 온정주의 특징이 천박하게 드러난 사례는 수백 년 동안 서구가 자신들의 우월성을 보장받았던 식민주의의 형태에서 찾아볼 수 있다. 예상치 못한 인물들에게서 은근한 온정주의를 발견하기도 한다. 파스칼은 『팡세』에서 법과 질서의 근간을 공격하는 한편 "사람들을 위해 그들을 속일 필요가 있다."라는 말을 한다. 계몽기의 대표 철학자 중 한 명인 볼테르(Voltaire) 또한 인민을 내려다보았으며, 그들이 종교를 믿는 것이 아주 좋은 현상이라 생각했다. "신이 존재하지 않는다면, 그런 존재를 만들어내야 할 것이다." 상류 계층(귀족, 철학자, 성직자 들)은 자신들이 지능적으로나 도덕적으로 더 우월하다고 생각했다. 자신들과 달리 하류층 사람들은 멍청하고 비도덕하게 태어났으며 혼자서 올바른 결정을 내리기는커녕 제대로 처신하지도 못한다고 생각했다. 19세기 무렵 상류 계층의 분업은 확실했다. 군주는 교황에게 이렇게 말했다. "당신은 그들을 멍청하게 유지하세요. 나는 그들을 가난하게 유지하지요." 나는 여기에 '그리고 얌전하게'라는 말을 덧붙이겠다.

여전히 많은 지식인이 대중은 멍청하다는 믿음을 지니고 있으며 무엇보다도 이것을 민주주의를 반대하는 근거로 이용한다. 이런 믿음은 잘못된 우월감을 보여줄 뿐 아니라, 극히 위험한 논리에 기초하고 있다. 이른바 '전문가들'의 정부를 밑받침하는 이런 논리는 전체주의 체제로부터 그리 멀지 않기 때문이다. 온정주의는 다수의 사람들이 선천적으로 가지고 있는 지적, 도덕적 결점에서 태어난 필연적인 것이 아니다. 오히려 시스템이 사람들을 그렇게 만든다. '우리 모두가 믿어온 거짓말이 얼마나 많은가!'

온정주의는 사람들 손에서 결정권을 빼앗아야만 한다고 생각하면서 겉으로는 사람들을 위한 최선을 원하는 척한다. 타인의 결정권을 빼앗는 행위가 순수 권력의 남용이라면, 타인을 위하는 척하는 건 설령 선의를 지녔다 해도 분노가 솟구칠 만큼 위선적이다. 양로원에서 아침마다 '오늘은 어떠세요?'라고 물으며 노인들의 방에 경쾌하게 들어가는 요양보호사처럼 말이다. 의료업계와 정치계는 온정주의의 마지막 보루다. 그러나 그곳에서도 왕은 발가벗었고, 왕관은 흘러내리고 있다.

불가능한 직업으로서의 정치:
'요즘 누가 그런 사람들을 믿습니까?'

먼저, 조국과 정치에 대한 약간 낭만적인 이야기로 시작해보겠다. 쇠락의 길에 들어선 한 국가가 있다. 부도덕한 행위가 기승을 부리며 그와 함께 경제력과 정치력이 무너진다. 실업률이 치솟고 젊은이들이 방황하며, 사회적 불안감이 증폭하고 때로는 적대적인 외국 세력으로부터 위협을 받는다. 그때 강력한 지도자, 조국의 아버지가 등장해 굳건하게 지휘권을 잡고 규범과 가치를 회복시킨다. 영국에는 윈스턴 처칠, 프랑스에는 샤를 드골이 있으며, 독일엔 히틀러, 이란에는 호메이니, 또 러시아에는 블라디미르 푸틴이 있다.

깨어 있는 독재는 환상일 뿐이고, 지각력이 결여된 로맨스는 파시즘으로 빠지는 지름길이다. 이런 환상은 프로이트가 설명한 '신경증적 가족 로맨스', 다시 말해 '엄격하지만 공정한' 아버지에 대한 열망과 관련 있다. 정치체제는 이 열망을 몇 년이고 이용해왔다. 정부

지도자들은 스스로를 한 가정의 좋은 아버지로 내비치며 유권자들을 힘없는 어린아이의 상태로 만들었다. 국가는 변함없이 아버지의 땅을 의미하는 '조국'으로 불리었으며, 모든 아들은 필요하다면 아버지의 땅을 위해 목숨까지 바칠 준비가 돼 있어야 한다. 애국심(patriotism)은 가부장제의 조카쯤 되는 관계라 할 수 있다.

제1차 세계대전이 발발했을 때, 젊은 남성 수천 명이 자발적으로 전쟁터로 향했다. 호라티우스(Horatius)는 "조국을 위해 죽는 것은 아름답고 영광스러운 일이다.(Dulce et decorum est pro patria mori.)"라고 말했다. 이 말을 받든 한 세대가 죽음이 기다리는 전쟁터로 행진했다. 100년이 지난 오늘날에는 과연 몇 명이나 그 길을 택할까? 서양의 군대는 직업군인들로 채워졌고 자신의 신과 조국을 위해 싸우는 사람은 테러리스트 또는 미치광이라 불린다.

제1차 세계대전은 조국과 정치적 가부장제에 대한 낭만적인 관념을 깨는 데에 큰 역할을 했다. 양편의 군대와 정치 지도자들의 무능이 얼마나 컸던지 언론 검열과 불확실한 보도에도 불구하고 그에 대한 소식이 대중에게 알려졌다. 몇몇 지식인들은 이제 게임은 끝났다고 생각했다. 전쟁 시절을 기록한 로버트 그레이브스(Robert Graves)의 자서전적 이야기의 제목이 『모든 것에 안녕(Good-Bye to All That)』인 것도 당시의 상황 인식을 그대로 보여준다. 그레이브스는 전선에서의 경험을 시적 형식으로 남긴 영국 장교들을 일컫는 이른바 전쟁시인에 속했던 윌프레드 오언(Wilfred Owen)의 전우였다. 오언은 독가스 공격으로 죽어간 병사의 모습을 처절하리만치 현실적으로 묘사한 끝에("그의 희멀건한 눈이 얼굴 속에서 뒤집히는 모습을 보고 있노라면 / 죄에 염증이 난 악마와 같이 늘어진 그의 얼굴을 보고 있노라면") 시를 이렇게 마무리한다.

> 친구여, 영광에 목말라하는 어린아이들에게
> 그렇게 열의를 바쳐 말하지 말라
> 조국을 위해 죽는 것은
> 아름답고 영광스럽다는 그 낡은 거짓말을.

오언은 휴전협정에 서명하기 정확히 일주일 전인 1918년 11월 11일 사망했다.

우리가 20세기에 대해 내릴 수 있는 평가 가운데 하나는 이 시기에 이르러 정치체제가 수명을 다했다는 것이다. 공산주의든 사회주의든 아니면 흔히 말하는 민주집중제(democratic centralism)든 체제의 구조는 다 같았다. 우두머리를 중심으로 한 소수 남성들이 자신들에게 그럴 자격이 있다고 확신에 차 나머지 모든 사람들을 위한 결정을 내렸다.[5]

제1차 세계대전의 실패 후 100여 년이 흐름 지금, 조국의 아버지에 대한 믿음은 거의 완전히 자취를 감췄다. 조국의 아버지는 말 그대로 수상쩍은 존재가 되었다. 이러한 인식의 반전은 주류 영화에도 고스란히 반영되어, 반세기 전까지만 해도 정치의식을 담은 영화들이 빈번하게 스크린에 등장했다. 그 영화들은 대체로 뚱뚱하고 나태한(여주인공을 괴롭히기도 하는) 독재자가 뼛속까지 부패한 비서구 정권(아프리카, 아시아 또는 남미의 공산국가)을 통치하는데, 다행히도 정신이 제대로 박힌 서구 민주주의국가의 지도자가 독재자에 맞서는 내용으로 전개된다.(마지막 장면에는 여주인공이 자신을 살려준 영웅의 품에 안긴 채 끝난다.) 그러나 요즘에는 「모두가 대통령의 사람들(All the President's Men)」부터 「여총리 비르기트(Borgen)」와 「하우스 오브 카드(House of Cards)」까지 서양 정치인들을 부패하고 이기적인 인물로 묘사하지 않는 정치 영화나 시리즈를 찾아보기 힘들다. '정치인들은 자기 주머니만 채우기 바쁘다고, 내가 뭐랬어!'

내가 생각하기에 현실은 더 참담하다. 정치인들은 부패한 것이라기보다(물론 소수의 정치인들은 분명 그렇지만) 무력하다. 19세기에 만들어진 우리의 정부 시스템은 경제가 세계화되고 사람들의 교육 수준이 높아진 현대에는 맞지 않는다. "요즘 누가 그런 사람들을 믿습니까?"라고 벨기에의 야당 대표가 물었던 적이 있다. 훗날 그의 당이 정권을 잡으면 즉시 고스란히 되돌려 받게 될 질문이다.

정치에 내재해 있는 온정주의를 은폐하려고 하는 책임자들은 사실 정치와 정치인의 신뢰도를 높이기 위해 아무런 노력도 하지 않는다. 2013년 네덜란드 국왕이 한 연설을 예로 들어보자.

지금처럼 네트워크화된 정보 중심 사회에서 사람들이 자기 인생에 대한 주도권을 더 많이 가지고 예전보다 독립적이게 된 것은 분명한 사실이다. 이런 사실은 정부의 재정 적자를 줄일 필요성과 맞물려, 고전적인 복지국가가 서서히, 하지만 분명히 참여 사회(participation society)로 변화하고 있다는 것을 의미한다. 그럴 능력이 있는 사람이라면 모두 자신의 인생과 환경에 대한 책임을 짊어져야 하는 것이다.

이런 표현은 네덜란드 행정위원회가 '믿고 놓아주기'라는 제목으로 발표한 문건에도 나와 있다. 이것의 함의는 꽤 건방지다. 정치는 사실상 아직 어린아이인 일반 시민보다 뛰어난 사람들이 하는 일이며, 그 시민이 어엿한 어른이 되었음을 증명할 때 가부장적인 정부가 그들을 믿고 놓아줄 수 있다는 것이다.

정부가 깨닫지 못한 점은 시민들이 자신을 통치하는 권력에 대한 신뢰를 잃은 지 오래되었다는 사실이다. 따라서 '믿지 **못해** 놓아주는 것'이라는 구호가 더 적절할 듯하다. '믿고 놓아주기'라거나 '참여 사회'와 같은 용어는 정치인들이 시민에게 더 많은 자율성을 주고 싶어 하는 것처럼 보이게 한다. 그러나 이러한 말들이 대규모 예산 삭감을 은폐하고 '놓아주기'에 대한 논란을 최소화하려는 완곡어법임을 모르는 사람은 없다. 시민들은 스스로를 책임질 수 있는 '자유'를 부여받지만, 그 자유는 정부가 부과한 비좁은 한계 속에서만 가능하며, 시민들은 더욱이 모든 비용을 스스로 지불할 특권까지 누린다.

결국 이것이 의미하는 바는 '책임을 지고 스스로 합의하라.'라는 것이다. 이 문장의 마지막 단어는 교육 현장에서도 마찬가지로 모호한 방식으로 쓰인다. 교사와 학생의 대화를 예로 들어보자. '우리는 네가 이렇게 하기로 합의한 거야……' 1인칭 복수 대명사가 2인칭 단수 대명사로, '우리'에서 '너'로 바뀌는 희한한 현상의 기저에 있는 메시지는 이것이다. '나는 네가 이렇게 하길 원해. 이렇게 하지 않으면 너는 벌을 받게 될 거야.' 이는 양쪽이 발언권을 갖고 해결점에 도달하는 진정한 합의라고 할 수 없다. 이다음에 일어나는 일은 더 말도 안 된다. 이런 합의를 받아들이지 않기로 한 학생이나 시민은 '협의된 자기 소임을 다하지 않았다'는 말을 듣게 된다. 여기서 나는 정치적 유행어가 된 '자기책임(self-responsibility)'이라는 표현을 써가며 사람들에게 죄책감을 심어준다는 점이 떠오른다. '너 정말 스스로 책임졌다고 말할 수 있니?'

'책임'이라는 단어의 뜻은 완전히 뒤엎어졌다. 법적인 관점에서 사람은 자기 탓인 일에 대해서만 책임을 진다. 은행과 경영진은 고객 돈을 사기 행각으로 날린 사실이 발각되면 책임을 물 수 있다. 한 국가의 국내총생산(GDP) 12퍼센트에 해당하는 돈을 은행을 '구조하는' 일에 써버린 것에 대한 책임을 대중에게 돌리는 것은, 책임은 물론 그로 인한 빚까지 피해자들에게 전가해 그야말로 혼란을 초래한다.[6]

이러한 언어를 사용하는 것과 그에 따르는 결과를 비판한 쪽
은 정치적 좌파만이 아니었다. 2012년 말 네덜란드 사회연구소
(Nederlandse Sociaal en Cultureel Planbureau)는 "많은 경우에 자기책임
을 더 많이 지게 하는 것은 정부가 원하는 대로 시민들이 행동하도
록 강요하는 것"[7]이라는 결론을 내렸다. 현실에서 벌어지는 '믿고
내려놓기'란, 하위 계층에 결정권을 주지 않고 **심지어** 경제적 지원
도 대폭 줄이면서 책임만을 전가하는 것을 의미한다. 가령 지방정
부들은 줄어든 복지 보조금에 대해서도 더 많은 책임을 지게 되었
다. 이런 현상이 어떤 결과를 낳을지는 뻔하다. 모두가 비용을 분담
해 사용할 수 있었던 공공 서비스 대다수가 민영화됐고, 덜 부유한
시민들이 그러한 서비스를 이용하지 못하는 결과로 이어졌다.

2014년 벨기에의 연합정부가 도출한 합의 또한 시민들에게 책
임과 결정권을 주는 것을 목표로 두었다. 합의문의 제목은 「신뢰,
연결 그리고 진보」이다. 벨기에의 생화학자이자 기업 중역 출신인
뤼도 쿠브뢰르(Ludo Couvreur)는 이 합의문에 자주 언급된 단어를
분류했는데, 그 결과 '자기 의존' 6회, '신뢰' 43회, '간소화' 22회, '극
대화' 2회, '책임' 25회, '참여' 42회, '책임감 강화' 2회, '성장' 50회로
나타났다. 논리적으로 이렇게 시민에게 책임을 전가하려면 그에 맞
는 자금도 제공되어야 할 것이다. 그러나 이 합의문에서는 자금이
언급조차 되지 않는다.

전통적인 정치체제는 좌우 진영을 막론하고 모두 에드거 앨런

포(Edgar Allan Poe) 소설에 등장하는 발데마르 씨를 연상시킨다. 발데마르 씨는 죽었지만 죽었다는 걸 모른다. 그는 심리치료사를 찾아가 치료받아야 한다.

심리치료의 성공 스토리

의료계에서 심리치료사란 직업은 아주 최근에야 등장했다. 100년도 채 되지 않은 이 용어는 프로이트 덕분에 생겨났다. 1950년대까지만 해도 가장 보편적인 심리치료 요법은 프로이트식 정신분석이었지만, 이것은 특정한 환자들에게만 적합한 치료였다. 심리치료 분야가 큰 돌파구를 찾은 것은 1960년대에 다양한 심리치료 방법이 등장하면서부터다. 이 요법들은 공생하면서 서로 영향을 주고받거나 (제일 많은 경우에) 경쟁하면서 발전했다. 어떤 방법론을 취하느냐를 떠나 그 많은 다양한 심리치료사들에게 공통점이 하나 있다면, 부르주아 사회에 반대하는 경향을 보인다는 점이었다. (한편으로 이들은 의도치 않게 정신분석학 또한 부르주아 사회의 일부로 포함시켰다.) 이들의 목적은 의료체계를 포함해 환자를 온정주의적으로 대하는 구조로부터 환자들을 해방하는 것이었다. 역설적이게도 프로이트의 중심 논지 중 하나는 불건강한 빅토리아시대가 당대 많은 신경증의 근원에 자리해 있다는 것이었다.

더군다나 심리치료가 속해 있던 의료계 전체에는 종교적 온정주의가 만연해 있었다. 원래 의료계 종사자 대부분은 신도들 중에서 도움이 필요한 아이들과 노인들, 혹은 육체적 또는 정신적으로 아픈 사람들을 도왔던 수녀 혹은 성직자 들이었다. 이런 환자들은 자신의 운명을 선택할 권리를 결코 제대로 행사할 수 없었다. 이렇듯 환자들을 거만하게 내려다보는 맥락에서 최초의 정신의학 치료 시설이 생겨났다. 갑자기 수녀원장은 긴 머리에 헐렁한 옷을 입은 치료사들과 함께 일하게 된 것이다. 이 얼마나 기이한 조합인가.

해방을 꿈꾼 1960년대의 심리치료사들은 프로이트와 작별했다. 그들은 양들을 양 떼와 양치기 모두에서 해방하고자 했다. 양떼는 소외감을 느끼게 하는 사회를, 양치기는 모든 상황을 좌우했던 가부장을 상징한다. 이로써 심리치료사들은 기본적으로 현재 상태가 가능한 한 그대로 유지되도록 고안된 의료계 내부의 지배적인 견해와 전면으로 대립하게 되었다. 이 두 진영의 불편한 관계는 이른바 반(反)정신의학 운동(anti-psychiatry movement)을 통해 극명하게 드러났다. 정신과 의사 개개인은 자신이 일하도록 강요받는 현 체계가 환자들이 겪는 상당수 정신건강 문제의 근본 원인이라고 믿으며 체제에 맞섰다.

반세기가 흐른 지금 정신의학은 스스로 뇌과학임을 주장하고, 심리치료는 의료계에서 어엿하게 인정받는 분과가 되었다. 멀리서 봤을 때는 분명 성공 스토리이다. 초창기에 드러났던 미숙한 부분은 '증거 기반 접근법(치료의 효율성에 대한 과학적 증거가 확실히 존재한다는 사실을 나타내기 위해 학계에서 널리 쓰이는 용어)'으로 해결되었다. 이런 종류의 치료는 과거에 부유층만 받을 수 있었지만 이제는 정부 지원을 받아 거의 모든 사람이 쉽게 접근할 수 있게 되었다.

그러나 우리 앞에 어떤 일이 펼쳐지고 있는가? 점점 더 많은 사람이 공식적인 심리치료 과정에서 이탈하고 있다. '노 쇼(상담을 예약한 내담자가 제시간에 나타나지 않는 상황을 가리키는 비공식 용어)' 사례가 급격히 늘고 있다. 이런 수치는 정신건강 관련 기관에서 일하는 치료사들에게도 큰 불안의 원인이 되는데, 정부 지원금이 그 수치에 달려 있기 때문이다. 이 시스템에서 떨어져 나가는 건 내담자만이 아니다. 치료사들도 그 안에서 버티기 힘들어하는 것 같다. 전반적인 의료계, 특히 심리치료 분야 종사자들이 번아웃을 겪는 비율은 유독 높다.

뭔가 일어나고 있는 것이 분명하다. 프로이트는 심리치료를 가리켜 불가능한 행위라고 불렀다. 오늘날 심리치료는 엄청난 성공을 거두고 있으나 동시에 그 불가능성이 점점 드러나고 있다. 내담자와 치료사는 왜 모두 이 영역을 떠나고 있는 것일까?

심리상담은 자주 실패한다.(그와 함께 심리치료사도 계속 실패한다.) 심리치료에 대한 기대가 과도하기 때문이다. 프로이트가 말한 것처럼, 심리치료사는 신경증적 문제를 극복하도록 내담자를 도울 수 있지만, 그가 일상에서 겪는 불행까지 해결해주지는 못한다. 게다가 사람들이 겪는 문제의 원인은 갈수록 사회적인 것들로 바뀌고 있다. 계속된 시도에도 일자리를 구하지 못해 정신적으로 힘들어하고, 심지어 기생충이란 비판까지 받는 사람이 상담을 받으러 와서 효과 있는 해결책을 얻어 가지는 못할 것이다. 최악의 경우 심리치료는 매 맞고 사는 여자에게 처방된 마취제 같은 역할을 하게 된다. 마취제를 맞았으니 폭력으로 인한 고통은 멎겠지만 폭력에 노출된 상황은 변하지 않는다. 실존적인 문제이든 사회적인 문제이든 어떤 경우라도 심리치료사는 전문가의 위치, 즉 주인의 자리에 놓이게 되지만 그 자리가 요구하는 역할을 해내기란 불가능하다. 치료사들이 병들기 시작하는 건 이런 이유에서다.

그렇다면 내담자들은 왜 시스템을 떠나는 것일까? 나는 그 이유가 심리치료의 목적이 중대하게 바뀐 것과 관련 있다고 생각한다. 조금 더 시니컬한 동료들은 자신들의 주 임무는 대기명단을 줄여나가는 것이라 말하지만, 나는 그 정도로 보지는 않는다. 과거 심리치료사의 목적은 내담자를 돕는 것이었지만, 이제는 내담자를 사회에 적응시키는 것이 암묵적인 과업이 되었다. 정부 입장에서 심리치료는 새로운 훈육 도구이다. 바로 이 때문에 내담자들이 심리치료와 거리를 두고 있다.

목적이 얼마나 변화했는지는 심리치료 초기인 1960~70년대와 비교해보면 특히 분명해진다. 사람들은 일반적으로 사회적 요인(종교와 가부장제), 경제적 요인(회사에서의 소외감) 그리고 개인적 요인(어린 시절)이 복합적으로 작용한 결과로 여겨지는 정신건강 문제에 대

해 도움을 청했다. 심리치료는 자기계발과 자기결정을 위해 내담자
가 처한 상황에 개입하는 것이었다. 당시 치료법에 가장 지대한 영
향을 미친 책은 '내담자 중심 치료(client-centred therapy)' 방법의 창
시자 칼 로저스(Carl Rogers)가 쓴 『진정한 사람되기』였다. 책과 치료
법 이름에서 알 수 있듯이, 한 사람으로서의 내담자에게 초점이 맞
춰져 있는 방식이다.

두 세대가 지난 후, 심리학자는 관리자와 함께 새로운 질서의
수호자로 거듭났다. 심리치료의 본래 목적과는 괴리가 어마어마하
다. 현대 정신진단학은 '일탈 행동'을 규정하는 사회적 기준을 대부
분 받아들이고 있다.*

그 결과 심리치료는 사람들에게 사회적 이상(social ideal)에 순응
하기를 요구한다. 이 '이상'에는 자유시장 원칙이 빈틈없이 스며들
어 있으며, 이 이상이 요구하는 규범은 명확하다. 단호함, 성공, 유
연성, 효율성, 자신감. 이런 관점에 따르면, 가령 스트레스에 관한

✽ 전 세계적으로 정신질환 진단은 정신질환 진단 및 통계 편람(Diagnostic and Statistical
Manual of Mental Disorders, DSM-V)을 근거로 한다. 2011년 (100개가 넘는 신규 '질환'을
포함한) 5차 개정판이 발간되기 전 영국심리학회(British Psychological Society)는 다음과 같
은 비판문을 발표했다. "DSM-V에 실린 추정 진단들은 사회적 규범에 바탕을 두고 있음이 분
명하다. 그 '증상'들은 모두 주관적 판단에 의존해 있으며, 확증 가능한 신체적 '신호'나 생물학
적 인과관계에 대한 증거는 희박하다. 정신질환을 진단하는 기준은 몰가치적이지 않으며, 현
사회의 규범적 기대치를 반영하고 있다. [……] 또한 이러한 [진단] 체계가 문제점을 개인 내
에서 찾는 데 기초한다는 점도 우려스럽다. 이 같은 접근 방법은 문제를 둘러싼 여러 관계들의
맥락을 간과하고 있으며, 부정할 수 없는 사회적 원인을 놓치고 있다."

문제는 실제로 스트레스를 유발하는 환경이 아니라 상황에 대한 내담자의 잘못된 인지 때문이다. 그러므로 개선해야 하는 것은 내담자의 생각이다.[8] 또 내담자는 반드시 보수를 받는 직업을 가져야 한다. 이렇게 온정주의는 약자의 복지를 위해서가 아니라 기존 질서를 유지하기 위해서 다시금 머리를 들기 시작한다.

이를 명확히 보여주는 증거의 하나로, 2006년 위축되는 노동시장을 우려한 영국 정부가 단기 인지행동 치료에 상당한 기금을 투입했다는 사실을 들 수 있다. 너무 많은 사람들이 우울증 때문에 일은 안 하고 집에만 있어 기업들이 손해를 보고 있다는 것이다.[9] 물론 의미 있는 직업을 갖고 일하는 것은 정신 건강에 아주 유익하다. 하지만 안타깝게도 요즘 일자리는 만성 스트레스의 주범이며 사람들을 병들게 한다.✻ 이런 사람들을 심리적으로 수습한 다음에 여전히 똑같은 노동 환경으로 돌아갈 수 있게 하는 것은 옳지 않다고 생각한다.

✻ 스트레스란 단어가 워낙 자주 쓰이다 보니 가끔 우리는 스트레스를 의학적으로 측정할 수 있음을, 즉 혈액 속 코르티솔이란 호르몬 분비량에 따라 측정할 수 있음을 망각한다. 코르티솔 수치가 지속적으로 높으면 단순 감기부터 심장 질환, 염증, 허리 통증, 불안장애, 우울증 등 다양한 질병과 건강상 문제를 초래할 수 있다. 안타깝게도, 이러한 문제는 장기간에 걸쳐 서서히 드러나기 때문에 코르티솔 수치와 질병 간의 연관성을 증명하기가 어렵다. 광부가 규폐증에 걸리거나 배관공이 납중독에 걸리면 그 연관성은 명백하다. 회계사도 전염병에 걸리거나, 고혈압, 염증성 질환, 또는 우울증에 걸릴 수 있다. 이런 새로운 직업성 질병들이 좀체 인정받지 못하는 것은 그리 놀랍지 않다. 하지만 그 반대가 사실인 경우가 흔하기 때문에 인정을 받는 일이 더더욱 중요하다. 현대 사회에서 노동조건으로 인해 병에 걸려도 꾀병을 부린다는 혐의를 받고 실제 병뿐 아니라 죄책감까지 감당해야 할 수도 있다(Verhaeghe, 2013).

게다가 심리치료사들조차 일로 인해 점점 많은 스트레스를 받는 쪽에 속해 있다.

상담 의자에 앉은 상담사들

심리치료사가 되겠다는 결정은 갑자기 쉽게 할 수 있는 것이 아니다.** 인간적인 접근을 취해가며 사람을 돕고자 하는 마음이 있어야 한다.('약물치료만으로는 부족해.') 그리고 대학에 진학해 임상심리학을 배워야 한다. 상상했던 것과 다른 학과의 모습은 첫 번째 관문이다. 외계어 같은 단어들이 난무하고 교수진도 기대 이하이고, 실망한 동기들은 자퇴하거나 전공을 바꾼다. 그럼에도 불구하고 버티기로 마음먹는 이유는, 알고 보니 그 효과가 과학적으로도 확실하게 입증된 매우 유용해 보이는 심리치료법이 더러 있는 터였다. 대학을 졸업하면 석사 학위를 취득하고 치료사가 되기 위한 전문교육을 이수해야 하는데, 그 과정에서 전문 용어에 너무 익숙해져서 슬금슬금 일상 언어에까지 영향을 받게 된다. 마침내 꿈의 직장에 취직해 정신건강 클리닉에서 심리치료사로 일하게 된다. 상담 스케줄표가 빡빡해지고 진짜 사람들을 실제로 돕기 시작한다.

그러다 현실을 마주하게 된다. 내담자들이 안고 오는 문제들은

** 이후 서술은 벨기에에서 심리치료사가 되는 과정을 설명하고 있다. 나라마다 다르겠지만 힘든 사정은 똑같을 것이다.

교과서에서 보던 것보다 훨씬 더 복잡하다. 그토록 열심히 배운 모든 방법들은 기대했던 것보다 효과가 훨씬 떨어진다는 걸 깨닫는다.[10] 내담자 한 사람당 치료 시간(세션 횟수)은 윗선에서 대폭 줄여버렸기 때문에 내담자에게 지속적인 도움을 주기가 어렵다. 이뿐 아니라, 내담자들은 상담사가 마법사라도 되는 양 지팡이를 흔들어 자신의 모든 문제를 단번에 해결해주기를 기대하고 실제는 그렇지 않다는 것을 알게 될 때 상당수가 상담을 그만둬버린다. 이 내담자들은 또한 상담사를 정기적으로 평가할 수 있는 사람들이기도 하다. 벨기에의 이 서비스 평가 시스템은 '상담 성과 정기 모니터링(routine outcome monitoring, ROM)'이라 알려져 있으며, 상담사를 밤잠 설치게 하기에는 충분하다.[11]

몇 년 후, 상담사는 눈치채지도 못한 채 다음의 세 가지 시나리오 중 하나에 처하게 될 것이다. 첫 번째 시나리오에서는, 내담자들에게 계속 적극적으로 전념하는 상담사인 경우로, 다시 말해 상담사가 일하고 있는 기관의 규정과 자주 충돌하게 된다는 뜻이다. 세션을 16회로 제한한 방침을 어기고 내담자와 19회의 세션을 진행했지만, 그것이 용인되지 않는 식이다. 내담자에 대한 헌신의 정도와 기관 관리자들의 태도, 더 넓게는 늘어나는 규정의 양 간의 간극이 너무 커지면서 견디기 힘들어진다. 상담사는 번아웃에 빠지고 결국 자신마저 상담을 받아야 하는 상태가 된다. 두 번째 시나리오는 조직의 윗자리로 올라가서 훈련해왔던 실무에서 벗어나는 것이다. 환자를 상담할 일이 거의 없기 때문에 더 이상 심리상담사로서 실패에 직접 부딪히지 않는다. 추가적으로 동료 또는 부하 직원 들의 상담 성과가 좋지 않을 때 질책하기도 한다. 세 번째 시나리오에서는, 냉소주의에 빠져 내담자들이 겪는 문제가 내담자 탓이라고 이야기하는 상담사가 되어버린다. 내담자들에게 '회복 탄력성(resilience)'이 부족하다고 지적하거나, 스트레스에 너무 예민하다고 이야기하는 것이다. 그러다 상담이 실패로 돌아가면 그 실패는 '치료에 저항하는' 내담자의 잘못이 된다.

다행히 네 번째 시나리오도 존재한다. 그런 융통성 없는 조직을 나와 자신과 비슷한 경험이 있고, 대안적인 방식을 찾고 싶어 하는 동료들을 찾는 것이다. 그동안의 임상 실습 경험과 임상 연구자들이 축적해놓은 반복된 결과 모두 **실제로** 어떤 성과를 내는지 보여준다. 내담자들과 지지하는 관계를 형성하는 것, 내담자들에게도 그 자신의 치료 과정에 적극적으로 참여할 수 있는 기회를 주는 것 등이다. 다시 말해, 상담자가 변화 과정에 동행하고 있는 내담자를 한 인간으로 대우하는 것을 말한다.

4

귀환인가, 변화인가:
다스베이더 대 빅브라더

기존의 가부장적 권위는 사라졌으며 그것에서 생겨난 수많은 관습에 대한 자발적인 복종도 마찬가지로 사라지고 있다. 이에 따른 변화는 곳곳에서 감지된다.(응급실 의사나 검표원에게 물어보라.) 해결책을 찾으려는 시도가 한창 진행 중이고 근본적으로 다른 두 반응이 나타나고 있다.[1]

첫 번째 반응은 과거의 권위 모델로 돌아가려고 하는 고육지책이다. 이는 옛 권위의 근거가 이미 사라졌기 때문에 실패할 수밖에 없다. 권위 없는 권력, 즉 복종이 강요된 권력은 경제, 정치, 교육, 심지어 의료까지 다양한 분야에서 증가하고 있다. 다만 유럽 사회는 이슬람 테러리즘에 대한 공포에 매몰되어 우리 내부에 있는 훨씬 더 심각한 위협을 보지 못하고 있다.

두 번째 반응은 새로운 권위를 약속하는 것이다. '새롭다'는 것은 기존의 가부장제와 다른 근거, 다른 작동 방식을 의미한다. 조금 뜻밖일 수 있지만, 나는 이 새로운 권위가 분명히 기존 질서에 대한 급진적인 역전을 포함할 것이라고 생각한다. 이 새로운 권위는 단 하나의 고결한 기구가 정하는 것이 아니라 수평적이고 집단적인 토대 위에 세워질 것이다. 다스베이더(Darth Vader)가 빅브라더(Big Brother)에 자리를 내주는 것이다.

조국의 아버지로부터
완벽한(그리 완벽하지 않은) 사위로

옛 체제로 돌아가려는 노력은 정치 영역에서 가장 두드러진다. 모든 정당은 하나같이 변화를 약속하지만 집권하게 되면 현 정책 외에는 대안이 없다고 말한다. 오늘날 정치인들은 더 이상 조국의 아버지가 아니다. 차라리 완벽해 보였으나 알고 보니 가문의 재산을 노리고 접근한 사위에 가깝다. 이들의 실패는 낡은 시스템의 실패를 의미한다. 정책 결정자들이 그 시스템에 매달릴수록 권위가 아닌, 외부 통제와 힘에 초점을 둔 권력으로의 변화가 일어난다. 그렇게 되면 정치 지도자들은 통치자가 되지만 더 이상 권위를 지닌 인물은 아니다. 민주주의가 구심점을 잃으면 강압적 통제가 증가한다. 그 결과 많은 정치인들이 자신의 행동을 정당화하는 데 혈안이 된다.

이 정당성은 본래 권위가 작동하는 방식이 그러하듯 외부 근거를 끌어들일 때에만 유효하다. 가부장제의 핵심 기둥이었으나 힘을 잃은 교회는 이제 이 사실을 정확히 인지하고 있다. 2014년 말, 벨기에 가톨릭 교회는 소아성애자 신부들을 처리하기 위해 외부 전문가들의 도움을 청했다. 벨기에 안트베르펜 주교인 요한 보니(Johan Bonny)는 "외부의 도움이 없으면 가톨릭 교회 당국은 아무런 결정도 내릴 수 없다."고 말했다. 한편 내셔널리즘 역시 전통과 국민성을 강조하고 그럴듯한 라틴어 어구들("나의 말에 적의가 없기를(Absit invidia verbo, 『로마서』를 집필한 역사학자 리비우스의 말—옮긴이)")로 포장해도 더는 설득력을 갖지 못한다. 여기서 요지는, 권위를 정당화하는 새로운 근거는 논란의 여지가 없어야 하며 사람들을 최대한 안심시킬 수 있어야 한다는 것이다.

정치인은 자신의 권위를 정당화할 새로운 근거를 '숫자'에서 발견했다. 현 시스템에서 권력을 행사하려면 통계적 자료에 대한 언급이 함께 따라야 한다. 완벽해 보이던 그 사위가 알고 보니 회계사였던 셈이다. 불만 많은 대중도 정치인의 제안이 유일한 해법임을 증명하는 통계 앞에서는 입을 다문다. 정책 회의는 대부분 논쟁하기가 매우 어려운 통계 자료를 제시하면서 시작된다. 숫자는 냉정하고 객관적인 현실을 보여주며 과학적인 연구에 기반을 두고 있기 때문에 좌파나 우파 모두에 편향되지 않는다. 또는 적어도 그러한 메시지를 우리에게 전달한다.

통계 자료를 권위의 새로운 근거로 살펴보기 앞서, 권위의 근거를 통계에 둘 때마다 거의 눈에 띄지 않게 발생하는 이중 전환을 논하고자 한다. 첫 번째 전환은 권위자와 관련이 있다. 누가 이 새로운 권위의 화신이 될 것인가? 두 번째 전환은 보다 더 중요하다. 이는 권위 자체의 도덕성과 관련이 있다. 숫자 속에 어떤 규범과 가치 들이 있는가?

가스실, 강제 노동 수용소, 무료 급식소

첫 번째 전환은 아주 쉽게 드러난다. 전통적 권위에는 분명한 지휘 계통이 존재해 가장 높은 권위의 자리에 있는 사람이 가장 큰 책임을 진다. 이 계통을 이루는 각각의 연결 고리는 가부장적 권위를 대표하는 인물로, 이들은 원칙적으로 상부에 있는 권위자에게 보고하게 되어 있다. 가끔 권위 때문에 참혹한 일이 벌어지긴 해도 이로 인해 권위자의 명확히 식별할 수 있는 본질이 손상되지는 않는다. 이런 시스템에서 권위를 향한 항의는 권위를 가진 것으로 알려진 사람(교장, 의료 책임자, 대학 총장, 주교 등)에게 향한다.

하지만 권위의 근거를 통계에 두는 순간, 대상을 특정한 항의가 불가능해진다. 통계는 반론의 여지가 없는 알고리듬에 바탕을 두어 디지털 세계 안에서 그들만의 삶을 영위해가는 것처럼 보인다. 그러다 가끔 그 세계를 벗어나 화면에 등장한다. 이 등장을 바라보는 관중은 열광하거나 실망하지만, 어떤 경우든 관중은 관중일 뿐 이들이 할 수 있는 것은 거의 없다. 어떤 조치를 취해야 하는지는 통계 수치가 이미 다 정해놓았기 때문이다. 숫자가 만들어놓은 틀 바깥에서 생각하기란 불가능하다. 숫자와 대화할 수도 없고 그렇다고 무시할 수도 없다. 다른 수치를 내미는 것도 결국 같은 틀 안에서 생각하는 것이다. 권위는 더 이상 한 사람으로 체현되는 것이 아니며 익명성과 자율성을 띠게 된다. 우리가 요즘 자주 듣듯이 권위는 바로 그 '시스템'이다. 우리는 반드시 그 시스템을 따라야 한다.

가시적인 권위자에서 익명의 통계 수치로의 전환은 두 번째 전환, 즉 도덕적, 이데올로기적인 기반을 둔 권위에서 객관적인 권위로의 전환을 가능하게 하는 **동시에** 어렵게 만들고 있다. 오늘날 가장 성공했다고 말할 수 있는 이데올로기는, 자신의 존재를 드러내지 않으면서 이데올로기적 특성을 이른바 '현실'에 대한 객관적 시각으로 제시하는 이데올로기이다.

이런 함정에 빠지는 사람들은 한 가지 중요한 사실을 간과한다. 권위는 **언제나** 부모와 아이, 남자와 여자, 평등과 불평등 사이의 용인되는 관계에 대한 도덕적 주장들을 근거로 한다. 이런 관계는 규범과 가치로 이뤄져 있어 객관적인 과학으로는 정당화할 수 없다. 전통적 권위에서 과학적 통찰을 바탕으로 한 도구적 권위로의 전환은 완전히 위험한 징조이다. 지난 세기 독일 나치즘과 소련 공산주의가 이 사실을 증명했다. 인간이 통계 수치에 지나지 않는다고 간주하는 도구적 이성에 기초한 이들의 이데올로기 실험은 삽시간에 전체주의 체제로 변질되었다.

오늘날에도 이와 비슷한, 어쩌면 더 위험한 변화가 일어나고 있지만, 우리는 이를 인지하지 못하고 있다. 위험이 더 커진 이유는 이 숫자들이 관료제의 디지털화된 시스템 안에 들어가 있기 때문이다. 다들 한 번쯤 정부 기관에 무엇을 문의했으나 특정한(물론 명백한) 답변을 받지 못한 적이 있을 것이다. 그 이유는 기관의 디지털 시스템이 그런 문제를 다루도록 세팅되지 않았다는 것뿐이다. 좀 특별한 예로는 '할당량을 채웠기 때문에' 남은 난민들을 돌려보내는 것이다. 가장 심각한 예를 들면, '수치'를 근거로 자율적으로 또 익명으로 의사 결정을 내리고 집행하는 금융가가 민주적 거버넌스를 대체하는 일이다. 이렇게 되면 현실 그리고 피와 살이 있는 사람(망명 신청자, 50세 실업자, 미혼모, 사업가)이 다시 한번 통계 수치로 축소되어 버린다. 막스 베버가 '강철 우리'라 일컬은 관료제는 오늘날 '디지털 구속복'이 되었고, 그것의 비인격적이고 비인간적인 특성은 기하급수적인 속도로 강화되고 있다. **컴퓨터가 아니라고 하니까.**

통계는 권위의 객관적인 근거를 제공하는 것처럼 보이지만 그렇지 않다. 권위란 인문과학(또는 인문학(humanities))이 대개 그러하듯 언제나 인간의 도덕적 문제와 연결되어 있다. 인문과학에서 쓰이는 통계는 사람들이 과거에 무엇을 어떻게 '측정'할지에 관해 내린 선택들의 결과다. 질문에 대한 해석의 차이가 통계 수치상의 차이로 이어지고 이를 바탕으로 내리는 '객관적' 결정에도 차이가 생긴다.[2]

　권위와 인문과학 그리고 도덕적 질문들의 연결 고리를 보여주는 몇 가지 예시가 있다. 가령 우리는 아이의 발달 과정을 어떻게 연구할까? 어떤 이상을 따르나? 불과 얼마 전까지만 해도 겸손이 미덕이었기에 자랑하기를 좋아하는 아이는 꾸중을 들었다. 교육을 어떻게 체계화해야 할까? 우리는 아이들을 어떤 어른으로 키우려고 하는가? 얼마 전까지는 교육의 목표가 의식 있는 시민을 길러내는 것이었다. 그러나 이제 사회 초년생에게 가장 중요한 기술은 '스스로를 기업체처럼 경영하는 능력'이 되었고, 이들은 곧바로 노동시장에 뛰어들 준비가 되어 있어야 한다. 우리는 무엇을 기준으로 심리적 정상과 비정상을 판단할 수 있을까? 사회경제적 기준을 적용해야 할까, 아니면 개인이 느끼는 행복감을 척도로 판단해야 할까?

　우리는 어떤 경제체제(엄밀히 말해 경제는 과학이 아니다.*)를 선택해야 할까? 성장을 중심에 두는 체제? 아니면 지속 가능성을 중심에 두는 체제? 손익은 어떤 방식으로 계산해야 할까? 대차대조표에 환

✿　신자유주의의 아버지인 프리드리히 폰 하이에크(Friedrich von Hayek)조차 그렇게 생각했다. 그는 1974년 노벨경제학상을 받았을 때 이 문제에 관해 논하는 데 수상 소감 전체를 할애하기도 했다. 특히 서두가 인상적이다. 그는 경제학자로서 자신에게도 책임이 있음을 인정하며 "직업 경제학자들이 엉망으로 만들어놓았다."고 밝혔다. 그는 그 원인이 "지식의 가장(the pretence of knowledge)"에 있다고 말하는데, 이 표현은 그의 연설문 제목으로 쓰이기도 했다. "경제학자들이 정책을 더욱 성공적으로 이끄는 데 실패한 것은 눈부신 성공을 거둔 물상과학(physical science)의 절차를 최대한 유사하게 모방하려고 하는 경향과 밀접하게 연관돼 있는 것으로 보인다. 이런 시도는 우리의 분야를 전면적인 오류에 빠트릴 수 있다." 40년이 흐른 2014년에 케임브리지대 경제학과 교수인 장하준도 『장하준의 경제학 강의』에서 이와 정확히 일치하는 주장을 더 강력하게 제기했다.

경 피해를 반영해야 할까? 환경오염으로 인한 암 발병률 증가는? 인 프라 개발을 위해 사용되고 있는 공공 지출(우리가 내는 세금)의 증가 는 어떻게 해야 할까? 기업이나 투자자들이 창출한 이익만 고려하 는 게 맞는 걸까?

질문을 어떻게 하느냐에 따라 수치가 달라지고 그에 따라 정책 이 달라진다. 이때의 차이는 사람들과 사회의 시각차에 근거를 둔 다. 인문과학 연구에 쓰이는 과학적 방법은 객관적일 수 있지만, 그 연구 자체의 설계도 객관적이라고 말할 수는 없다. 연구 프로젝트 의 토대를 이루는 문제의식은 언제나 이전에 취한 도덕적 선택을 암 시하고 있다. 질문이 형성되는 방식은 어느 방향으로 대답할지를 예 외 없이 결정한다. 모자에 미리 토끼를 집어넣어 두었기 때문에 모 자에서 토끼가 나올 수 있는 것이다. 우리는 숫자가 (추정상) '객관적' 이라는 생각에 매몰되어 이 사실을 보지 못한다.

심지어 통계는 거짓말을 아주 그럴싸하게 포장해줄 수 있다. 영 국 정부는 우울증 환자가 받는 질병 수당을 삭감할 목적으로 단기 인지행동 요법에 매우 많은 자금을 투자했다. 그리고 2008년 정부 는 의기양양하게 공식적이고 과학적인 결과를 내놓았다. 10명 중 무려 4명의 환자가 치료되었다는 것! 그러나 임상심리학자이자 버 밍엄대 교수인 폴 몰로니(Paul Moloney)가 이 수치를 자세히 살펴보 자 거짓이 드러났다. 최초 환자 중 절반은 첫 상담 세션 이후(어떤 사 람들은 그 전부터) 프로젝트에서 빠졌다. 나머지 절반의 절반에 해당하는 환자만이 치료를 마쳤고, 마지막까지 남은 사람들 중 완치 효과를 본 환자는 3분의 1에 불과했다. 그러니까 다시 계산하면 반의 반의 3분의 1로, 백분율로 하면 9퍼센트도 채 되지 않는다. 그렇다면 **10명 중 4명이 완치됐다**는 결론은 어디서 나온 걸까? 전체 집단을 치료의 전 과정을 마친 사람들로만 제한했을 때 나오는 수치다. 그러니 이 연구 프로젝트의 진짜 결론은 프로젝트를 실행하는 데 거금이 들었으나 그에 비해 결과는 미미하다는 것이 돼야 한다.[3] 보다 일반적인 결론은, 정책 입안자들의 계산법을 정확하게 알지 못하는 한 그들이 인용하는 통계 수치를 웬만해선 믿지 말라는 것이다.

숫자를 사용해 답을 찾을 때, 설령 그 숫자가 옳다고 해도 그 숫자들은 이미 특정한 형태의 답을 만들어내게끔 되어 있어서 문제에 대한 맑은 인식을 방해한다.[4] 더글러스 애덤스(Douglas Adams)의 유머러스한 SF 소설 『은하수를 여행하는 히치하이커를 위한 안내서』에는 '딥소트(Deep thought)'라는 컴퓨터가 등장한다. 이 컴퓨터는 삶, 우주, 모든 것에 관한 궁극적인 질문에 답하기 위해 특별히 설계됐는데, 750만 년에 걸쳐 연산한 끝에 42라는 답을 내놓는다. 설명을 더 요구하자 딥소트는, 질문자들이 진짜 질문이 무엇이었는지를 이해하지 못해서 답도 이해할 수 없는 것 같다고 말한다. 그걸 이해하려면 훨씬 더 성능 좋은 컴퓨터를 개발해야 할 것이다.[5]

문제를 삼아야 할 것은 숫자 그 자체가 아니라 그런 수치를 생산해내는 연구의 설계 방식과 개념적 틀이다. 이러한 문제 제기가 일어날 가능성은 극히 낮은데, 정확히는 '수치'가 도덕적 입장에 따라 달라진다는 것을 대부분 인지하지 못하기 때문이다. 이를 문제 삼으려고 하는 사람, 예를 들어 강사 인원을 줄여 대학 운영비를 줄이겠다는 계획에 이의를 제기하는 사람은 곧 '참 이상적이군.'이라는 핀잔과 함께 '두 발 좀 땅에 붙이고 살아.'라는 충고를 듣게 된다. 이런 반응은 수치가 '현실'을 반영한다는 인상을 남긴다.

숫자 추종자들은 자신들이 '현실(우리 사회의 현실)'을 '있는 그대로' 볼 수 있다고 정말로 확신한다. 이데올로기에 완전히 물든 관점으로만 '현실'을 보았던 이전 세대와는 확연히 다르다. 숫자 추종자들은 그러한 관점에서 자유롭다. 이들은 세상을 진실되게 바라본다고 믿으며, 자신들의 생각이 다음 세대에 의해 크게 개선될 여지가 별로 없을 만큼 이미 완전하다고 자부한다.

이 오만은 시대를 초월해 존재한다. 가장 확실한 예시는 독일 철학자 헤겔(Georg Wilhelm Friedrich Hegel)의 저작에서 발견된다. 그는 거침없는 역사 발전의 과정을 규명할 수 있다고 생각했으며, 필연적인 내적 논리에 의해 전개되는 역사가 영광스러운 정점을 향하고 있다고 믿었다. 헤겔에게 그 정점은 19세기 초반에 찾아왔지만 그 이후로 크게 바뀐 것은 없었다. 더 최근에는 프랜시스 후쿠야마(Francis Fukuyama)의 저작에서 이와 같은 시각을 발견할 수 있다. 1992년 후쿠야마는 역사의 종말을 선언하면서 그 후에 포스트 이데올로기의 천국에 접어들게 될 것이라고 예측했다.(이후 후쿠야마는 생각을 바꿨다.)

나치는 아리아인이 지배하는 천년 제국을 상상했고 공산주의자는 프롤레타리아의 영원한 낙원을 꿈꿨으며, 자신들이 역사의 정점에 도달했다고 믿었다. 그다음에 등장한 자유시장주의는 자유시장의 비전이 '현실'을 유일하게 정확히 반영한다고 여기며('대안은 없다.') 그 신조가 보편적으로 실현된다면 궁극적으로는 모두의 번영(과 민주주의)이 있는 기업가적 천국이 도래할 것이라고 가정한다.

마르크스주의는 적어도 프롤레타리아 낙원에 비용이 붙는다는 것을 인정할 만큼은 현실적이었기에 자신들이 꿈꾸는 낙원이 '창조적 파괴(creative destruction)'의 시기 이후에나 도래할 것이라고 약속했다. 이 부분만큼은 마르크스주의가 확실히 약속을 지켰다. 창조적 파괴라는 말은 신자유주의자의 입에서도 들을 수 있고, 이들의 약속 역시 이제 실현되고 있는 것으로 보인다.

나치즘이 가스실로, 공산주의가 강제 노동 수용소로 귀결되었다면, 신자유주의는 무료 급식소로 이어지고 있다.

가짜 정확성에 근거한 가짜 권위

인문과학은 정확하지 않으며 심리학, 사회학, 경제학과 같은 학문에 정밀과학의 방법론을 적용하려는 시도는 대개 실패했다. 경제학이 대표적인 실패 사례이다. 최근에는 "과거를 되짚어 이전의 오류에

대해 설명해냄으로써 그 자신의 존립을 지켜내는 유일한 학문 분야"라는 말까지 나왔다.[6]

수학은 인간의 지능이 발명한 최고의 작품 중 하나다. 가장 오래된 것으로 알려진 문자 체계가 초반에 숫자를 기록하기 위해 주로 사용됐다는 점은 우연이 아니다. 수학의 정확성은 일반화를 가능하게 해주는 숫자의 역량을 비롯해 엄청난 가능성을 열어준다. 10은 어디를 가나 늘 10이며, 8과 10의 차는 1399와 1401의 차와 마찬가지로 정확히 2다. 이런 정확성 덕분에 우리는 사칙연산에서부터 컴퓨터 공식에 이르는 복잡한 수학적 연산을 해낼 수 있고, 그 결괏값은 항상 동일하다.

수학의 응용 횟수는 문자 그대로 천문학적이다. 로제타(Rosetta) 우주선은 태양을 다섯 바퀴 돌며, 무려 65억 킬로미터 이상을 비행하는 10년 5개월 그리고 4일간의 여정 끝에 목적지인 혜성 67P에 도달했다. 혜성과 탐사선의 궤도는 수년 전에 미리 계산되었다. 이는 수학의 정점이라 할 만하다.

반면 10은 어디서나 10이 아니고 6과 8의 차가 언제나 꼭 2가 아닌 곳이 있다. 바로 인문과학 분야의 측정에 관한 이야기다. 예를 들자면 이러하다.

당신이 다음 문장에 얼마나 동의하는지를
가장 잘 나타내는 항목에 표시해주십시오.

나는 희귀종 나비가 생존할 기회를 주기 위해
도로변 쐐기풀을 견뎌낼 의향이 있다.

(5) 매우 그렇다

(4) 조금 그렇다

(3) 보통이다

(2) 조금 아니다

(1) 전혀 아니다

익숙하지 않은가? 당연히 그럴 것이다. 우리는 온갖 문제에 관해 일상적으로 이러한 질문을 받는다. 표현은 조금씩 달라지더라도 이런 질문은 특정 사안에 얼마나 많이 또는 조금 동의하는지를 묻는다. 그러면 당신은 잠시 얼마나 동의하느냐에 대해, '동의한다'인지 '매우 동의한다'인지를 고민해본다. 그러다 시간이 좀 지나면 그냥 빨리 끝내고 싶어서 아무렇게나 답한다. 이러한 설문조사 방법은 인문과학 분야에서 흔히 쓰이는 리커트 척도(Likert scale)에 바탕을 두고 있다. 이 방법은 결과가 숫자로 나오기 때문에 무언가를 '측정'했다는 인상을 준다. 가령 (당신이 5번을, 내가 4번을 골랐다면) 다른 숫자가 나오거나 (둘 다 5번을 골랐다면) 같은 숫자가 나오는 것을 측정이라고 느끼는 것이다.

하지만 이것은 (수학자들이 말하는 '자연'수와 같은) 실제 숫자가 아니라, 정도의 차('간격')를 나타내는 것에 불과하다. 자연수 2와 3, 또는 4와 5의 간격은 1로 언제나 동일하다. 하지만 '(2) 조금 아니다'와 '(3) 보통이다'의 간격은 '(5) 매우 그렇다'와 '(4) 조금 그렇다'의 간격과 같지 않으며, 특히 각각 다른 사람들이 평가하게 되면 더 부정확해진다. 이러한 차이는(통계학자들은 이걸 '등간 측정'이라 부른다.) 어떨 때는 크고 어떨 때는 작다. 우리는 그저 추측할 수밖에 없다. 똑같은 간격을 상정하고 숫자를 골랐다 해도 문제는 여전하다. 내가 자신 있게 선택한 (4)와 다른 사람이 머뭇거리면서 선택한 (4)가 같다고 할 수 있을까?

다시 말하자면, 이러한 측정 방법은 절대 정확한 수치를 도출하지 못한다. 이 사실이 많은 연구에 '망각되어' 있다. 이를테면 조사 대상자의 답변을 취합한 후 이 부정확한 숫자들을 통계 절차의 기초 자료로 사용한다. 아무 수학자나 정밀과학자를 붙잡고 물어보더라도 이건 난센스라고 할 것이다.

신중한 인문과학자들은 이런 실수를 범하지 않지만, 또 다른 문제에 직면한다. 실제 측정을 하려면 길이를 잴 때는 센티미터, 무게를 잴 때는 킬로그램, 부피를 잴 때는 세제곱미터를 쓰듯이 정확한 단위가 필요하다. 이런 측정 단위는 반박이 불가하며, 새로 측정을 할 때마다 나타나는 숫자들은 확증을 더할 뿐이다. 그렇다면 지능을 측정하는 정확한 단위는 무엇인가? 바로 'IQ!'다. 하지만 나는 왜 한날 본 세 종류의 IQ 검사에서 각각 다른 점수를 받을까? 일관되게 낮은 쪽이란 건 인정하더라도 여전히 상당한 차이를 보인다면? 그리고 왜 검사가 도입된 초기보다 몇 년 후에 시험을 본 사람들의 결과가 평균적으로 더 높은 걸까?(이런 현상을 '플린 효과'라고 한다.) 당신이 접자, 줄자, 레이저 측정기까지 세 가지 도구를 사용해 주방 창문 크기를 측정한다고 해보자. 그리고 도구에 따라 각각 다른 수치가 나온다고 가정해보자. 게다가 몇 년 후 같은 창문을 잘 관리해온 같은 도구로 다시 측정해보니 크기가 커져 있다면?[7]

무언가를 측정한다는 것은 행복, 인종차별, 공감, 이민자 통합과 같은 감정적인 문제와 섞이면 더 어려워진다. 그런데도 이런 문제를 다루는 많은 연구는 지금껏 그 결과를 수치로 제시했다. 또한 이 수치는 '정확한' 과학적 결론을 내리기 위한 통계 작업의 기초가 되고, 이렇게 도출된 통계 결과는 개개인의 삶에 지대한 영향을 미치는 정책의 기초가 된다. 이 모든 결과는 객관적인 과학으로 뒷받침되어 토론의 필요도 없는 것으로 여겨진다. 숫자는 '보이는 그대로'이니 더 이상 생각할 필요가 없다는 것이다.

진짜 그럴까? 같은 분야에서 같은 주제로 진행된 여러 연구를 보면 전혀 다른 결과가 나오는 것을 흔히 볼 수 있다. 요즘에는 학자들의 의견 충돌, 심지어 통계 사용을 둘러싼 논쟁까지 미디어를 통해 고스란히 공개되다 보니 전문가가 아니어도 그 차이를 쉽게 알아챌 수 있다.

벨기에의 교육자이자 연구가인 로저 스탄다르트(Roger Standaert)

는 퇴임을 앞두고 『수량화된 학교(De becijferde school)』라는 책을 출간했다. 이 책은 교육계가 과학적 수치들을 어떻게 사용하고 남용하는지에 대한 (내 생각에는) 비판적이고 의미심장한 논의를 다뤘다. 나는 이 책 출간 행사에 참여한 연사 중 한 명이었고, 다른 것보다도 과학이 어떻게 빠르게 권위의 자리를 잃고 있는지에 관해 이야기했다. 인문과학자들은 각자의 수 집합을 내세우면서 서로 틀렸다고 말하기 바쁘기 때문이며, 이를 간파한 언론은 '권위 있는 과학자'들이 사설을 통해 서로의 연구 결과를 깎아내리도록 편리하게 써먹는다. 출간 후 일주일 동안 스탄다르트 책에 관한 과학적인 서평이 《데 스탄다르트》에 날마다 거의 하나씩 실렸다. 각 기사는 전날 실린 기사를 반박했고 결국 모든 기사가 차례로 반박당했다. 이로 인해 누구도 (이런 종류의) 과학을 더는 믿지 않게 되었다는 결과가 남았다. 그것 역시 그저 하나의 견해일 뿐이니 말이다.

'숫자'에 대한 신뢰가 사라지고 있는 현상은 곧 과학이 권위를 잃고 있다는 뜻이다. 권위에서 권력으로의 전환에 한 발짝 더 가까워진다.

권위의 실패에 따른 과잉 규제

권위는 자발적 복종을 만들어내는 내면화된 규범에 의해 작동한다. 어떤 집단이 같은 권위를 따른다는 것은 깊은 신뢰 관계를 형성하고 있다는 뜻이다.(불문율과 같은 사회적 규약을 암묵적으로 따르고 있는 셈이다.) 반면에 이 권위가 무너지면 전반적인 불신이 생기고 규제 조치가 자기 증식하는 바이러스처럼 퍼진다. 권력은 외부적 통제와 강압에 의해 작동하지만 반드시 저항과 반란을 일으킨다. 권력과의 충돌은 이어질 충돌의 발판이 되어 악순환을 낳는다. 완벽한 통제를 목표로 하는 통제 메커니즘과 강압적 조치가 사회에 만연해진다.

하지만 결과는 완벽한 통제와는 거리가 멀다. 모든 것을 통제하려고 하다가 아무것도 통제할 수 없게 된다. 예컨대 학교가 규칙과 통제 메커니즘을 더 많이 도입할수록 교사의 권위는 줄어든다. 그 결과 교사들은 수업을 거의 하지도 못한 채 규칙이 제대로 시행되고 지켜지는지 확인하는 데에 온 힘을 쏟아야 한다.

권위의 실종에 따른 가장 뚜렷한 결과 중 하나는 이른바 '규제 설사병(regulatory diarrhea)'이다. 이를 철저히 '정부' 탓으로 돌리는(따라서 정권 교체를 요구하는) 사람들은 이 현상이 금융 부문에서 가장 두드러지게 나타나고 있음을 간과하고 있다. 권위가 부족해지면 규칙과 통제 체계가 넘쳐나게 되며, 그것을 유지하기 위해 훨씬 더 많은 규칙이 생긴다. 그렇게 카프카적(Kafkaesque) 수렁에 빠지는 지경에 이르렀다. 요즘은 뭘 하든 계약서가 필요하다. 계약서가 아니더라도, 적어도 특정한 상황에서 따라야 하는 절차를 상세히 안내해 주는 '프로토콜'이 있어야 한다. 이 규칙들의 목적은 질적인 개선을 하는 것이 아니다. 통제는 상대를 신뢰할 수 없을 때 행사되며, 생길지 모를 불만에 대한 보호 조치이자 일이 잘못됐을 때 책임을 전가할 수 있는 구멍을 만들어준다.

이것의 뿌리는 전통적으로 모든 것이 중앙집권적으로 결정하고 지시하는 지휘 통제 체계에 따라 작동하는 미국식 경영 관행에 있다. 다국적기업들과 자유시장주의의 활약 덕분에 서유럽에서도 이와 비슷한 방식이 널리 퍼져 있다. 더욱이 모든 분야(정부, 교육, 연구, 의료 등)가 시장화하면서 극도로 경쟁적인 '생존 투쟁'의 환경이 만들어졌고 이로 인해 불신의 골은 더욱 깊어졌다. 최근 몇 년간 교육제도마저 이러한 변화에 휩쓸렸다. 부모들은 자녀를 학교에 입학시키는 것이 계약서를 쓰는 것과 같음을 깨달았다. 그러니 아이가 성적이 좋지 않으면 그 계약에 합법적으로 이의를 제기하는 것이 전적으로 가능하다. 이미 학교도 변호사를 고용할 때가 온 것이다.

과잉 규제는 전통적인 권위가 사라지고 있는 것과 같은 이유로 실패할 것이다. 그 이유는 다름 아닌, 외부에서 그것을 보증해주는 것이 없어졌다는 사실이다. '자발적 복종'에 대한 논의는 더 이상 가능하지 않다. 권위가 사라지면서 자연스럽게 늘어난 규칙들은 권력과 강요된 복종에 의해서만 제 역할을 할 수 있다. 곧이어 이는 도돌이표를 그리며 악순환에 빠진다. 강제가 저항과 반발을 일으키고, 그것이 더 많은 규칙을 불러내고, 그것을 지키도록 더 많이 통제하고, 더 많은 조치를 취하고…… 결국 상황은 병적인 수준에 이른다.[8]

상향식 또는 하향식

우리 시대는 큰 과제를 마주하고 있다. 옛 가부장적 모델로 돌아가 거나 숫자의 독재에 굴복하지 않으면서 우리에게 절실히 필요한 권위를 어떻게 세울 수 있을까?

나는 이 질문을 놓고 오랫동안 고민했으나 답을 찾을 수 없었다. (그 당시에는 알지 못했지만) 내가 거듭 찾으려 했던 것이 결국엔 기존 권위 모델의 일부였기 때문이다. 가부장적이고 (따라서) 피라미드 형태를 띤 모든 권위의 화신은 모두를 아우르는 고유한 하나의 이야기, 곧 (성경부터 마오쩌둥 어록까지) '서사'를 공유한다. 그러므로 어떤 새로운 권위든 간에 모두가 새로운 '위대한 이야기'를 공유해야만 확립될 수 있다고 나는 생각한다. 그렇지만 그런 이야기를 어디서 찾아야 할까? 어떻게 공유해야 할까?

마침내 나는 이 '위대한 이야기'들이 피라미드 맨 밑에 있는 사람들을 순응시키려고 만들어진 것임을 깨달았다. 사람들을 순종적이고 충실하게 만들 것, 사후세계에 대한 낙원(또는 영원한 형벌의 고통)의 이미지로 그들을 현혹할 것, 그것을 위대하고 (가장 중요하게는) 설득력 있는 이야기의 맥락에 주입할 것. 이는 과거 플라톤이 처음 고안해낸 전략의 일부이기도 하다. 이제 와서 새로운 성경이 쓰인다 해도 그것은 해결책이 되지 못하며, 우리가 원래 알고 있던 서사의 또 다른 변형일 뿐이다.

등잔 밑이 어둡다는 말이 있듯 가끔은 정답이 너무 뻔해 미처 깨닫지 못한다. 이 경우에는 질문 안에 이미 답이 있다. 큰 집단이 공유할 수 있는 새로운 권위의 원천을 어디에서 찾을 수 있느냐고? 그 집단 자체가 권위의 근거로 기능할 수 있다. 주로 수평적 네트워크로 작동하는 이 집단은 다양한 사람에게, 끊임없이 바꿔가며 권위를 부여한다.

다스베이더와 빅브라더

다스베이더는 「스타워즈(Star Wars)」 시리즈에 등장하는 캐릭터다. 본래 신념을 뒤엎고 '다크 사이드'로 넘어간 다스베이더는 위험한 악당이 된다. 알고 보니 그가 의로운 주인공 루크 스카이워커의 아버지라고 밝혀지는 시리즈 후반부 내용은 원초적 아버지에 관한 고전적인 이야기를 함축적으로 반전한 것이다. 「스타워즈」에서는 아버지가 악이고 아들이 선이다. 아들은 아버지를 물리쳐야 하지만 아버지가 죽은 뒤에야 그가 '라이트 사이드'로 되돌아왔다는 사실을 깨닫는다. 예수 그리스도에 대한 외경(外經)적 독해라 할 만한 이 영화에 대해 기독교 교회의 아버지들은 꽤 불만을 가졌을 것이다.

이와 같은 부자(父子) 관계는 이제 상상의 세계에만 존재한다. 우리가 살고 있는 현실 세계는 '빅브라더'에게 지배당하고 있다. 이 단어를 들으면 아마 상당수는 동명의 유명 리얼리티 프로그램을 떠올릴 것이다. 이 프로그램 출연자들은 (고립된 집에서 함께 생활하면서)

줄곧 촬영을 당하고 차례대로 '빅브라더'라는 (시청자와 더불어 모든 것을 볼 수 있는) 보이지 않는 존재에게 고해성사를 해야 했다. 그러나 '빅브라더'라는 표현을 먼저 사용한 사람은 조지 오웰이었다. 그의 소설 『1984』는 어디에나 존재하는 텔레비전 스크린을 통해 모든 사람이 끝없는 감시 아래 있는 전체주의 사회를 그렸다. 이 텔레비전은 사람들에게 영상을 내보낼 뿐 아니라 그들의 행동과 소리를 기록했다. 요즘 세상이 이런 허구 속 사회와 크게 다르지는 않다. 내가 이 글을 쓰면서 마주보고 있는 컴퓨터 화면에도, 태블릿에도, 스마트폰에도 나를 촬영하는 카메라가 내장되어 있다.

오웰은 전체주의적이고 중앙집권적인 통제의 위험성을 날카롭게 드러냈고 그의 비판은 정확했다. 그가 서술한 빅브라더는 위대한 지도자가 실제로 존재하는지 알 수 없어지는 기술화된 (technologized) 독재를 의미한다. 자세히 들여다보면 그 존재는 모든 것을 보고 통제하는 신의 눈을 디지털화한 것이다. 즉 『1984』의 빅브라더는 피라미드식 권위에 해당하며 그 어디에서도 수평적 성격을 암시하고 있지 않다.

하지만 빅브라더에 대한 내 해석은 근본적으로 다르며 오늘날 빅브라더는 사람들끼리 스스로 행사하는 사회적 통제와 관련이 있다. 과거의 마을 공동체가 좋은 사례이다. 옆집 숟가락 개수까지 알던 그 시절에 마을 사람들은 공동체의 규칙을 준수할 수밖에 없었다. 이처럼 수평적으로 행사되는 권위는 그것의 말을 따르지 않으면 공동체에서 배제할 만큼 매우 강압적이며 때로는 잔인한 형태를 띨 수도 있다. 수평적인 사회 통제가 본질적으로 옳으며 수직적인 가부장제의 권위는 무조건 나쁘다고 주장하는 사람들은 자신을 속이고 있는 셈이다.

수평적 권위를 이 시대의 빅브라더로 강조하는 이유는 그게 더 나은 선택이어서가 아니라, 우리의 새로운 현실이 되어가고 있음을 확신해서다. 이는 디지털화와 더불어 전반적인 교육 수준이 높아진 데 따른 결과다. 칸트가 사람들이 속히 미성숙에서 자유로워지기를 간절히 바라고 있었던 1784년에 그의 동포 80퍼센트는 까막눈이었고, 인쇄된 책이 보급된 것은 고작 100년 전이었다. 사회가 피라미드 꼭대기에 있는 '조국의 아버지'에 의해 지배되는 것은 이 당시에 그다지 이상하지 않았으나 지금은 사정이 달라졌다.

근본적인 변화가 일어났다는 것은 현대 교육이 권위의 자연적인 모델이 된 것으로 증명된다. 예전 모델에서 아이들은 명확한 계층구조에 속해 있는 소수의 사람들만 직접적으로 접촉했다. 꼭대기에 아버지가 자리했고 그 아래로 교사, 신부, 목사 등이 위치했으며, 모두 분명한 계층구조의 일부를 이루고 있었다. 또한 교육은 아이들이 가장 많은 시간을 보내는 가정에서 대부분 이루어졌다.

오늘날의 상황은 완전히 다르다. 충분한 특권을 누리는 환경에서 태어난 나의 손녀 뤼서는 태어난 지 겨우 6개월일 때부터 집을 자주 떠난다. 아침 일찍부터 일주일 중 사흘은 놀이방에 가고, 하루는 친할머니와, 하루는 외할머니와 시간을 보내다가 잘 시간이 다 되어서야 집으로 돌아온다. 뤼서의 부모는 일주일 중 이틀만 뤼서를 돌본다. 그렇다면 이 아이를 키우고 있는 사람은 누구인 것일까? 더군다나 뤼서의 양육과 교육을 책임지는 사람의 수, 나아가 그녀를 맡는 곳들은 갈수록 늘어나기만 할 것이다. 외부 세계는 더 이상 '외부' 세계가 아니다. 그냥 '세계'가 된다. 그리고 머지않아 여러 화면들이 비추는 가상 세계가 그녀의 작은 세계에서 중요한 역할을 할 것이다.

교육에 있어 우리는 어디에 그리고 누구에게 권위를 부여하는가? 문제가 발생하는 순간 이 질문은 다양한 논쟁을 촉발한다. 학교는 부모에게 책임을 넘기고 부모는 학교에 책임을 묻는다. 한편 조부모는 손자를 너무 엄격하게 또는 너무 관대하게 키운다고 자신의 자녀를 꾸짖고, 비슷한 일이 반복된다. 이런 핑퐁 게임의 핵심은 '누가' 권위자인지를 찾는 것에 있다. 이 게임에 집중하다 보면 현실이 돼버린 사실, 곧 집단 전체가 권위를 나눠 갖고 있다는 것을 깨닫지 못한다. 가부장제와 마찬가지로 핵가족도 과거의 것이 되었다. 현재 아이들은 많은 사람의 손을 거쳐 집단에 의해 키워지고 있다. 문제는 이 집단을 어떻게 인식되는 권위로 만드느냐 하는 것이다.

세상을 장악한 빅브라더

권위는 자발적 복종을 기초로 작동하는데 이 굴복은 그냥 생겨나지 않는다. 아이들은 충분히 긴 시간 동안 외부의 강압적 힘이 가해져야 자발적으로 복종한다. 가끔은 그 강압적 힘이 너무 오래 가해지기도 하는데, 그 일례로 가부장적인 정부는 성인인 시민을 여전히 어린아이 취급한다. 반세기 전만 해도 벨기에 플랑드르 지역의 여러 가정에서는 거실을 정면으로 응시하는 눈(目) 사진을 벽에 걸어두었다. 그 사진에는 이런 말이 쓰여 있었다. "신이 당신을 지켜보고 있다. 이곳에서 욕설을 금하라.(God ziet u. Hier vloekt men niet.)" 나의 세대는 교리 문답서를 달달 외워야 했다. 질문: "하느님은 어디에 계신가?" 답: "하느님은 어디에나, 하늘과 땅과 모든 곳에 계십니다." 질문: "하느님은 모든 것을 알고 계시는가?" 답: "하느님은 모든 것을 보시며, 우리의 가장 비밀스러운 생각까지도 알고 계십니다. 하느님은 모든 것을 알고 계십니다. 아직 일어나지 않은 일까지도 아십니다."

메시지는 확실했다. 모든 것을 통제하는 눈을 피할 방법은 없다는 것이다. 1791년 영국 법철학자인 제러미 벤담(Jeremy Bentham)은 팬옵티콘(panopticon, 모든 것을 본다는 뜻)이라는 감옥 형태를 구상할 때 이 원칙을 적용했다. 벤담이 설계한 팬옵티콘은 중앙 탑이 있고 감방 전체가 탑을 둘러싸고 있는 원형 구조로, 이 탑에서 감옥 내부를 감방 창으로 전부 들여다볼 수 있는 시설이다. 따라서 한 명의 감독자가 탑에서 모든 감방을 감시하고 통제할 수 있다. 팬옵티콘의 원리는 대표적으로 감옥이나 정신병원에 적용되지만 공장이나 사무실에도 쓰일 수 있다. 팬옵티콘이 전통적 권위를 표상하는 건축 양식임을 상상하는 것은 어렵지 않다. '대중'을 말 그대로, 동시에 비유적으로 내려다보는 것이다. 지배하는 눈은 언제나 사람들을 비난하고 가장 은밀한 비밀까지 들여다본다. 그렇지만 그 눈 자체는 보이지 않는다. 이는 왜 가부장적 문화가 죄책감과 신경증의 번식지가 되었는지를 설명해준다.

이와 다른 형식의 권위는 다른 형태의 팬옵티콘을 필요로 한다. 탑 꼭대기에 있는 관측실에는 아무도 없다. 그 대신, 누구든 다른 사람을 감시하게 할 수 있는 강력한 컴퓨터 서버가 있다. 빅브라더 시대에 살고 있는 우리는, 보고자 하는 사람에게 계속해서 우리 자신을 (어떤 사람들은 정말 말 그대로) 노출시킨다. 그 결과, 단 한 명의 감시관이 모두를 깔보는 듯한 수직적 시선과는 대조적으로 모든 사람에의한 모든 사람의 수평적인 통제가 증가하게 되었다.

이러한 지배는 페이스북, 트위터, 인스타그램, 링크드인, 블로그와 같은 소셜미디어에서 일어나고 있다. 유명인들은 특별히 연출된 포맷의 텔레비전이나 라디오에 나와 자신에 대한 '모든 것'을 공개함으로써 더 유명해진다. 유명하지 않은 사람들도 같은 방식으로 유명해지고 싶기는 마찬가지다. 그로 인해 고해실이나 상담실에서 이뤄질 법한 사적이고 은밀한 이야기들이 전 세계가 보는 화면에 대서특필된다. 우리는 더 이상 노출을 피하지 않는다. 포스트모던 시대 사람들은 외려 자발적으로 자신을 전시하며, 자신을 통제하는 타인의 시선에 자발적으로 복종하고 심지어 시선을 받지 못하면 우울해한다.("너는 페이스북 친구 몇 명이나 있어?") 폴란드 출신 사회학자인 지그문트 바우만(Zygmunt Bauman)은 이에 꼭 맞는 용어를 만들어냈다. 우리가 'DIY 팬옵티콘'[9] 속에 살고 있다는 것이다.

이 모델과 가부장제 사이에는 어마어마한 차이가 있다. 가부장제하에서 우리는 벌을 받거나 지옥에 갈까 봐 두려워하며 아버지의 명령과 제한을 통해 정체성을 확인했다. 이제는 배제되는 것을 두려워하며 사람들에게 받은 '좋아요' 수(우리의 거울 이미지)를 통해 정체성을 찾는다. 사회적 통제가 엄청난 압박을 가하며 새로운 형태의 자발적 굴복에 동참할 것을 요구한다. 그러지 못한 사람은 수치심과 우울함을 느낀다. 우울증이 이제 신경증의 자리를 대체했다.

탈출의 가능성은 어느 때보다 희박하다. 가부장제에서는 다른 환상을 품는 것이 가능했다. 원한다면 다른 곳(다른 아버지상을 상상할 수 있는 곳)으로 도망칠 수 있었지만, 더는 '다른 곳'이 존재하지 않는다. 이 세상에는 다른 환상이 끼어들 여지가 없다. 과거에는 기존의 아버지상을 살해하고 더 나은 상으로 바꾸는 것이 가능했다.(돌이켜 생각해보면 그다지 더 나은 것도 아니었다.) 그러나 오늘날의 빅브라더는 가상적이고, 이름도 없이, 마우스 클릭으로 월드와이드웹을 돌아다니는 유령 같은 존재이므로 죽일 수 없다. 모두가 모두를 통제하는 시선은 가상세계의 현실화를 증명하는 것이고, 이는 카메라 감시의 강화 때문만이 아니라 우리가 스스로 선택한 것이다.

소셜미디어 현상에 대한 반응은 압도적으로 부정적이다. 보수 진영은 전통 규범과 가치가 사라졌다고 개탄하고, 진보 진영은 사라진 개인의 자유를 애도하며 양쪽 모두 프라이버시의 종말이라고 비난한다. 대부분의 지식인은 '평범한' 사람들이 가하는 폭력(인신공격, 사이버불링), 정부가 가하는 폭력(사회 통제) 그리고 시장이 가하는 폭력(타깃 광고)과 같은 문제에 대해 소셜미디어의 과잉을 지적한다.

요약하자면 좌우 진영 모두 하향식 권위가 사라진 것을 개탄한다. 그러나 이는 우리가 과거를 얼마나 쉽게 망각하는지를 다시 한번 보여주는 사례일 뿐이다. 종교적, 정치적, 교육학적 측면에서 가부장제는 인류의 절반(여성)에겐 재난 그 자체였다. 아니, 거의 모두에게 재난이었다. 우리는 빅브라더의 과잉 통제에 매몰되지 말고 스스로에게 물어야 한다. 강압적 서사에 근거한 하향식 권위를 선택하겠는가, 아니면 상호 간의 사회적 통제에 의한 수평적 권위를 선택하겠는가? 물론 현실을 보면 이미 결정되어 있지만, 그 선택에 어떤 식으로 대처할지를 둘러싼 우리의 선택이 남아 있다.

수평적으로 작동하는 사회 통제를 지지하는 선택을 한 두 목소리가 있다. 프랑스 노(老)철학자 미셸 세르(Michel Serres)와 이탈리아 작가 알레산드로 바리코(Alessandro Baricco)는 디지털 진화를 매우 낙관적으로 바라본다.[10] 세르는 저작 『엄지공주(*Petite poucette*)』에서 디지털 시대 이전에는 중앙집권적 권위의 이름으로 수억 명이 죽었다는 사실을 날카롭게 가리킨다.("조국을 위해 죽는 것은 아름답고 영광스러운 일이다.") 안정적이지만 꽉 막힌 집단들과 더불어 하향식 사회가 사라지는 것은 그가 생각하기에 좋은 일이다. 서로 연결되어도 개별성을 유지할 수 있는 '연결된 집단'의 등장은 진보를 의미한다. 가부장제에 대한 이전의 (충성심을 가장한) 공모는 이제 투명성에, 의무는 책임감에 자리를 내주어야 한다.

바리코는 저작 『야만인: 돌연변이에 관한 에세이(*I barbari: Saggio sulla mutazione*)』에서 절묘한 논리를 끌어간다. 지적인 독자들은 처음에 이 책의 주장이 포퓰리즘적이고 저속한 인터넷 문화에 관한 자기 생각('참 야만적이야, 그치?')과 일치한다고 생각할 것이다. 반면 책이 끝나갈 즈음이면, 알고 보니 인터넷이 훨씬 더 실제적인 민주주의를 만드는 데 조용히 제 몫을 해냈다고 설득당한다. 인터넷이 대다수 정치인이 여전히 맹신하는 전통적인 '민주집중제'와 완전히 다른, 수평적 민주주의 말이다.

세르와 바르코는 얼마 전까지만 해도 '지식 민주주의'란 존재하지 않았다고 강조한다. 지식은 보통 사람들을 내려다보는 특권 계급만의 전유물이었고 이 지식 덕분에 특권층은 '맞는' 결정을 할 수 있었다. 적어도 그들 스스로가 그렇게 생각했다. 미국 역사학자 바버라 터크먼(Barbara Tuchman)은 역사를 냉철하게 평가하면서 그 결정들 중 상당수가 낳은 비극적인 부당함을 보여준다. 『바보들의 행진(*The March of Folly*)』이라는 그의 저서 제목이 그것을 잘 보여준다. 요즘에는 누구나 지식을 얻을 수 있으며, 정치인과 지도자가 한결같이 반복하는 가장 중요한 실수는 '보통 사람들'을 과소평가하는 것이다. 인터넷의 반작용(지식, 정보, 광고의 구분이 없어지고, 사람들이 점점 바보가 되고, 포르노와 폭력이 득실거리는 등)이 크다고 해도, 인터넷을 통해 모든 사람이 지식을 찾고 퍼트릴 수 있다는 사실의 이점을 능가하지 못한다. 이 이점은 근친 성폭력이 일어나는 가족부터 독재 정권, 대형 은행까지 모든 폐쇄적 집단이 기를 써서 막으려 하는 것이기도 하다.

오늘날 넘쳐나는 지식은 수직적 모델과 수평적 모델의 큰 차이점을 밝혀낸다. 이제는 투명성이 존재하며 의무적인 충성심은 존재하지 않는다는 점이다. 모든 사람은 점점 더 모든 사람에게 보여진다. 다스베이더는 **한 명**뿐이지만, 우리는 **모두**가 잠재적인 빅브라더다. 가부장제는 은밀한 뒷방 정치에 의존하지만 빅브라더는 광범위한 개방성에 의존한다.

집단이 행사하는 수평적 권위는 어딘가 무시무시하고 수상쩍게 들린다. 태곳적부터 피라미드의 좁은 상부에 있는 사람들은 '대중'으로 불리던 사람들을 향한 경멸과 두려움을 동시에 느꼈고 이제 그들은 '유권자'로 불린다. '대중은 무식하고 몇 년에 한 번씩 투표소로 몰리는 '선거 양 떼'일 뿐이잖아, 그렇지? 어떻게 집단이 유능한 리더가 될 수 있겠어, 안 그래?'

비이성적 군중에 대한 두려움

정치의 역사를 통틀어서 군중에 대한 두려움은 언제나 존재했다. 로마 원로원 의원들은 이들을 '플렙(pleb, 평민)'이라고 불렀는데, 이 말은 폭동, 방화, 강탈과 같은 이미지를 연상시켰다. 플렙은 위에 있는 누군가의 통제를 받아야 하는 존재였다.

일찍이 19세기에 프랑스 사회심리학자 귀스타브 르봉(Gustave Le Bon)은 지도자 없는 군중이 자발적으로 동력을 만들어내며 그 동력은 아주 위험하다고 주장했다. 그는 1895년 발표한 『군중심리(*Psychologie des foules*)』에서 프랑스혁명 당시 반란을 일으킨 군중의 행동을 분석했다. 그의 결론은 집단으로 행동하는 사람들은 그중 가장 멍청한 구성원의 수준으로 떨어지게 되며 그 집단의 가장 비도덕적인 욕망이 가장 우선시된다는 것이었다. 한편 25년 후 프로이트는 퓌러(Führer, 지도자)를 중심으로 조직된 집단들을 연구했고 마찬가지로 위험을 경고했다. 훗날 그는 자신의 주장이 사실이 되는 것을 두 눈으로 목격하기도 했다.[11]

두 유형의 집단은 모두 수평적 권위를 반대하는 논리로 쓰인다. 정작 두 집단은 수평적 권위와는 거의 무관하다. 군중이 행사하는 힘은 권력이고, 중앙집권적 집단은 하향식 권위가 작동하는 사례에 해당한다. 사람들이 중앙집권적 리더십의 필요성을 굳게 믿는 것은 '보통' 사람으로 구성된 집단이 올바른 결정을 내릴 수 없다고 생각하기 때문이다. 이들은 여론을 들어보면 그것이 어떠한지 알 수 있다고 말한다.

여론은 굉장히 중요하다. 예를 들어 유권자의 투표행태를 바꿀 수도 있다. 정치인들은 여론이 조작될 수 있고, 자신들이 그 조작을 가장 잘 통제한다고 추정하며 필사적으로 표를 얻으려고 한다. 선거기간만 되면 정치인의 공보 비서관과 홍보 담당자 들이 바빠지는 것도 이 때문이다. 또 정치인들은 유권자가 스스로 생각할 수 없고 독립적으로 결정하지 못한다고 상정한다. 이와 같은 가정 아래 고등교육을 받은 소수 엘리트만 정부 운영을 맡아야 한다는 믿음으로 나아간다. 선출은 가급적 민주적으로 이뤄져야 하겠지만, 필요하다면(예를 들어 위급 상황 시) 민주적 원칙은 잠시 보류될 수 있다. 그러면 '대중'을 위한 최선의 결정은 전문가들의 손에 넘어가 있을 것이다.

이러한 관점은 다시 한번 '아버지가 제일 잘 안다'는 식의 가부장적인 모델을 입증한다. 이 관점은 최소 세 가지를 간과한다. 일단 소수 엘리트는 사회 전체의 이익에는 반드시 부합하지 않지만 소수의 이익과는 일치하는 결정을 내린다. 또 이들의 지식 수준은 생각만큼 월등하지 못한 때가 많으며, 이들이 취한 조치는 돌이켜봤을 때 완전히 잘못됐음이 드러나는 경우가 흔하다. 지난 두 세대 동안 '대중'은 어느 때보다도 높은 지식 수준을 갖췄다. 이것이 가부장제의 결과라는 점이 역사의 아이러니다. 가부장제가 그 자신의 더 나은 버전으로서 '대중의 향상'을 위한 정책을 지지함으로써 모든 사람이 더 쉽게 교육에 접근할 수 있도록 한 것이다. 그러나 조국의 아버지들은 자기 아들들(더 중요하게는 딸들)을 놓아주지는 못했다.

　지식에 기반을 둔 권위가 가장 낮다는 것은 자명하며 이 사실은 수평적으로 조직된 권위에도 해당한다. 앞서 말했듯이, 객관적 지식은 그 자체로는 사회적 목적에 부합하지 않는다. 어느 방향으로 나아가고 싶은지 결정하려면 도덕적인 선택들을 내려야 한다. 집단은 완벽하게 지식을 습득할 수 있고 공동체를 위한 최선의 선택을 할 수 있으며, 그렇게 함으로써 장기적인 시각을 가질 수 있다. 정치와 경제 부문에서 그에 관한 설득력 있는 여러 사례가 나왔다. 이 새로운 형태의 정부로 전환하는 데 있어 우리의 발목을 잡고 있는 것은 변화에 대한 두려움과 고착화된 행동 패턴을 깰 수 없는 무력함이다.

지휘 통제 대 '임무를 주어 이끌기'

비이성적인 군중에 대한 두려움과 더불어, 수평적 권위를 반대하는 논리가 한 가지 더 있다. 이 주장은 조금 더 실용적인 성격을 띤다. '설마, 결정을 내리고 그 결정이 적절히 실행되는지 감시하는 사람이 없어도 기능한다는 것은 아니겠지?' 하고 반문하는 것이다. 집단에 결정권을 맡길 수 있는지 물으면 사람들은 놀라울 만큼 부정적인 답변을 내놓는다. 대부분 그런 선택은 대혼란과 무정부 상태를 초래할 것이라고 말한다.

제2차 세계대전을 다룬 인기 영화를 보면 아마 다음과 같은 장면 하나쯤 있을 것이다. 한편에는 계급이 엄격한 독일 군대가 있다. 단 한 명의 부하도 상관 말에 반박하지 않는다. "예, 알겠습니다!" 하고 차렷 자세를 취한다. 반대편에는 미국 군대가 있다. 조와 빌은 제임스, (상사인) 잭과 편하게 전술을 상의한다. 이 전술은 전쟁터에 나간 병사들이 상황에 따라 필요하면 재량껏 바꿀 수 있다. 파시즘 대 민주주의, 위계질서 대 자치권, '좀비 같은 복종(Kadavergehorsamkeit)' 대 자유 기업 체제…… 이런 구도 속에서 당연하게도 독일군이 결국 패배하고, 미군은 승리를 만끽하며 유럽대륙을 누빈다.

대중에게 알려진 역사는 승자에 의해 쓰인 것으로 언제나 왜곡되어 있다. 학자들이 기록한 역사는 전혀 다른 그림을 그린다. 실제 독일 군대는 자치적 단위로 운영되었으며, 전쟁터에서 가장 효과적인 상황 대처 방법을 찾기 위해 기존 결정들을 꾸준히 수정했다. 반대로 미국 군대는 중앙 지도부가 구상하고 도입한 세부 계획을 따를 뿐이었다. 결과는 어떠했는가? 독일군은 수적 열세에 처하고 공군 지원이 열악한 전투에서도 연합군 측 사상자가 자신들이 당한 것의 두 배나 되도록 피해를 입혔다. 독일이 패배한 것은 군사력과 자원이 모두 풍족했던 연합군과 달리 두 가지 모두 부족했기 때문이었다.

독일군이 전장에서 병사들에게 전폭적인 자치권을 부여한 것은 예견된 일이었다. 100년 전, 프로이센군의 육군 원수 헬무트 폰 몰트케(Helmuth von Moltke) 백작은 프로이센군이 나폴레옹군에 패배한 원인을 분석하면서, 지도부가 구상한 세부 계획이 실전에는 전혀 들어맞지 않았던 것이 중요했다고 결론 내렸다. 몰트케가 요즘 시대에 태어났더라면 카오스 이론 지지자가 됐을 것이다. 그는 자신의 분석을 토대로 '임무를 주어 이끌기(Führen durch Aufträge)' 방식을 개발했다. 이는 부하에게 임무를 맡기는 리더십을 의미하며, 부하에게 특정한 명령을 내리는 예전의 '명령하여 이끌기(Führen durch Befehl)' 방식과는 다르다. '임무를 주어 이끌기' 모델에서는 상부가 부대 전체에 목표를 제시하지만 그걸 구체적으로 어떻게 달성하는지에 관해서는 지시하지 않는다. 최적의 실행 방침을 결정하는 일은 현장 상황을 가장 잘 파악하고 있고 그에 완비되어 있는 부대의 몫이다. 이러한 지휘 방법은 개인의 추진력과 책임감을 극대화한다.

독일은 제2차 세계대전까지 이 방식을 더욱더 발전시켰다. (서로 경쟁하는) 포병대, 기갑부대, 보병대로 나뉜 전통적인 부대 편성과 군 조직의 고전적인 위계질서보다 병사들의 책임감과 자주성을 토대로 협력하는 구조를 세우는 것에 집중했다. 그 결과로 만들어진 것이 이른바 '전투단(Kampfgruppen)'이었다. 전투단은 여러 부대(연대와 소대 등)와 여러 무기 및 병력(탱크, 대포, 보병 등)이 즉석에서 결합해 형성하는 집단을 가리켰다. 이들은 현장에 있는 최고위 장교의 명령에 따라 움직였으며 하나의 특정 임무를 완수하기 위해 결성되고 배치되었다.

연합군은 어리둥절했다.(지금 어떤 사단과 싸우고 있는 것인가?) 본부에서 작전을 변경한 다음 변경 사항을 전쟁터로 전달하고 나면 너무 늦어버린 경우가 태반이었다. 그런데도 미국 군대는 자신들의 시스템을 고집했다. 매 전투를 꼼꼼하게 준비하고 계획했으며 그 계획대로 실행했다. '순응'이 무엇보다 중요했고 미국 청년 수백만 명이이 단어를 뼛속까지 새겼다. 그 반대편에는 주어진 목표를 완수하겠다는 일념 하나로 수시로 변하는 상황을 독자적으로 판단하도록훈련받은 독일 청년들이 있었다. 이들에게 가장 중요한 단어는 '자신감'이었다.[12]

그렇다면 당신은 미군과 독일군 중 어느 편에 속하겠는가?

목적, 지식 그리고 결정권

'전투단'은 효과적이었지만 동시에 치명적이었다. 수평적 집단은 끔찍한 짓도 저지를 수 있다. 자신들이 추구하는 목적을 스스로 결정할 권리가 없다면 더더욱 그렇다. 독일군의 피라미드식 권위 모델에서 임무는 의사 결정권을 지닌 상부로부터 내려왔다. 수평적 권위는 그 임무를 수행할 때에만 작동했다.

미국과 독일 군대는 피라미드형 권위가 어떻게 결국은 실패하는지를 각기 다른 방식으로 보여준다. 미군 최고사령부는 효율적이었지만, 전쟁터에 있는 병사들이 이미 소용없음을 알았던 결정들을 고집스럽게 밀고나갔다. 독일군 최고사령부는 비도덕적인 임무를 부여했을 뿐만 아니라 전투단을 죽음으로 끌고 갔다. 병사들은 이 사실을 알고 있으면서도 마지막까지 권위에 충성했다.

사회의 층위에서 수평적 권위를 세우려면 최소 세 가지 조건이 맞아떨어져야 한다. 첫째, 지식이 충분히 모두에게 보급되어 있어야 한다. 둘째, 도덕적 목표는 수평적 집단이 결정해야 한다. 셋째, 그 집단은 자신이 정한 규칙을 준수해야 한다. 그러므로 이상적인 조합은, 수평적 집단이 사회에 보탬이 되는 장기적 목표를 유념하고, 그 목표를 이루기 위해 필요한 지식을 가지고 있거나 습득할 수 있고, 그 목표를 위해 어떤 결정을 스스로 내리고 그 결정을 실행하거나 위임하는 형태여야 할 것이다.

평등한 사람 중 맨 앞에 있는 자

수평적 권위는 모든 사람이 똑같다는 환상을 기반으로 작동하지 않는다. 어떤 집단이든 사람들 사이에 공통점뿐 아니라 차이점도 존재하기에 사회적 관계들을 어떻게 조직할 것인가에 관한 중대한 질문이 남는다.

하향식 권위는 피라미드 형태를 띠고 있으며 가장 높은 자리에 있는 사람은 그 자리에서 가장 안전하기에 쉽게 이동하지 않는다.

이동이 생기는 경우는 누군가 그를 그 자리에서 끌어내리는 것을 의미한다. 이런 권위는 철저히 명령에 따라 작동하며 계급이 낮은 사람에게는 자치권이 거의 부여되지 않는다. 이 시스템의 장점은 명료함이다. 고전적인 조직도에서는 권력이 어디에 있고 머물 것인지를 분명하게 볼 수 있다.

반면 수평적으로 작동하는 권위는 여러 권위자들 사이에서 활발하게 움직일 만한 여지를 전제하고 있다. 평생 권위의 자리를 차지해 그 자리와 하나가 되는 붙박이 지도자는 없다. 수평적 권위는 하향식 권위와 정반대로 움직이기 때문에 거기에 고전적인 조직도를 적용하는 것은 상상도 못할 일이다. 처음에 이 시스템은 애매모호함과 불확실성에 대한 두려움을 야기하지만 그것은 지금껏 우리가 조직도로 대표되는 것에 익숙해져 있는 탓이다. 기존의 기대치를 내려놓으면, 가령 유연성 덕에 더욱 효율적으로 작동하고, 공동 목표에 더 전념할 수 있는 것처럼 이 시스템의 장점들이 보이기 시작한다.

최근 기업들 사이에서 하향식 모델을 탈피해 새로운 리더십 문화를 만들어야 한다는 목소리가 커지고 있는 것은 우연이 아니다. 이러한 주장을 하는 사람들은 새로운 리더십 문화가 조직에 더 유익하리라고 말한다. 그다지 놀라운 이야기는 아니다. 기존 피라미드 체계에서 상부에 있는 자들의 목적은 자신들의 자리를 보전하는 것이지 조직을 위한 것이 아니기 때문이다. 모든 것은 상부 위주로 돌아가는 한편 그들이 속한 피라미드 체계가 그것을 부추겼다. 반면 수평적 체계에서 권위를 행사하는 자들의 목적은 최대한 많은 이의 참여를 끌어내 조직을 돕는 것이다. 이때 지도자는 '평등한 사람 중 맨 앞에 있는 자(primus inter pares)'가 된다. 협동에 중점을 둘 때 지도자가 맡아야 할 가장 중요한 역할은 하나의 목표를 지향하는 집단 구성원들 사이에서 차이를 중재하는 것이다. 개개인이 자신의 문제를 각자 해결한다는 생각은 더 이상 유효하지 않다. 권위는 어떤 사람이 계층구조에서 차지한 자리로부터 '자연적'으로 나오는 것이 아니라, 집단을 올바르게 대변할 수 있는 그의 능력에서 나온다. 권위는 공동 목표를 위해서라면 여러 명이 나눠 가지거나 서로에게 양도할 수도 있다.

중재는 법제도를 비롯해 여러 분야에 도입되었다. 이는 사회적으로 중요한 변화를 의미한다. 예전에는 판사가 단독으로 시민의 운명을 정했으나(시민은 할 수 있는 게 없었고 법정에서 자신을 '옹호'해줄 변호사를 고용해야 했다.), 현재는 중재합의의 비중을 늘리는 방향으로 가고 있으며, 점점 많은 사람이 중재자에게 도움을 요청한다. 중재자가 하는 역할은 그 이름에 이미 명시되어 있다. 중재자는 자신이 생각하기에 가장 바람직한 결정을 주장하지 않는다. 오직 당사자들이 받아들일 수 있는 상호 합의점을 찾는 것에 목적을 둔다.

피라미드식 권위와 수평적 권위의 결정적 차이점은 실수에 대처하는 방법이다. 권위가 가부장제에 기초할 때, 실수는 우두머리에게 치명적이다. 그는 왕좌에서 내려오게(하강의 움직임) 되고, 누군가 벌써 그 자리를 차지할 태세다. 이에 대한 두려움 때문에 실수가 은폐되는 일이 벌어진다. 이 모델에서 지도자는 끝까지 자신의 실수를 인정하지 않으며 잘못은 늘 다른 사람에게 있다.

반면 수평적 권위에서는 권위자가 실수하더라도 애초에 높은 위치에 있지 않기 때문에 추락하지 않는다. 집단 구성원이 실수를 저질러도 그에 대한 비난 없이 행동이나 의견을 바꿀 수 있다. 오히려 실수를 인정하고 바로잡고자 다른 사람들에게 도움을 요청하는 사람이 실수를 감추려는 사람보다 더 강하다고 여겨진다.

이 모델에서 타인은 적이 아니다. 이들은 당신이나 나와 매우 비슷한 사람들이다. 우리는 같은 목표를 공유한다.

간주

나는 1978년 6월에 대학을 졸업하고 한 달 후 첫 직장에서 일을 시작했다. 나는 대학을 다녔던 헨트에 남았지만 동기들은 대부분 고향으로 돌아갔다. 참 외로운 여름이었다. 전화 통화를 하려면 공중전화 부스까지 가야 했다. 텔레비전도 없이 오직 신문을 통해서만 소식을 접했다. 인터넷은 커녕 개인 컴퓨터도 존재하지 않았다.

30년 후, 나는 심리학과 2학년 학생들에게 첫 강의를 하고 있었다. 쉬는 시간에 아들에게서 문자 한 통을 받았다. "아빠, 말을 너무 빨리하고 있어. 친구들이 좀 천천히 해달래!!!" 아들은 방학을 마치고 돌아오는 길이었지만 이 아이는 어디에 있든 모두와 연락할 수 있다. 신문을 읽지는 않지만 자기 부모보다 더 많은 정보를 가지고 있다. 다시 수업을 시작하면서는 나는 말하는 속도를 늦췄다. 그리고 그날 오후, 아들에게서 수업 후반부에는 학생들이 훨씬 잘 알아들었다는 내용의 이메일을 받았다. 말미에 내일모레 밀린 빨래를 들고 와도 되겠냐는 추신이 덧붙어 있었다.

이 30년 동안 우리는 새로운 시대를 맞이했다.

우리 종족의 진화 과정은 크게 세 시기로 나눌 수 있

다. 처음에 우리는 유목민이었다. '수렵과 채집'을 하며 좋은 날씨와 먹을거리를 찾아 이동했다. 이 시절 인구는 많지 않았지만, 고고학자들이 찾은 유물로 보건대 무리 간 교류는 활발했다.

이후 우리는 정착해 농사를 지으며 재산을 축적해나갔다. 우리가 정착한 지역들은 도시로 변했고 그리 오래되지 않은 시기에 산업이 발전했다. 이 무렵 전 세계적으로 가부장제로 요약될 만한 사회적 구조가 생겨났다. 그것은 높고 두꺼운 성벽과 깊은 해자가 둘러싸고 있는 피라미드 구조물이라고 생각하면 된다.

지금 우리는 새로운 형태의 유목민이 되어가고 있다. 우리는 집을 나가지 않고서도 끊임없이 돌아다니고 있다. 정주하는 생활양식을 바탕으로 하는 가부장제의 시대는 저물고 있고, 디지털 시대가 시작되고 있다. 우리는 인터넷으로 이곳저곳을 돌아다니고 소통의 가능성은 어지러울 정도로 늘어났다. 수직적 피라미드가 수평적 네트워크에 밀려난 것이다.

피라미드와 네트워크를 비교하면 두 시대가 얼마나 근본적으로 다른지 실감할 수 있다. 네트워크는 깊이와 높이가 없는 넓고 평평한 표면이다. 파 내려가거나 위로 힘겹게 올라가기보다 앞뒤 좌우, 측면으로 이동하며, 꼭대기 자리보다는 연결 지점(node)들을 잇는 것이고, 가만히 있기보다 늘 움직이는 것이며, 닫혀 있기보다는 열려 있고, 불투명한 것보다는 투명한 것이다.

(가부장적) 권위는 그 근원이 붕괴하면 없어진다고 했던 한나 아렌트의 말은 정확했다. 그녀가 내다보지 못했던 것은 그 붕괴의 원인이 본질적으로 기술적인 것일 수 있다는 점이다. 디지털 네트워크는 필히 피라미드식 조직에 결정타를 날린다.

가끔 우리는 '신인류'에 대한 이야기를 듣는다. 그러나 아무리 새롭다 한들, 원시 시대의 수렵·채집인 조상부터 오늘날 '디지털 원주민'에 이르기까지 공통적으로 즐기는 행위가 하나 있다. 바로 남에 대해 이야기하는 것이다. 뒷말, 수다, 충고, 칭찬, 비판, 뭐든 가능하다. 이러한 상호작용이 끼치는 영향을 우리는 잘 알고 있다. 주변 사람에게서 평판이 나쁜 사람은 그것에 대해선 그냥 포기하는 편이 낫다. 믿음직한 사람임을 보여주는 사람은 다른 사람에게서 신임을 얻는다.

집단에서 배제되고 싶어 하는 사람은 없다. 모든 구성원들로부터 좋은 평판을 유지하고 싶어 한다. 좋은 평을 얻을 수 있는 방법은 두 가지다. 첫 번째 방법은 집단의 기대치에 최대한 자신을 맞추는 것이다. 집단에 의해 가해지는 압력과 이와 관련된 사회적 통제력은 엄청나다.(비주류 의견을 옹호했을 때 어떤 일이 일어나는지 지켜보면 알 수 있다.) 두 번째 방법은 자신의 평판에 해를 끼칠 만한 것들은 모두 숨기는 것이다. 하지만 이 은폐 사실이 공동체에 발각되어도 화를 면치 못한다. 공개 망신을 당하고 심하면 이사를 해야 할 수도 있다.

흠집 없는 이미지를 유지하는 것은 권위자에게는 죽느냐 사느냐의 문제만큼 중요하다. 침묵이 가부장제와 피라미드식 권위의 전형적인 특징인 이유가 바로 이것이다. 어떤 경우에도 입을 다무는 것(Omertà)과 충성심 간의 차이는 미미하며 이 둘이 만들어내는 효과도 같다. 반면 이를 통한 사회 통제는 더 이상 불가능해졌다.

만약 반세기 전이었더라면, 국제통화기금(IMF) 총재를 지낸 프랑스 정치인 도미니크 스트로스칸(Dominique Strauss-Kahn)은 호텔 객실 청소부가 강간미수라고 주장했던 그 '부적절한' 관계를 인정하고도 프랑스 대통령이 됐을 것이다. 그러나 지금 그의 커리어는 회복 불가하게 무너졌다. 현대 사회에서는 인터넷이 지배하는 사회 통제가 새로운 권위로 작동하고 있다. 단 한 번의 클릭으로 사람을 배제할 수 있으며, 이사를 가는 것도 더 이상 벗어나는 방법이 되지 못한다.

우리는 여전히 이 새로운 상황에 대처하는 법을 배울 필요가 있다. 디지털 원주민이라고 불리는 우리가 실은 '디지털 신생아'에 더 가까운지도 모르겠다. 그러나 우리가 빠른 속도로 배우고 있는 것만큼은 분명하다.

5

여성의 시대

『우리는 어떻게 괴물이 되어가는가』에서 나는 지난 25년간 이어진 '탐욕은 좋은 것(greed is good)'이란 이데올로기가 우리의 관계들에 어떤 영향을 미쳤는지 알아봤다. 그때 내가 말하지 않은 것은 이 이데올로기가 가부장적이고 남근적인 권위의 한 형태라는 사실이다. 아마 몇몇 독자는 프로이트를 연상시키는 '남근(phallic)'이라는 단어를 수상쩍게 여길지도 모르겠다. 장황한 설명 대신 남성성에 대한 사회적 통념 하나를 들어본다. '모든 남자는 가장 큰 것을 원하고, 이 때문에 서열이 생긴다.'

"남자들이 쳐다보면 얼굴이 붉어져서 고개를 떨구고 눈을 맞추기 부끄러워하던 여자들은 다 어디 갔는가?" 2014년 라마단 종료제 연설에서 터키 부총리 뷜렌트 아른츠(Bülent Arinç)가 했던 말이다. 그는 '사회의 도덕적 쇠퇴'를 한탄했다. 그러자 터키 여성들은 인터넷에 박장대소하는 자신의 사진을 올리며 응수했다. 앞서 벌거벗은 임금님 이야기를 한 바 있다. 현실에서 위험을 무릅쓰고 임금님의 실체를 폭로하는 어린아이의 역할은 대부분 여성이 하고 있다.

가부장제의 역사는 여성을 성적으로, 학문적으로, 정치적으로, 경제적으로 억압한 역사이기도 하다. 중세 마녀사냥과 19세기 여성 히스테리 환자에 대한 억압 사이에는 일관된 흐름이 존재한다.[1] 아주 최근까지도, 정신과 병동 환자 대부분은 사회 하층계급이거나 여성이었다. 이 두 집단이 피라미드 최하층에 속해 있는 것은 우연이 아니다. 아프도록 아름다운 책 『미치고 나쁘고 슬픈: 여성과 정신병 의사의 역사(*Mad, Bad, and Sad: a history of women and the mind doctors*)』에서 리사 아피냐네시(Lisa Appignanesi)는, 정신의학의 역사를 가리켜 여성 환자 위에 군림하고 적대하면서 일한 남성 정신과 의사의 역사라고 표현했다. 이러한 역사가 다 지난 일이라는 생각이 든다면 우리 시대에 벌어진 이야기를 들려주고 싶다. 러시아 여성들이 결성한 '푸시 라이엇(Pussy Riot)'은 장난기 가득한 저항 행위를 벌이며 블라디미르 푸틴에 공개적으로 항의했다. 그 대가로 이들 중 세 젊은 여성은 정치범 수용소에 갇혔을 뿐 아니라 "복합적 성격장애" 진단을 받았다. 법률 보고서의 설명에 따르면, 이 병은 "'인생에 대한 적극적 태도', '자아실현에 대한 욕망', '고집스러운 자기주장', '과한 자신감', '반항적 행동', '시위하는 경향' 등이 복합적으로 결합된 상태"[2]를 의미했다.

수평적 집단을 통한 해방과 각성

여성해방은 여러 요인이 복합적으로 작용할 때 성공할 수 있다. 선구자 역할을 한 용감한 여성들, 과학기술의 발달로 개발된 피임약, 가부장적 종교의 쇠락, 균등한 교육 기회가 보장하는 더 나은 일자리 등이 모든 종류의 집단과 조직을 각성시켰고, 지금껏 당연하게 여겨지던 여성의 역할(그리고 남성의 역할)은 한낱 역할에 지나지 않으며 인류의 절반을 과도하게 차별하는 사회 시스템에 복무해왔다는 사실을 깨닫게 되었다.

성역할이 사회적으로 구성된다는 주장은, 인간의 정체성이 동일시를 통한 사회적 관계들의 총체라는 내 견해와 일치한다. 가부장제가 지배적 위치에 있는 동안 이 사회적 관계들은 당연하게 여겨졌다. 성역할은 '인간 본성'에서 비롯되거나(사회진화론에 의하면, 여성은 남성보다 약하고 덜 똑똑하다.) 신에 의해 결정된다고(창조론에 의하면 여자는 원죄의 근원이다.) 믿어졌다. 이는 반박할 수 없는 현실이었으며, 반대하는 사람은 '비정상적'이고 정신이 나간 이단자 취급을 받았다. 그러나 지난 몇십 년 동안 빠르게 이뤄진 성역할의 변화는 다른 이야기를 들려준다. 성역할이 기존 사회질서와 권위에 의해 강요된 것임을 깨달은 순간, 새로운 해석의 길이 열렸다.

새로운 해석이 받아들여지는 과정은 새로운 권위가 작동하는 방식을 보여준다. 잘못된 옛 방식은 아무리 좋은 의도일지라도 여성들에게 해방을 강요하려는 시혜적인 태도를 취하며 여전히 계속

되고 있다. 여성들은 반드시 남녀공학을 다녀야 하고, 히잡과 차도르는 겨우 허용되거나 아예 법으로 금지된다. 그 결과 몇몇 여성은 히잡이나 차도르를 쓸 수 있는 권리를 요구하며 교육을 거부하고 있다. 이와 관련한 참혹한 사례 중 하나는 20세기 영국 식민 정부가 수단에서 여성 할례 금지법을 강제로 시행했던 것이다. 수단 여성들은 영국의 식민 통치를 거부하며 오히려 더 많이 할례를 받았다. 여성 할례가 사라지기 시작한 것은 100여 년 후 소말리아 여성민주주의기구(Somali Women's Democratic Organisation) 같은 여성 단체들이 여성할례 폐지운동을 벌이면서부터다. 이제 여성들은 스스로 결정한다. 그녀들의 태도는 완전히 바뀌었다.[3]

강요된 해방은 '뭐가 제일 좋은 방법인지 우리는 알고 있고, 다른 사람들은 다 멍청하거나 미성숙하다'고 말하는 가부장제의 잔재다. 아직도 가장 근본적인 권위는 가부장적이며, 분명히 진보했음에도 현실은 크게 달라지지 않았다. 한편 아래에서부터 시작되는 해방은 비슷한 사람들끼리(이 경우에는 여성들끼리) 서로를 비춰줄 거울을 들고 있을 때 작동한다. 그녀들의 권위는 '아버지가 제일 잘 알아.' 모델을 근거로 하지 않으며, 수평적 집단을 토대로 작동한다. 이는 2세대 페미니즘이 실현될 수 있었던 이유이기도 하다. 1960년대에서 1980년대 사이 여성들은 지역별로 모여 자신들에게 중요한 것들과 바뀌었으면 하는 것들을 주제로 이야기 나눴다. "개인적인 것이 정치적인 것이다.(the personal is political.)"라는 말이 나온 것도 이

무렵이다.✿

　이런 집단들은 수평적으로 작동하며 강력한 영향력을 만들어 냈다. 여성은 다른 여성을 보며 자신에게 부여된 정체성을 깨달았다. 성역할에 대한 새로운 해석을 찾아 나섰고, 새로운 해석을 찾은 후에는 다른 여성에게 전파했다. 이때 새로운 해석의 방향은 무궁무진하다. 하향식으로 강요된 지배적 정체성에서 벗어나는 순간 다양한 가능성의 문이 열리기 때문이다. 다시 말해 이것은 획일화에 대한 거부이다. 여성이 해방될 수 있는 방법은 여러 가지이지만 그 중 대표적인 것은 바로 교육이다.

교육 격차

20세기 중엽만 해도 여성들은 교육에 관해 이중 차별을 당했다. 오랫동안 고등교육은 상류층과 남성만을 위한 것이었다. 제2차 세계대전 후로는 상황이 빠르게 바뀌어 모든 아이가 학교를 다닐 수 있게 되었다. 하지만 이때 '모든 아이'는 주로 남자아이를 가리켰고 여자아이는 '집안일'을 배우는 것으로 만족해야 했다. 몇몇 여자아이들은 교사의 길을 걸었지만 결혼하지 않는다는 전제하에 가능한

✿ '시민사회(시민과 정부 사이에 자리하는 사회 영역)'가 새 추동력을 얻기 시작한 것도 이 무렵이었다. 규모가 작은 단체들이 점차 전통에서 해방되어 자신들만의 해석을 만들기 시작했다. 이 과정은 오늘날에도 재현되고 있다.

일이었다. 다른 선택지는 간호사가 되는 것이었으나 그 역시 수간호사 밑에서만 일해야 했다. 세 번째 선택지는 승무원이었다. 일면 화려해 보이지만 실은 뼛속까지 성차별적인 직업이다. 외모로 평가받으며 그마저도 일정 나이가 지나면 일을 할 수 없게 된다.[4]

20세기의 마지막 25년 동안, 중등교육과 고등교육을 받은 여성 인구가 해마다 늘면서 남녀 간 교육 격차를 줄였다. 내가 몸담고 있는 헨트 대학교에서는 신입생 남녀 성비가 동률을 이룬 1995년이 중요한 분기점이었다.[5] 이후 학교는 첫 여성 총장을 임명했다.

현재 고등교육을 받는 여학생과 남학생의 비율은 3 대 2다. 유럽에서는 남성보다 평균 10퍼센트 더 많은 여성이 학사 학위를 취득했다. 노르웨이에서는 18퍼센트 더 많아 유럽에서 가장 차이가 컸다. 현재 학생들의 성비를 생각한다면, 이 차이는 앞으로 더 벌어질 수밖에 없다. 2000년 학사 학위가 있는 사람 중 50.1퍼센트가 여자였으며, 네덜란드에서는 그 비율이 54.8퍼센트였다. 시간이 지나 2009년, 벨기에에서는 거의 55퍼센트, 네덜란드에서는 56.5퍼센트가 되었다.[6] 게다가 이제는 여학생들의 '경제적 수익'도 비교적 더 높다.(보통 여학생들이 학업을 더 빨리 끝내고 더 좋은 성적을 받으니까.) 아직 남성들이 (수적으로) 더 우세한 학문 분야는 공학이 유일하다.(남성 5명당 여성 1명) 교육 격차는 좁혀지지 않았다. 오히려 다시 커졌지만 그 방향이 뒤집혔다. 갈수록 많은 남학생이 학위 취득에 실패하고 있다. 잘 배운 남자(변호사, 의사, 엔지니어)가 덜 배운 여자(비서, 간호사, 교사)와 결혼한다는 전통적인 관념도 바뀌기 시작했다.

이러한 역전 현상은 이미 10년 전에 그 경향이 시작되었던 미국에서 특히 뚜렷하다. 20세기에 2세대 페미니즘이 여성해방 운동을 벌일 무렵, 미국 대학은 여성이 고등교육에 더 쉽게 접근할 수 있도록 입학 정책을 바꿨다. 요즘 들어 다시 입학 요건을 완화하는 추세인데, 이번에는 남학생을 위한 것이라고 한다. 남학생의 입학 비율이 급격히 감소했기 때문이다. 이런 정책 변화는 정치적으로 민감한 사안이란 이유로 대부분 비밀리에 이뤄졌다.[7]

교육 격차는 서양 사회 전반에 흔히 나타나는 현상이자 남자아이들이 갈수록 학교 공부를 따라오지 못하는 현상 때문에 벌어지고 있다. 남자아이들은 여자아이들보다 더 많이 학습 '장애'와 주의력 결핍 문제를 겪으며 더 많이 '동기부여'를 필요로 한다. 어린 여동생을 학교로 안전하게 데려다주는 의젓한 오빠의 이미지는 여전히 벨기에 학교 앞 어린이 보호구역 표지판에 그려져 있지만, 시대에 뒤떨어진 것이 되었다. 이제는 딸들이 그 롤모델의 역할을 맡고있으며, 아들들은 엄마 속을 썩이는 역할이다. 존 팬트(John Fante)의 소설 『마이 도그 스튜피드(My Dog Stupid)』에 나오는 교사는 에세이를 표절한 남학생에게 F 학점을 주지만, 그 학생 어머니에게는 따로 편지를 써서 자신이 읽어본 글 중 최고였다는 찬사를 전한다. 아들의 숙제를 대신해주는 어머니들이 생각보다 많은 것이다.

남자아이들이 여자아이들보다 성적이 좋지 못한 원인은 확실치 않다. 고등교육을 받는 남학생의 경우, 여학생과 비교해 비디오 게임을 하고, 파티를 다니고, 섹스할 상대를 쫓아다니는 데 더 많은 시간을 쓴다. 그러나 이것만으로는 충분히 설명되지 않다. 남학생들은 훨씬 이전부터 뒤처지고 있기 때문이다. 지금껏 어느 누구도 이 현상을 제대로 설명하지 못했다.[8]

고등교육에서 수적 우위를 점한 여성들은 점점 더 높은 자리에 입성하고 있다. 물론 이런 발전은 예상보다 느린 속도로 진행되고 있다. 꼭대기에 오른 여성들을 향한 저항은 여전히 강력하며, 전통적 남성성의 보루라 할 수 있는 정치 같은 분야에서는 성비를 맞추기 위해 여성 할당제를 도입해야 한다. 게다가 아직도 여성은 남성과 똑같이 일해도 더 적은 보수를 받는다.

더딘 진전은 그만큼 가부장제가 공고하다는 증거라고 말할 수도 있다. 깨부술 수 없는 '유리 천장'과 위로 올라가려는 여성을 가로막는 '동창 인맥(old boys' network)'이 존재하기도 한다. 그러나 그 동창들은 이제 다 늙어 힘을 잃고 있다. 지난 50년 동안 고학력 여성과 고위직에 오른 여성 인구는 그 이전 2500년 동안의 고학력·고위직 여성을 모두 합친 것보다 더 많으며 그 수는 계속 늘어나고 있다. 25년쯤 후에는 사다리 꼭대기에 오른 남자들이 보호가 필요한 희귀종이 되어버릴지도 모를 일이다.

교육 격차는 소득 격차와 밀접한 관계가 있으며, 나아가 취업률 격차와도 점차 연관되고 있다. 저숙련 노동자 대다수를 차지한 남성들은 요즘과 같은 지식 기반 경제에서 점점 일자리를 구하기 힘들어질 것이다. 저소득층 그리고 이제는 중산층까지, (대부분 자신의 파트너보다 돈을 더 잘 버는) 여성들은 집안을 먹여 살리는 주된, 또는 유일한 생계부양자가 된다. 이는 전통적인 성역할의 역전이라고 할 수 있는데, 이런 변화가 현대 가족 형태에 미친 영향은 사회계층을 가르는 경계선을 따라 극명하게 갈린다.

사회 최하층에 속한 일하지 않는 남성들은 전통적 성역할에 집착하는 경향을 보이는 반면, 생계부양자를 자처한 여성들은 아이의 아버지가 가정의 우두머리 역할을 하는 것을 용납하지 않는다. 미혼모 인구는 계속해서 증가하고 있다. 그 이유는 아이 아버지가 자기 역할을 절대 받아들이지 않았거나, 아이 어머니가 그 남자를 자신의 배우자이자 아이의 아버지로 인정하지 않았기 때문이다. 이 미혼모 집단을 놓고 보면, 결혼을 선택하는 여성은 점점 줄어들고 있다. 2011년 미국에서는 신생아 인구 절반이 30세 미만의 미혼모가 출산한 아이였다. 이 여성들은 자신의 삶을 주도적으로 꾸려나가기를 원하며, 대체로 남자에게 의존하지 않고 다른 여성들과의 네트워크를 통해 서로를 돕는다. 이들은 사랑과 섹스를 냉소적으로 바라본다. 이러한 경향은 유럽에서도 찾아볼 수 있다. 아이 3명 중 1명이 미혼모에게서 태어나고, 7명 중 1명이 한부모 가정에서 태어나며 앞으로 그 숫자는 더욱 늘어날 것이다. 네덜란드는 2030년이 되면 전체 가정의 22퍼센트가 한부모 가정일 것으로 추산한다.[9]

대조적으로, 고등교육을 받은 사람들 사이에서는 혼인율이 다시 상승하고 있다. '히피' 세대 이후로 이들에게 혼인은 일종의 금기였는데, 이번에 다시 유행을 타기 시작한 결혼은 과거와는 조금 다르게 해석된다. 일단 두 배우자 모두 고등교육을 받았지만, 여성이 자기보다 교육 수준이 낮은 남성과 결혼하는 비율이 점점 높아지고 있다. 이상적으로는 둘 다 수입이 높은 직업을 갖고 있으며 가사는 공동으로 부담한다. 이것이 '이상적인' 이유는, 실제로 육아의 책임은 여전히 여성/어머니에게 지워진다는 사실이다. 미국에서 발표된 통계에 따르면 이런 차별은 사라지고 있으며, 유럽도 그와 같은 경향을 보이고 있다. 그러나 더 정확히는 '대체'라고 할 수 있다. 가사노동은 여전히 보수가 낮은 일이고 이제는 여성 이민자들이 그 일을 도맡고 있기 때문이다.

고등교육을 받은 계층의 혼인율이 증가하긴 했지만, 이들 중 비혼을 의식적으로 선택하는 사람 또한 급격히 많아졌다. 우리의 사랑 관계에 무언가 변화가 일어나고 있는 것이 틀림없다.

당신 없이도 할 수 있어

현재 이혼율로 보건대, 결혼 관계를 지속하는 것이 예전보다 훨씬 더 희귀한 일이 되었다. 여러 잡지는 과학자의 말을 인용해 그 원인을 분석하는 기사를 몇 주마다 내보낸다. 임상심리학자들은 요즘 젊은이들이 애착 관계를 유지하기 어려워하는 것은 베이비부머 세대인 부모가 관계에 실패하는 모습을 너무 많이 보았기 때문이라고 주장한다. 그런가 하면 진화심리학자들은 남자는 화성, 여자는 금성에서 왔으니 '둘이 절대 합쳐질 수 없다'고 주장한다. 이 말에도 어느 정도 진실이 있을 테지만, 이혼율이 상승한 가장 명백한 이유는 그리 복잡하지 않으며 지난 50년간 사회에서 일어난 변화와 관련이 있다. 즉 고등교육을 받은 여성의 증가와 그에 따른 여성의 경제적 독립, 확실한 피임법의 보급 같은 요인들이 작용해 남녀 사이의 권력관계를 근본적으로 바꿔놓았다. 우리는 이 발전상을 몇십년 전 흥행한 영화와 최근 박스오피스 경향을 비교해보면서 확인할수 있다.

'로맨틱' 하면 떠오르는 이미지는 곤경에 처한 공주님을 구하는 백마 탄 왕자님이다. 1980년대부터는 이 고전적 이미지에 에로티시즘이 듬뿍 첨가되어, 여자와 자려고 하는 남자와 성공을 위해 자신의 성적 매력을 이용하는 여자라는 또 다른 클리셰가 만들어졌다. 영화 「사관과 신사(An Officer And A Gentleman)」의 도입부에 등장하는 해군항공사관학교의 신입 생도들은 마을 처녀들을 조심하라는 경고를 받는다. 그녀들의 꿈은 해군 전투기 조종사의 아내가 되는 것이며 결혼만 할 수 있으면 그들의 애까지 배려고 할 테니 조심하라는 것이다. 반면 **진짜** 사나이는 힘든 일을 헤치고 출세한다. 거친 삶을 살아온 남자 주인공 잭 메이오가 장교 훈련 과정에 들어가기 앞서 (자기 출신을 배신하며) 문신을 감추는 것은 아버지와의 관계를 단절하겠다는 의지를 상징한다. 로맨틱한 엔딩 장면에서는 「저 높은 곳으로(Up Where We Belong)」라는 노래가 배경에 흐르고, 새하얀 해군 제복을 입은 잭 메이오가 여자 주인공이 일하는 공장을 가로질러 그의 공주인 그녀를 고된 삶에서 구출해낸다. 그는 진정한 '사관과 신사'이다. 당시 이 영화를 보고 눈물을 흘리지 않은 사람이 없었다. 이 영화는 「이티(E.T.)」, 「투씨(Tootsie)」와 함께 그해 박스오피스 히트작이었다.(1982년은 사관과 외계인과 크로스드레서의 해였던 셈이다.)

8년 후, 잭 메이오를 연기했던 리처드 기어는 「귀여운 여인(Pretty Woman)」에서 피곤에 지친 사업가 에드워드 루이스 역을 맡았다. 영화 초입에 루이스는 길을 잃고 비비언 워드에게 길을 묻는다. 우연히도 그 여자는 알고 보니 성매매 여성이다.(물론 그녀에게는 대학 등록금을 내기 위해 잠시 이 일을 한다는 부끄럽지 않은 이유가 있다.) 루이스는 비비언을 하룻밤 고용하고, 나중에는 일주일을 통째로 고용한다. 그러면서 그녀가 각선미뿐 아니라 내면적 아름다움까지 지녔음을 깨닫는다. 뻔한 오해로 그녀와 헤어지게 되지만, 결국 마지막에 가서는 한 손에 장미 다발을 든 채 고소공포증을 이겨내고 비상 탈출구를 올라가, 그녀의 창문 밖에 도착한다. 거기서 그는 그녀에게 청혼을 한다. 영화 초반에 비비언은 원하는 바를 명백하게 이야기했다. "나는 동화 같은 이야기를 원해요."

이 영화가 나오기 7년 전, 전혀 다른 메시지를 전하는 영국 영화가 개봉했다. 「리타 길들이기(Educating Rita)」는 미용사인 여자 주인공과 그녀의 남편 그리고 그녀의 부모님이 허름한 펍에서 술을 마시며 노래를 부르는 장면을 보여준다. 이들은 딱 봐도 영국 노동자계층이다. 그런데 리타의 어머니는 울고 있다.("어머니, 왜 울고 계세요?" "왜냐면, 왜냐면, 분명 이것보다 더 좋은 노래가 있을 테니까.") 리타는 여태 아이를 갖지 않았다고 비난을 듣고 남편 데니는 이를 자신에 대한 모욕으로 받아들인다. 사실 리타에게는 다른 계획이 있다. 그녀는 더 좋은 노래를 부르고 싶어서, 방송 대학에 등록한다. 지도 교수인 브라이언트 박사를 만났을 때, 그녀의 인생은 뒤바뀐다. 그러면서도 남자 주인공이 구원의 천사로 드러나지 않는다는 놀라운 점에 주목할 만하다. 여자 주인공은 더 배우기 위해 스스로 행동하는 사람이며, 그녀가 만난 남자는 용맹한 기사가 아니라 찌들대로 찌든 알코올중독자 학자이다. 그의 냉소주의에 대한 리타의 반응은 새로운 세대 여성들의 반응이라고 할 수 있다.

이봐, 당신이 못 견뎌하는 게 뭔지 알려줄게. 자기 연민에 빠진 주정뱅이 양반아. 당신이 눈뜨고 못 견디겠는 건 내가 이제는 배운 사람이라는 거야. 당신이 갖고 있는 걸 나도 갖고 있고, 당신은 그게 싫은 거야. 세상에, 나는 이제 당신이 필요 없어. 난 이제 방에 책이 한가득 있다고! 어떤 와인이 좋은 건지, 어떤 옷을 입어야 하는지, 무슨 연극을 보러 가야 할지, 어떤 연구와 책 들을 읽어야 하는지 다 안다고. 당신 없이도 할 수 있어.

「리타 길들이기」는 1980년대에 나온 여성해방 이야기로서 확실히 시대를 앞섰다고 말할 수 있다. "당신 없이도 할 수 있어."라는 말은 전통적인 남녀 관계를 완전히 탈피한 여자 주인공이 이끌어가는 최근 블록버스터 영화의 기본 원리와도 같다. 베아트릭스 '더 브라이드' 키도(「킬 빌(Kill Bill)」의 우마 서먼이 맡은 캐릭터)는 자신의 고용주이자 전 애인이며 자기 배 속에 있는 아이의 아빠인 빌을 떠난다. 그는 복수심에 그녀를 죽이려고 한다. 그러나 그녀는 숱한 암살 시도를 이겨내고 살아남아 결국엔 제 아이의 아버지를 죽인다. 「밀레니엄: 여자를 증오한 남자들(The Girl with the Dragon Tattoo)」의 리스베트 살란데르는 자신의 아버지에게 복수하고, 나아가 자신을 괴롭혔던 주변 남자들에게도 복수한다. 또 남자 주인공이 오랫동안 여자들을 강간하고 살인한 악당에 희생당할 위기에 처하자 그를 구해준다. 「헝거 게임(The Hunger Games)」에서 제니퍼 로런스가 맡은 캣니스 에버딘은 정부가 주최하는 '게임'에 참여하기로 결정한 젊은 여성이다. 이 게임에 참가한 열두 명의 젊은이들은 서로를 죽여야만 살아남을 수 있다. 캣니스는 자신과 맞붙은 모든 상대를 죽이고 이뿐 아니라 남자 전우의 목숨을 구한다. 그 남자는 그녀를 사랑하게 되지만 그녀는 그 마음을 받아주지 않는다.

우리는 19세기 문학을 대표하는 두 여성 인물, 실패한 로맨스에서 벗어나기 위해 자살을 선택할 수밖에 없었던 안나 카레니나(레프 톨스토이(Lev Nikolaevich Tolstoi) 작)와 보바리 부인(귀스타브 플로베르(Gustave Flaubert) 작)이 살던 세상과는 전혀 다른 세상을 살고 있다. 그러나 이들이 세상에 나오기 400년 전, 이미 세르반테스(Miguel de Cervantes Saavedra)는 『돈키호테』에서 로맨티시즘의 환상을 깼다. 기사 돈키호테는 자신이 사랑하는 공주 둘시네아의 마음을 얻으려 용과 싸운다. 그러나 용은 풍차로 밝혀지고 둘시네아는 평범한 농부의 딸이었으며, 돈키호테 또한 한낱 방랑 기사일 뿐이다.

오늘날 기사들은 정처없이 떠도는 데다가 겁에 질려 있다.

누가 버지니아 울프를 두려워하랴

진화심리학은 대중에게 다음과 같은 믿음을 심었다. 남성은 본질적으로 과도하게 경쟁적이고 폭력적이며, 자신의 유전자(씨앗)를 퍼트리려 다른 남성들과 싸운다는 이야기다. 요즘 시대에는 초원이 아니라 주식시장에서 싸우지만 별반 다를 건 없다. 반면 여성은 비교적 더 내향적이고 덜 공격적이며, 싸우기보다 협의하고 회유하기를 선호한다. 예전보다 많은 여성이 지도자의 자리에 올랐으니 더 나은 사회로 진화해갈 것이라는 희망이 있다는 것이다.

나도 그러기를 희망한다. 그러나 정말 사회가 더 나은 방향으로 발전한다면, 그 원인이 소위 말하는 여성적 부드러움은 아닐 것이다. 미국에서는 여성 청소년이 저지르는 폭력 범죄율이 급격히 올랐다.(물론 여전히 남성 청소년에 의한 범죄율이 훨씬 더 높다.) 동시에 여성에게 **가해진** 폭력이 감소하고, 여성이 **가한** 가정폭력이 증가했다. 그러니 여성이 이끄는 온화한 사회에 대한 장밋빛 전망을 잠시 보류할 필요가 있다. 여성도 폭력적일 수 있다. 사회심리학 실험에 따르면, 여성은 '부드럽고' '타협적'이라는 사회적 기대가 사라졌을 때 비로소 여성의 폭력성이 드러난다.[10]

여성의 정체성이 바뀌면 남성의 정체성도 뒤따라 바뀌어야 한다. 그 둘이 서로에게 영향을 미치기 때문이다. 여성이 대부분 전업주부이던 때에는 남편은 대부분 집 밖에서 일했지만, 여성도 일하러 나가기 시작하면서 이 관계에 변화가 생겼다. 가부장제의 종말은 남성이 특권적 지위를 잃었으며 이제 자신의 역할에 대한 새로운 해석을 찾아야 한다는 것을 뜻한다. 남성들의 이 상실은 두려움을 초래하고, '투쟁 혹은 도피'라는 예상 가능한 반응을 일으킨다.

오늘날 남성은 여성보다 사춘기를 더 오래 겪는다는 인식이 있다. 예전에 비해 늦게 독립(학업이나 훈련을 마치고, 부모 집에서 나오고, 스스로 돈을 벌고, 안정적인 직업을 갖는 것)할 뿐 아니라, 또래 여성에 비해서도 독립이 늦다. 남성이 상대 여성에 비해 깊은 애착을 더 두려워한다는 것은, 많은 여자들이 그렇게 믿고 있긴 하지만 여전히 확실하지 않다. 남자들이 싱글을 택하는 이유는 얼마든지 있을 수 있다. 섹스 파트너가 충분하기 때문일 수도 있고, 여자들이 두려워서

일 수도 있다. 일본에서는 후자의 집단에 '초식남(草食男)'이라는 이름을 붙이기까지 했다. 초식남은 감히 여자와 관계를 시작하려고 하지 않는다. 남성 청소년의 3분의 1, 미혼 성인 남성의 3분의 2 정도가 초식남으로 추정된다.[11]

과히 가부장적인 빅토리아시대를 살았던 프로이트는, 남성 내면에서 상충하는 성욕과 두려움을 해결할 방안으로 지극히 그 시대다운 답변을 내놓았다. 다정한 애정 관계는 점잖은 아내와, 공격적인 섹스는 하찮은 성매매 여성과 하면 된다는 것이었다. 인터넷이 이런 이분법에 새로운 형태를 부여했다. 어떤 커플들은 이메일, 문자, 채팅, 또는 웹캠 같은 가상의 세계에서 은밀한 관계를 맺지만 현실 세계에서는 만남을 꺼린다. 반대편 극단에는 '훅업(hook up)' 문화가 존재한다. 아무런 감정적 교류 없이 섹스만 즐긴다는 점에서 (굳이 하룻밤을 같이 보낼 필요 없는) '원나잇'의 새로운 형태라 할 수 있다. 이런 문화는 미국 대학가에서 시작됐는데, 학생들은(대부분 남학생이었으나 점점 더 많은 여학생) 애정과 무관하게 쾌락을 위한 잠자리 상대를 찾아다닌다. 진지한 관계는 나중이고 경력 관리가 먼저다.[12]

여성을 향한 남성의 두려움은 오랜 주제다. 가부장제가 전성기를 보내고 있던 때에도 아마 그랬을 것이다. 정신분석학적으로는 이 현상을 두 가지로 설명할 수 있다. 첫 번째로, 아이들은 자기 어머니를 전능한 존재로 생각하며 이 전능함이 어머니에 대한 두려움을 불러일으키고 여성에 대한 두려움으로 확장된다는 것이다. 딸은 스스로 여성/어머니가 됨으로써 이 두려움에서 탈출할 수 있다. 반면 아들의 경우, 성인 남성이 되어 여성에게 성적으로 의존하게 되면서 이 두려움이 더 심해진다. 이런 맥락에서 보면 남자는 더 애원하는 위치에 있고, 그러므로 '여자가 원하는 것을 신은 원한다.(Ce que femme veut, Dieu le veut.)'라는 말이 있는 것이다.

두 번째 설명은 남성의 심리에 초점을 맞춘다. 서양 문화에서 섹슈얼리티는 수백 년 동안 심하게 억압받았고 악한 것, 부끄러운 것, 또는 위험한 것으로 비춰졌다. 주도권을 가진 성별(즉 남성)에게 자신의 욕구를 통제하는 가장 쉬운 방법은 여성을 억압하는 것이었다. 기독교적 표현으로는 하와에게 책임을 지우는 것이다. 여성은 원죄의 근원이 되고, 남성은 또한 여성의 섹슈얼리티를 억압해 여성들 스스로 자신의 섹슈얼리티를 공격하게 함으로써 자기 안의 성적 갈등을 회피할 수 있었고, 면죄부를 받을 수도 있었다. 섹슈얼리티와의 싸움은 사회적인 성격을 띠게 되었고, 여성에 대한 억압과 공격은 여성 교육 금지부터 '단정한' 복장 의무화까지 가부장제의 다양한 사회적 규칙들에 깊이 각인되어 있다.(교회 예배당, 유대교 회당, 이슬람 모스크에 여성을 구분하는 공간이 따로 있음은 물론이다.)

가부장제와 그것이 수반하는 남성 특권의 소멸은 여성에 대한 남성의 두려움과 공공연한 공격성의 이유를 밝혀줄 수도 있다. 여성 참정권 거부와 교육 기회 제한 등의 구조적 공격성은 이제 상당 부분 사라졌다.(여성 할례는 범죄가 되었고, '단정한' 복장 강요는 강하게 비난

받고 있으며, 여성에 대한 교육은 표준이 되었다.) 여성에게 가해지는 폭력은 일반적이기보다는 이례적인 일에 가까워지고 있기 때문에 과거보다 더 많은 주목을 받는다. 그러다 보니 예전보다 **더 많은** 공격이 일어난다는 인상을 주기도 한다.

어쩌면 공격성보다 두려움이 더 많아졌을지도 모른다. 이 맥락에서 두려움의 증가는 섹스와 밀접한 연관이 있다.

성과 권력

가부장적 권위는 섹슈얼리티를 억압한다. 섹스는 나쁘고, 비도덕적이고, 부끄러운 것이 된다. 남성의 성욕을 자극한다는 이유로 여성들을 억압하기도 한다. 가부장제는 이렇게 성역할을 배정함으로써 본의 아니게 여성에게 상당한 권력을 쥐여주었다. 이 권력은 팜므파탈뿐 아니라 '머리가 아파서 아무래도 오늘밤은 안 되겠어요.'라고 말하는 아내와 같이, 다양한 형태로 나타난다. 이 권력은 여성을 향한 남성의 공격성을 설명하는 또 다른 단서이다.

섹스는 무기다. 프랑스 영화 「소스: 아내들의 파업(La Source des femmes)」은 북아프리카의 이슬람 국가를 배경으로 어느 마을 여성들이 부당한 처지를 바꾸고자 자신들에게 주어진 가장 오래된 무기, 즉 '섹스'를 이용하는 이야기를 그린다. 간단히 말해 이 여자들은 마을 남자들이 합리적으로 행동할 때까지 섹스 파업에 돌입한다. 이 영화는 2500년 전 아리스토파네스(Aristophanes)가 쓴 희극을 현대적으로 재해석한 것이다. 「리시스트라타(Lysistrata)」에서 아테네 여자들은 남자들이 전쟁을 멈출 때까지 자신들의 성을 내어주지 않는다. 그러자 남자들은 금세 평화협정을 타결한다.

섹스가 무기란 생각은 여성해방과 피임약 덕분에 섹슈얼리티에 대한 우리의 태도가 완전히 바뀐 요즘에는 유효기간이 지났다. 여성들이 임신 걱정 없이 섹스를 즐길 수 있고, 그로 인해 섹스를 분명하게 욕망할 수 있었던 것*은 인류 역사를 통틀어 고작 지난 50여 년이 전부이다. 섹스와 임신의 연관성이 끊어지자 섹스, 나이, 성별의 연관성도 상당히 느슨해졌다. 이제 섹스란 생식 능력이 있는 나이에만 허락되는 것이 아니며, 사람들은 그 전부터 섹스를 경험해서 최대한 늦게까지 하려고 한다. 성애를 표현하는 것이 부부, 또는 비슷한 연령대의 남녀 사이에서만 허락되는 것도 아니다. 나이든 여자가 훨씬 어린 남자와 관계를 가지기도 하며 그 반대는 물론이다. 같은 성별 간 섹스도 더 이상 금기가 아니다. 남녀 모두 예전보다 더 많은 사람과 섹스를 한다. 그 결과, 섹스가 갖는 영향력 자체가 다소 줄어들었다. 이제는 여자가 먼저 섹스를 주도할 수 있고

✿ 피임약에는 덜 알려진 비밀이 있다. 드물지 않게 나타나는 부작용 중 하나가 성적 욕구의 감퇴다. 많은 여성이 복용하는 또 다른 약 항우울제는 이런 증상이 더 심하다. 결코 '하고 싶은 기분'이 나지 않는 이유가 약학적인 현실이 된 것이다. 하지만 걱정할 필요 없다. 의학계는 벌써 여성의 성적 욕구를 활발하게 하는 알약을 열심히 찾고 있다. 이제 곧 있으면 이 세 가지 약을 묶음판매로 구매할 수 있을 것이다.

이런 변화가 남자를 권력의 자리에 앉힐 수도 있다.

서구 사회는 섹스를 더는 두려움의 원천으로 대하지 않는 첫 여성 세대의 탄생을 목도하고 있다. 그 영향은 단연 두드러진다. 이 여성들은 직접 파트너를 찾아 나서고, 섹스할 때 적극적인 역할을 수행한다. 이런 상황에 어떻게 대처해야 할지 모르는 남자들이 많다는 사실은 그들이 가부장제의 이중 잣대(성경험이 많은 남자는 놀 줄 아는 인기남이지만 여자가 그러면 천박한 잡년(slut)이 된다.)를 여전히 붙들고 있다는 의미다. 인습에서 해방된 서구 남자들은 더 이상 그렇지 않다고 반박하는 사람이 있다면, 서니 베르흐만(Sunny Bergman)의 다큐멘터리 영화 「슬럿포비아(Sletvrees)」를 보라고 권하고 싶다.[13]

가부장적 권위가 사라지면서 섹스에 관해서만큼은 확실히 자유로워졌다. 그런데 어떤 사람들은 이러한 상태를 도덕적 재앙이라고 생각하며, 결혼한 3쌍 중 2쌍이 이혼하고 관계를 쌓아가기가 어려워진 현실의 원인이라고 여긴다. 그들은 그 원인은 다른 데 있다는 것을 깨닫지 못했다. 이를테면 강요된 개인화라거나, 우리와 우리 관계에 부과된 자유시장 원칙들이 그 원인일 수 있다. 우리는 결혼 시장의 원칙에 따라 이성 관계에 '투자'를 한다.('누가 가장 좋은 상품일까?') 많은 경우 상대를 고르는 일은 온라인에서 이뤄진다. 어쩌면 그곳에 우리가 원하는 높은 등급의 배우자 후보가 있을지도 모르므로 우리는 스와이프를 계속하며 상대를 고르지만 결국엔 혼자다. 짝을 고를 때에는 합리적 숙고가 아닌 직감에 따른다는 사실을 우리는 잊어버렸다. 「스타트렉(Star Trek)」에서 ("장수와 번영을."이라고 인사하는 벌컨족으로) 이성적인 존재의 원형이라 할 만한 캐릭터 스팍은 비혼에 아이 없는 삶을 선택했다.

비혼족이 늘어나는 또 다른 이유는 우리에게 강요된 자율성 때문이다. 모두가 '자신만의 것'을 해야 하는 세상이 되었다. 미국 사회학자 리처드 세넷(Richard Sennett)은 '개인'에 대한 만연한 강조와 개인 삶에 대한 심리학적 분석에 지나치게 초점이 맞춰진 나머지, 우리가 무엇보다 사회적 동물이란 사실을 망각하게 되었다고 지적한다. 살아가기 위해서는 타인과 부대껴야 한다는 사실을 아무도 인정하려 하지 않는다. 다들 자아를 찾는 여행을 떠나지만 아무도 만족스러운 답을 찾지 못한다. 질문 자체에 문제가 있기 때문이다. 개인 혼자서는 아무것도 아니다. 정체성은 다른 사람들과의 관계 속에서만 의미를 얻는다.

개인과 개인 심리에 지나치게 초점을 맞추는 것 외에도, 우리 사회는 지나치게 성에 집착하고 있다.(성은 팔리니까.) 세넷은 이 현상을 다음과 같이 간결하게 요약한다. "우리는 짜증날 만큼 끈질기게 성기를 통해 자아를 찾으려고 한다."[14] 불행히도 그 결과로 이전에 없던 불만족스러움이 생겨났다.

젠더

가부장제는 사람은 남자거나 여자라는 젠더 이분법에 기초한다. 이러한 이분법적인 구분(남자/여자, 자연/문화, 신체/정신)에는 눈에 띄는 특징이 하나 있다. 언제나 한쪽이 우월하면 한쪽은 열등하고, 한쪽이 지배적이면 한쪽은 수동적이라는 것이다. 입장이 역전되는 일은 가능하지만(과거와 달리 이제는 몸이 머리보다 더 중요해졌다. '모든 것'은 유전자에 의해 결정되며, 모든 심리학자는 서둘러 뇌과학에 뛰어들고 있다.), 이분법적 체계 자체는 변하지 않는다.

남자거나 여자거나, 오직 이성에게만 호감을 느껴야 했다. 얼마 전까지만 해도 동성애자들은 자신의 욕망을 숨겨야 했으며 종종 이성애 결혼을 하기도 했다. 벨기에 작가 에르빈 모르티르(Erwin Mortier)는 연극 「인간의 정념(Passions Humaines)」을 통해 19세기 말 소설가 조르주 에이크하우트(Georges Eekhoud)와 사회주의자 샌더 피에론(Sander Pierron)의 애정 관계를 그렸다. 유부남이었던 이 두 남성이 주고받은 편지는 1992년에야 발견됐다. 중세 시대에 동성애는 사형에 처해지는 중범죄였다. 네덜란드에서는 1803년까지 동성애 죄목으로 사형이 집행되었다.[15] 프랑스혁명 후로 동성애는 형사처벌 대상에서 제외되었으나 그 대신 정신질환으로 분류되었다. 세계보건기구(WHO)는 1990년이 되어서야 정신질환 목록에서 동성애를 삭제했다. 동성애자들은 이성애자만큼 (비)정상적이며 다양하다. 2001년 네덜란드에서 동성결혼이 처음 법적으로 허용된 후에 여러 국가에서 그 흐름을 따르고 있다.

'성(생물학적 사실)'과 '젠더(특정한 성별 집단에 속한다는 심리적 느낌)'와 '섹슈얼리티'를 구분 짓는 작업은 의문의 여지없이 자연스럽게 받아들여져 온 젠더 이분법을 재고하게 만들었다. 그 결과, 심리 성적 정체성과 성적 지향은 단순히 남자와 여자로만 구분되는 것이 아니라, 동성애자, 양성애자까지 아우르는 개념으로 확장되었다. 나중에는 트렌스젠더와 인터섹스도 포함되었다. 이렇게 섹슈얼리티의 범주가 넓어지면서 생겨난 주된 결과 중 하나는, 각각 다른 정체성들을 철저히 구분하던 경계선이 흐려졌다는 것이다.

이는 심리 성적 정체성이 생물학적으로 결정된다는 통념에 의문을 제기했다. 전통적 관점에 따르자면 여자들은 '일반적으로 여성스럽고(온화하고, 어머니 같고, 살짝 순진하고, 상대를 위로한다.)', 남자들은 '일반적으로 남성스럽다.(경쟁심 있고, 공격적이고, 위계질서를 따지고, 결과 중심적이다.)' 그러나 20세기 말 이뤄진 연구 결과를 통해 이런 남녀의 성향이 생물학적으로 결정되는 것이 아니라, 가부장적인 양육 환경과 문화의 영향에 의한 것일 수 있다는 주장이 설득력을 얻기 시작했다.

이 주장은 점차 사실에 가까워지고 있다. 지난 10년간 과학자들은 뇌과학의 발전을 토대로 남자와 여자의 신경학적 차이를 열심히 찾아내고 있다. 실제로도 남자와 여자의 뇌가 완전히 똑같지는 않다는 결과가 나왔다. 그러나 뇌의 구조적 특성과 젠더의 심리적

인 특성 간의 연결 고리는 불분명하며 내가 생각했을 때는 설득력
이 정말 떨어진다. 생물학적 특성에서 비롯되었다고 하는 젠더 차
이가 사실은 사회적 기대와 훨씬 밀접하게 연관되어 있음을 뒷받침
해주는 증거가 훨씬 많다. 1974년 미국 심리학자 샌드라 벰(Sandra
Bem)은 전형적으로 여성적/남성적이라 여겨지는 특정한 심리적 특
징을 얼마나 가지고 있는지를 측정하는 용도의 자기평가 척도를 고
안했다. 과거와 현대의 결과를 비교해보면, 오늘날의 여성은 과거
여성보다 '남성적' 특징을 더 많이 보인다. 남성의 경우도 상황은 마
찬가지지만, 정도는 조금 덜하다. 가장 중요한 결론은, 여성적이거나
남성적인 심리적 특징들이 자연적으로 결정된 것이 아니라 사회적
기대치에 의해 만들어졌다는 것이다. 1974년에 비해 오늘날의 사회
적 기대치가 크게 바뀌었기 때문에 실험의 결과가 달라진 것이다.

　남녀를 확실히 분리하는 것은 가부장제 모델에 아주 잘 맞아
떨어졌다. 남성과 아버지는 자동적으로 '약한 성별'보다 더 높고 좋
은 위치에 오를 수 있었다. 그러니 아들이 태어나는 것은 기쁜 소식
이었지만 딸이 태어나는 것은 실망스러운 일이었다. 가부장제가 쇠
퇴할 뿐 아니라 성적 지향이 (이분법이 아닌) 스펙트럼(이성애자, 동성애
자, 양성애자 등)으로 존재하는 문화에서 성장한 요즘 젊은이들은 어
떤 성적 지향에 대해서도 특정한 편견을 가지고 있지 않다. 이성애
자 남성은 각양각색이며 동성애자 여성도 마찬가지다. 두 집단 모
두 문화적으로 규정된 기대에 맞서 싸운다. 최근 그 기대는 대체로

지나친 개인화와 직업적인 영역에 대한 지나친 강조와 깊이 관련돼 있다. 이러한 기대는 아이도 낳고 경력도 이어가고 싶은 사람들에게 많은 문제를 일으킬 수 있다.

'가족'

'가족'이 그 단어의 전통적인 의미와 얼마나 많이 달라졌는지를 말하고자 작은따옴표로 표시를 했다. 옛 가족 앨범에는 심드렁한 아버지와 뿌듯해하는 어머니 그리고 줄줄이 달린 자녀들이 있다. 요즘 아이패드에 저장된 가족사진은 사뭇 다르다. "이건 나랑 내 친아빠고, 이건 나랑 엄마랑 엄마 새 남자 친구랑 그 아저씨 애들이야. 이건 나랑 내 여자 친구. 우리도 애를 가지려고. 여자 친구가 먼저 임신을 하고, 다음에는 내가 임신할 계획이야. 나는 아직 일에 집중해야 할 시기인 거 같아."

전통적인 가족 형태는 외려 예외적인 것이 되었다. 이혼율은 높고 혼인율은 점점 낮아지고 있으며 재혼 가족과 한부모 가족은 일반적인 일이 되어가고 있다.[16] 이러한 현상에는 다양한 이유가 있으며, 특히 전통적 권위의 약화와 밀접한 연관이 있다. 예전에는 결혼하는 것이 당연했으며, 아이를 낳지 않으면 동정을 받거나 의심을 샀고, 이혼은 가문의 수치였다. 남자는 도덕적으로 정당하게 섹스하려고 결혼을 했고, 덤으로 가정부까지 얻을 수 있었다. 여자는 자녀와 든든한 (자기 집 마련을 목표로 하는) 생계부양자를 꿈꾸며 시집을 갔다. 이제는 남자들이 아이를 더 갖고 싶어 하고, 섹스에 대한 의견 충돌이 이혼 사유가 되기도 한다.

현대에 들어 생겨난 '가족'에 관한 어휘를 살펴보면 가족 개념의 새로운 다양성이 들여다보인다. 핵가족, 대가족, 일인가구, LAT(living apart together, 따로 함께 살기)족, LTA(living together apart, 함께 따로 살기)족, 성소수자 가족, 재혼 가족, 다문화 가족, 기러기 가족, 비혈연 가족 등 아주 다양하다.(세 번이나 재구성된 가족의 유언장은 어떻게 작성해야 하는 걸까?) 그러나 '가족'이 어떤 형태이건 가족 구성원들에 앞에 놓인 해결 과제들은 매한가지다. 개인 생활과 직업적 삶을 어떻게 결합해야 할까? 직장 생활과 육아를 어떻게 병행할까? 안정적인 관계와 삶에 대한 열정을 어떻게 함께 유지할 수 있을까? 이런 질문들은 새로운 것이 아니지만 과거와 달리 남자들만큼이나 여자들에게도 중요해졌다.

과거 여자들의 성공은 어떤 남자와 결혼하는지에 따라 결정됐다. 이는 지금도 사실이긴 하지만 그 이유는 완전히 다르다. 이제는 배우자가 집안일을 얼마나 분담하는가, 누구의 경력을 우선시하는가 하는 사안을 따져야 한다. 가령 출세를 꿈꾸는 야심가와 결혼한 젊은 여성은 자신의 꿈을 포기해야 할 것이다. 이 반대의 경우도 마찬가지겠지만 아직까지 남성 전업주부는 극히 소수다. 노동시장에서 요구하는 일은 개인의 삶에 심한 부담을 주고, 모두 자기 커리어를 지속하고 싶으면 그들의 관계는 정략적으로 될 수밖에 없다.

얼마 전 벨기에의 영향력 있는 여성단체인 펨마(Femma)가 근무시간 단축을 요구했다. 그러자 기업인 단체인 위니조(Unizo)의 남성 대표가 이 요구를 즉각 거절했다. 그는 도리어 우리가 일을 너무 조금 하며 '성장'이 만병통치약이고, 더 열심히 일해야 한다고 말했다. 이 답답한 발언은 자폭 중인 세상을 무작정 붙들고 있는 남자와, 상황이 어떻게 돌아가는지를 파악하고 답을 찾으려는 여성의 차이를 뚜렷하게 보여준다.

근무시간이 정해져 있고 그보다 더 오래 일하면 (시간당 최소 두 배의 보수를 받는) '초과근무'라 불리던 시절은 옛일이 되었다. 이제 사람들의 근무시간은 주 50시간을 가뿐히 넘기며, 저숙련직 노동자들은 투잡을 뛰어야만 생계를 유지할 수 있다. 점점 많은 사람이 장기 실업 상태에 갇히고, 직업이 있는 사람들은 영양제, 보충제, 진통제를 먹어가며 계속 일해야 한다.

병가로 결근을 하고 번아웃을 겪는 직장인들이 속출하고 있다는 점으로 미루어보았을 때, '계속 일하기'는 갈수록 불가능해지고 있다. 가장 뻔한 해결책은 일과 수입의 균형을 다시 맞춰 더 많은 사람이 일자리를 얻고 '워라밸'을 이루도록 하는 것이다. 정치인들과 경제학자들은 '기존 틀에서 벗어나면' 해법을 찾을 수 있다고 말하지만, 현실에서 그들은 새로운 문제(한쪽은 장기 실업 상태에 빠져 있고 다른 쪽은 번아웃을 겪는 문제)에 해묵은 해법('계속 성장을 위하여!', '더 열심히 일하기!', '더 많이 일하기!')을 들이밀 뿐이다.

그 와중에 아이를 더 갖고 싶어 하는 쪽은 남자들이다.(둘째 문제에서도 마찬가지다.) 고학력 여성들은 확실하게 피임을 하거나 아이를 낳지 않는 것을 택한다. 남편이 아무리 안심시켜도 육아의 책임이 결국 자신에게 돌아올 것이란 걸 너무 잘 알고 있기 때문이다. 자녀 선호에 관해서도 눈에 띄는 변화가 있다. 서양에서는 무조건적으로 아들을 선호하던 추세가 변해 딸에 대한 선호가 증가하고 있다. 자녀의 성별을 선택할 수 있을 때에는(입양 또는 정자 선별을 통한 인공수정) 딸을 선호하는 경우가 압도적으로 많다.[17]

노동시장의 압박은 곧 육아에 관련된 문제들을 야기한다. 부모가 일하느라 집 밖에서 보내는 시간이 가차 없이 증가하는 동안 보육 시설(놀이방, 유치원, 학교, 방과후교실)의 수는 줄어들었고 등록비는 비싸졌다. 사람들은 태어나서 죽을 때까지 일생을 대기 명단에 이름을 올린 채 살아간다. 신생아는 놀이방에, 노인은 보통 요양원에 들어가기 위해 기다리는데 두 곳 다 굉장히 비싸다.* 아이를 키우려면 비범하게 높은 연봉을 받아야 한다. 그리고 비용을 지불한 만큼의 대가는 거의 기대하기 힘들다.

---

* 스칸디나비아 국가들은 이 문제를 어떻게 해결할 수 있는지 보여준다. 이 국가들의 보육 수준은 세계 최고이며, 부모는 동등하게 육아 휴직을 쓸 수 있다. 그 비용은 거의 대부분 정부에서 지원한다. 물론, 스칸디나비아 국가들의 세율은 매우 높지만 그 결과 소득이 공정하게 재분배되고 있다. 또 세금은 투명하게 사용되고 있다.

부모는 단순히 아버지와 어머니가 아니다. 그들은 남자와 여자이기도 하다.(동성 부모이더라도 마찬가지다.) 성역할과 부모 역할을 동시에 수행하기는 쉽지 않으며, 오래 한집에 살다 보면 서로를 향한 욕망이 식기 마련이다. 과거에 비해 우리는 더 많은 성적 자유를 누리며, 이는 무엇보다도 여성들에게 해당되는 말이다. 하지만 이 자유를 어떻게 부모의 역할과 접목할 수 있는 걸까? 자유와 안정에 대한 욕구를 어떻게 함께 충족할 수 있을까? 생물학적으로 인간은 일부일처로 지내지 않는다는 것은 너무나 명백하다. 하지만 우리는 이 명백한 사실을 알면서도 파트너를 성적으로 독점하고 싶어 한다. 이로써 새로운 형태의 이중 잣대가 생겨난다. 여성들도 많은 경우에 둘 이상의 관계를 유지하지만 자신의 파트너가 똑같이 그러면 용납하기 어려워한다.

수평적 권위

가부장제는 피라미드식 구조로 작동하며, 군대와 교회가 그 예시이다. 여성은 이러한 예시에 거의 해당하지 않는다. 그 말인즉슨, 여성들 사이에서 피라미드식 구조가 덜 퍼져 있다는 뜻이다. 가부장제가 쇠퇴하고 점점 더 많은 고학력 여성들이 리더의 지위를 차지하면서, 일부 사람들은 여성이 지배하게 되면 공감과 설득, 장기적인 안목과 같은 소위 전형적인 여성적 특징들에 기초한 온화한 사회가 만들어질 것이라고 기대한다.

이러한 바람은 고대부터 존재했다. 여성들의 섹스 파업에 대해 글을 썼던 아리스토파네스는 말년에 쓴 희극 「에클레시아주에 (Ecclesiazuae)」(영어로는 '여성들의 의회'라는 제목으로 번역되었다.)에서 여성들이 지배하는 사회를 그리기도 했다. 이 작품 속 아테네 여자들은 남자들이 자기 뱃속만 채우며 아테네를 망치고 있다고 생각하여 속임수를 이용해 통치권을 얻어낸다. 여성들이 의회를 맡으면서부터 극적으로 급진적인 변화가 일어난다. 결혼제도는 폐지되고(누구든 원하는 사람과 잠자리를 가질 수 있다. 다만 미남 미녀는 못생긴 사람들하고 모두 잠자리를 가진 후에야 자신처럼 아름다운 사람과 관계를 맺을 수 있다.), 재물은 모든 사람에게 공평하게 재분배된다.

2013년 5월 스탠퍼드대 여학생들은 아리스토파네스의 연극을 현대적으로 재해석해 공연했다. 이 연극에서 여자들은 올드만삭스 (Oldman Sacs Inc, 세계 최대 투자은행이자 2008년 금융위기의 주범들 중 하나로 지목되었던 '골드만삭스'를 비튼 것—옮긴이)라는 회사가 세상을 더 망치기 전에 경제 권력을 장악한다.[18] 신자유주의의 부상을 기괴한 정확성으로 예측해낸 『능력주의』(1958년에 출간된 SF 소설)의 작가 마이클 영(Michael Young)은 고학력 여성들의 반란이 시스템을 무너뜨릴 것이라고 예측했다. 최근 두 남성이 공저한 경영 서적도 여성들이 곧 세상을 지배할 것이며 더 좋은 곳으로 만들 것이라고 예상했다.[19]

나는 이 같은 전망에 굉장히 회의적이다. 공감과 설득, 미래를 길게 내다볼 줄 아는 안목 같은 특징이 더 나은 사회를 만들 수 있다는 데에는 동의하지만 이것들이 정말로 여성적인 특징인지는 잘 모르겠다. 이상하게도 여성이 주도하는 사회에 대한 다른 여성들의 반응은 대부분 매우 부정적이다. 내 여자 동료 중 한 명은 이렇게 표현했다. "여자들은 다른 여자에게 정말 못되게 굴 수 있어요. 그리고 다른 여자에게 당한 일을 **절대** 잊지 않죠." 성비가 균형 잡힌 집단이 단일 성별로 이뤄진 집단보다 일을 더 잘한다는 것은 내 개인적인 경험과 학술 연구로 증명되었다. 여성이 경영하거나 고위직에 여성들이 여럿 있는 기업이 이사회 전원이 남성인 기업보다 더 잘 운영된다는 증거는 거의 없다.[20]

내가 생각하기에는 조직의 형태가 관건이다. 권위가 피라미드 구조의 하향식으로 작동할 때는 피라미드가 남성으로 이뤄졌는지 여성으로 이뤄졌는지는 중요하지가 않다. 이 구조에서 사다리를 올라가는 이들은 출세주의자들뿐이고, 당연히 그중에 여성 출세주의자들도 존재한다. 한편 수평적 구조를 가진 조직은 조직원들에게 다른 특징을 요구한다. 따라서 수직적 구조일 때와는 다른 유형의 사람들이 중심으로 오게 된다. 수평적 조직은 수평적 리더십을 근거로 작동하기 때문에, 여러 사람이 돌아가면서 이끌 수 있다. 수평적 조직의 권위는 계층적 특성이 두드러지지 않으며 지도와 대화에 더 많은 비중을 둔다.

수평적 조직의 권위는 '공동 리더십'이나 '서번트 리더십'과 같은 이름으로 불리면서 새로운 경영 스타일로 각광받고 있다.[21] 수평적 조직은 한 명의 리더에게 묶여 있지 않으며, 수평적 리더십은 조직원에게 어떠한 특징이 요구되는지에 따라 달라질 수 있다. 그럼에도 조직의 공동 목표는 늘 최우선 순위에 놓인다. 기업은 이러한 방식으로 운영될 때 훨씬 더 나아진다.

아버지의 이름으로

하향식 리더십에서 공동 의사 결정으로의 변화는 가부장제의 핵심을 찌르는 사회변화와 연관이 있다. 그것은 바로 부모가 자녀의 성(姓)을 정할 수 있다는 것이다. 최근까지도 아이가 엄마의 성을 따른다는 것은 상상할 수 없는 일이었다. 특수한 경우(혼외 자식, 근친상간)에 엄마의 성을 따르기는 했지만 사회적 낙인이 뒤따랐다. 부계 상속만이 유일한 '진짜'였고, 여자들은 남자와 조국을 위해 아이를 낳아야 했다. 여러 유럽 국가에서는 아버지의 성을 따르는 것이 법적 의무였다. 그러나 이것은 옛날이야기다. 이제는 여자도 자녀에게 성을 물려줄 수 있다.

네덜란드에서는 1998년부터 자녀가 아버지와 어머니 중 누구 성을 따를지를 부모가 결정할 수 있다. 만약 부모가 합의를 볼 수 없으면 법원이 결정을 내린다. 벨기에는 2014년에야 부모에게 자녀 성을 정할 수 있는 법적 권한을 주었다. 벨기에 부모는 자녀에게 누구의 성을 줄지 선택하거나 두 성을 합칠 수 있다. 부모가 합의에 이르지 못하면 자녀는 자동으로 아버지의 성을 따르게 되며, 이는 아버지에게 사실상 거부권을 부여하는 것이다. 벨기에 남녀평등기관 (Instituut voor de Gelijkheid van Vrouwen en Mannen)은 즉시 헌법재판소에 이 법안에 대한 이의를 제기했다. 이때의 상황은 25년도 훨씬 전인 1991년 독일 연방 헌법재판소가 부계 중심적인 독일의 성명(姓名) 법에서 아버지의 우세한 지위를 삭제했을 때와 비슷했다. 그러나 벨기에 보수 진영은 (아버지에게 실질적 거부권을 보장하는데도 불구하고) 기존 규정에 불만을 제기했으며 독일식 모델은 완전히 거부했다. 물론 독일의 결정은 역사에 남을 만한 사건이었기 때문에 놀랄 일은 아니다. 만약 벨기에 헌법재판소가 아버지의 거부권까지 박탈한다면, 또 한 나라에서 남성 중심의 족보가 사라지는 셈이다. 이는 가부장제의 죽음을 알리는 소리와 같을 것이다.[22]

6

집단으로서의
부모

양육과 권위의 연결 고리는 아주 명확해서 부모가 자녀를 키우는 일은 자연스러운 권위의 모델로 여겨진다. "좋은 가장처럼 관리하자."라는 플랑드르 지역의 슬로건이 잘 보여주듯 정치 영역에서도 권위는 양육 개념과 결부된다. 단, 양육에서의 권위에는 법적으로 정해진 시간 제한이 있다. 현대 법치국가에서는 자녀의 특정한 나이를 기준으로 제한을 둔다. 가령 18세가 되면 한 개인은 스스로를 책임질 수 있어야 하고 사회 규칙들에 '자발적 복종'을 하기에 충분한 내면화가 되어 있어야 한다. 대부분의 나라에서 이 시점은 의무교육이 끝나는 시기와 일치하며, 이는 양육과 교육의 밀접한 관계를 보여준다.

이 '자연적인' 권위를 가지고 있는 부모는 자녀가 법적인 성인이 될 때까지 자녀에 대한 책임을 진다. 권위는 분명 책임을 내포하는 개념이다.

그런데 무엇에 대한 책임인가? 우선, 자녀가 최대한 잘 성장하도록 살펴야 할 책임이다. 이뿐만이 아니다. 부모는 자녀에게 자신들이 속해 있는 가족, 사회계층, 문화의 기대치와 관습과 의무에 대해 가르쳐야 한다. 부모는 이런 것들을 만들어내는 것이 아니라, 이미 만들어져 관습이 된 것들을 전달하는 역할을 한다. 엄숙한 표현을 쓰자면, 부모는 '법을 대표'한다. 이건 그저 비유적인 표현이 아니다. 말 그대로 부모는 미성년 자녀의 행동에 법적으로 책임이 있다.

법적 효력을 갖는다는 것이 권위가 순수 권력과 다른 점이다. 사회는 법에 기초해 부모에게 자녀에 대한 권위를 부여한다. 부모가 그 권위를 제대로 사용하지 못할 시에는 법에 기초해 부모에게서 자녀를 떼어놓을 수도 있다.('그들의 친권을 박탈한다.') 어떤 때에는 법의 적용을 받아 책임을 져야 할 수도 있다. 사춘기 아들을 경찰서에서 데리고 와야 했던 부모라면 이게 무슨 말인지 잘 알 것이다.

육아와 폭력

육아와 교육에서 권력과 폭력은 어떤 역할을 할까? 이 질문은 그 자체로 섬뜩하게 느껴진다. 사람들은 권력 남용과 결부된 폭력을 혐오하며 모든 형태의 폭력을 비난한다. 정치적 폭력을 결코 허용하지 않으며 학교 내 처벌은 말할 것도 없다. 사형은 상상도 할 수 없다. 부모가 자녀의 귀싸대기를 때리는 것도 염려스러운 일이다. '폭력은 무능함의 증거'라는 말은 오늘날의 진리로 받아들여지고, 이제는 다들 자신이 심리학자인 것처럼 물리적 힘을 쓰지 않고 문제를 해결하려고 한다. 물론 폭력이 무능함의 증거란 말에는 어느 정도 사실이 담겨 있지만, 이를 일반화하는 것은 틀린 것만큼이나 나이브한 생각이다.

권력을 노골적으로 표현하면 폭력이 된다.(강간당한 여성에게 물어보아라.) 폭력 앞에서 우리는 분노에 휩싸인 나머지 옳은 질문을 하는 것을 잊어버릴 때가 있다. 그 권력은 합법적인가, 아닌가? 그 폭력은 공인되었는가? 즉 사회가 지지하는 권위에 의한 것인가? 경찰이 만취한 폭력배를 제압하려고 경찰봉을 마구 휘두를 때, 그들은 공인된 형태의 폭력을 행사한다고 할 수 있다. 그러다 과해져서 자신들에게 주어진 권위의 한계를 넘게 되고, 그렇게 되면 그들조차도 올바른 절차에 따라 법의 심판을 받는다.

권위는 권력과 같지 않다. 폭력과는 더더욱 같지 않다. 그러나 권위는 힘과 관련이 있다. 안에서 바깥으로 작용하는 힘이면 낫겠지만, 그런 경우가 아니라면 적법한 기구에 의해 바깥에서 안으로 부과되어야 하는 힘이며 이 적법한 기구는 폭력을 행사할 권한을 갖는다. 법은 강제력을 지녀야 한다. 그렇지 않으면 모두가 법은 무시해버리면 그만이기 때문이다. 파스칼도 이 점을 잘 알고 있었다. "권력이 없는 정의는 가망이 없다. 정의가 없는 권력은 압제적이다.

권력이 없는 정의는 부정당한다. 범죄자는 언제나 존재하기 때문이다."[1] 역사를 돌이켜보면, 권위의 원형은 폭력으로 거슬러 올라간다. 미국 건국의 아버지들은 영국의 법적 권위를 공격한 테러리스트였다.

외부적 힘? 폭력이란 원형? 이런 것들을 양육이나 교육과 연결 짓는 순간 우리는 즉각적으로 분노를 느낀다. 우는 아이와 몽둥이를 휘두르는 가학적 부모의 모습이 당장 떠오를 것이다. 이런 건 오늘날 있어선 안 될 일이다. 부모의 사랑, 특히 모성애는 무조건적이지 않던가? 부모의 사랑에 대한 이 환상은, 평생 일부일처를 지키며 서로를 사랑하는 신화적인 부부에 대한 찬가와 무조건적인 모성애(엄마는 대개 허약하게 그려지며 자식은 언제나 엄마의 사랑을 다 깨닫지 못한다.) 에 대한 우화를 찬양하는 로맨티시즘에서 우리가 물려받은 것이다.

자녀가 태어나고 첫 몇 개월 동안 부모는 정말 무조건적으로 아이를 돌본다. 아이가 배고프거나 배변해 울기 시작하면, 부모는 마법처럼 나타나 아이를 따뜻하게 안아주고, 달래주고, 문제를 해결해준다. 두 시간마다 같은 상황이 반복되고 그렇게 몇 개월이 흐른다. 이러한 상황을 겪으면서 우리는 평생 없어지지 않을 기대를 품게 된다. 문제가 생기면 누군가가 해결해줄 것이라는 기대 말이다. 스스로 해결책을 찾는 단계는 더 나중에 나타난다.

우리는 어렸을 때부터 스스로 답을 찾는 훈련을 한다. 무조건적이었던 사랑이("숟가락으로 엉망을 만들어놨네? 아이구, 귀여워라!") 1년

쯤 지나면 조금 더 조건적인 사랑으로 바뀐다.("엄마가 하라는 대로 해야 예뻐해줄 거예요. 아니면 화낼 거예요.") 이렇게 사랑을 주지 않는 것, 또는 거부하는 것이 바로 육아에서 나타나는 폭력의 주요 형태이다. 이러한 정서적 폭력은 귀를 꼬집는 체벌보다 더 큰 충격을 주며 훨씬 더 강압적인 효과를 발휘한다. 이 폭력은 안전함을 주는 집단에서의 배제나 격리처럼, 인간의 사회적 본성을 건드리는 물리적 형태로도 나타난다.("저기 벽 보고 서 있어!")

이런 형태의 정서적 폭력은 육아의 일부분이며, 특히 부모가 자기 자녀에게서 보고 **싶은** 행동과 생각에 쏟는 애정 어린 관심과 결합하기 쉽다. 몇몇 사람은 인정하고 싶지 않겠지만, 육아는 결국 조종의 과정이다. 자녀가 알아서 부모의 기대에 부응할 리는 없기 때문에 부모는 자녀가 자신들의 기대에 부응하며 자라도록 온갖 전략을 생각해낸다. 이상적인 육아 환경에서 부모는 자녀가 그 기대치를 스스로 결정할 수 있게 점진적으로 참여를 유도한다.

부모의 권위가 폭력에 근거한다는 주장은 많은 반대에 부딪힐 것이다. 독재정권(소위 '권위주의 정권')이 저지른 폭력에 대한 혐오가 이런 반감을 조성한 것이 틀림없다. 하지만 안타깝게도, 합법적으로 행사된 권력과 강압 없이는 권위가 제대로 작동할 수 없다는 사실에는 이견의 여지가 없다. 일반적인 상황에서라면, 가능한 한 이 힘을 사용하지 않는 편이 낫다. 그러나 애정 어린 관심만으로는 뜨거운 냄비를 만지면 아프고 위험하다는 것을, 길을 건널 때 양옆을

살피지 않는 것은 나쁜 생각이라는 것을 어린아이에게 가르칠 수 없다. 이런 것들을 배우기 위해 아이는 무엇을 해서는 안 되는지 반복적으로 들어야 하며, 필요한 경우에는 처벌을 경험해야 한다. 나는 가벼운 체벌이 만성적으로 반복되는 정서적 폭력, 혹은 '방임형' 육아라는 미명하에 일어나는 무관심과 방치의 폭력보다 덜 위험하다고 생각한다.

반권위주의에서
징벌로서의 심리치료로

제2차 세계대전의 악몽 이후 권위에 대한 이미지는 극도로 나빠졌다. 처음에는 우파 독재정권이, 그다음에는 좌파 정권이 실체를 드러냈고, 이후로는 가부장적 교회와 정부가 자유민주주의 사회에 참견을 했다. 가정에서든 학교에서든 이제 권위는 나쁜 것이 되었고 자유만이 추앙을 받는다. 이러한 움직임을 우리는 반권위주의라고 부른다.

사후적으로 생각해보면 무엇이 문제였는지 자명하게 드러난다. 전후 시대의 '권위'는 가부장적 권위를 의미했으며 이 권위는 권력과 별반 다르지 않았다. 권위가 양육, 교육과 떼려야 뗄 수 없는 관계라는 생각은 아직 대중에게는 받아들여지지 않았다. 어른이 말해주지 않는다면 콜라를 통째로 들이마시고 감자튀김을 산처럼 쌓

아놓고 먹는 것이 왜 몸에 좋지 않은지 깨우칠 아이는 없다. 그리고 어려운 공부를 스스로 동기부여를 해가면서 하는 아이들은 몇 되지 않을 것이다.("구구단 외우기라니! 정말 신난다!") 아이에게 무언가를 아예 또는 거의 요구하지 않는 일명 '칭찬 육아'는 사실 육아라고 할 수 없다. 역설적이게도 이런 육아 방식은 아이의 자존감을 떨어 트리고 아이가 나중에 커서 더 큰 문제를 겪을 확률을 높인다.[2] 육 아란 아이에게 무언가를 요구하는 것이어야 한다.

이 지점에서 현대 사회가 겪는 문제 중 하나가 모습을 드러낸다. 바로 집과 학교에서 자기 행동을 통제하지 못하는 아이들이 늘어나고 있는 것이다. 이 문제의 핵심은 '평범한' 가정과 '평범한' 학교에서의 훈육이 부족하다는 데 있다. 이 아이들이 보이는 행동은 수업에 참여하기를 거부하거나 무단결석하는 것, 다른 아이들 그리고 교사를 괴롭히거나 심각한 수준의 반사회적 행동을 보이는 것, 심지어 교사에게 물리적 폭력을 행사하는 것까지 다양하다. 절망에 빠진 학교와 부모는 새로운 해결책을 찾아냈으니 바로 전문가인 아동심리학자에게 도움을 요청하는 것이다.

심리학자에게 의존하는 방법은 우리를 솔깃하게 만든다. 일단 심리학자는 반박할 수 없는 해법을 제시하기 때문이다. 아이가 아이일 때 더 많이 신경 써주기, 아이의 정서적 요구와 개별적 문제에 신경 써주기, 성정과 경쟁에 연연하지 않기, 지식을 쌓는 것에 너무 집착하지 않기 등등. 학교에서 아이들은 속상했던 일 등을 이야기하는 것으로 하루를 시작한다.[3] 이렇게 아무도 깨닫지 못하는 사이에, 학교는 (사이비) 상담소 구실을 한다. 더 나아가 교실은 심리진단센터가 된다. 이로써 심리학자들은 과학의 이름으로 (신중하다고 할지라도) 새로운 권위자가 된다. 학교와 교사는 물론 부모까지도 자신들의 권위를 순순히 넘겨준다. 다음은 2014년 '플랑드르 아동심리학자들'라는 단체가 돌린 홍보 전단지의 내용이다.

[당신의 아이를 아시나요]
아이의 미래를 생각하세요.
아이를 정말 잘 알고 있습니까?
아이의 성장 과정에 대해 궁금한 점이 있습니까?
우리가 도와드리겠습니다.
그래야지만 아이가 잠재력을 최대한 발휘할 수 있습니다.

[우리가 하는 일]
학교 성적만으로는 모든 것을 알 수 없다!
아이가 학교와 집에서 잘 성장하고 있는지 확인합니다.
육아와 아동심리 발달에 관한 모든 질문에 답해드립니다.

[아이들은 매년 치과 검진을 받는데, 왜 정신 검진은 받지 않나요?]
건강한 치아만큼 행복도 중요합니다.

[누구를 위한 서비스인가요?]

6세에서 16세 아동

가정(아이에게 안전한 환경), 학교, 지도 교실을 방문합니다.

우리가 모든 것을 처리합니다.

정신 검진을 치과 검진과 비교한 대목을 다시 짚어보자. 의사는 인체의 생물학적 발달 단계를 고려하여 세계 어디에서나 유효한 객관적 기준에 따라 환자를 진찰하므로 매년 검진을 받는 것은 바람직한 생각이다. 한편 육아와 심리 발달은 생물학적 성장과 함께 일어나지만, 이를 둘러싼 도덕적 차원에서의 규범만 많을 뿐 객관적으로 측정할 방법은 거의 없다.♣ 심리 발달을 해마다 정신 검진을 받으라고 제안하는 것은, 자녀가 현대 사회의 생존 경쟁에 나갈 준비가 되었는지 전전긍긍하는 부모의 두려움을 이용하는 것과 같다.

사회학자 프랭크 푸레디는 교육의 위기는 대부분 사회 위기의 증상이라고 말한다. 우리가 살고 있는 시대가 그것을 예증해 보이고 있으며, 이 위기의 결과로 점점 더 많은 아이들이 어려움을 겪고 있다. 이 문제를 해결하는 가장 확실한 접근법은 교육이 이뤄지는

♣ 발달심리학은 예전에는 아이들의 언어와 감정 그리고 기능적, 감각적, 사회적 발달에 대한 비교적 가치중립적인 설명을 했다. 최근에는 내가 '체크리스트 접근법'이라 부르는, 확고한 표준화 작업에 전전긍긍하고 있다. 이것은 '조기 발견'이나 '단계별 보살핌'과 같은 좋은 의도와는 잘 맞으나, 실제로는 아이들에게 만연한 꼬리표와 늘 걱정하는 부모들이 그 결과다.("아이가 조금 평균 이하긴 하지만, 노력하고 있어요!")

사회적 맥락에 집중하는 것이겠으나, 이렇게 접근하는 경우는 드물다. 요즘에는 대개 앞서 본 전단지와 같은 접근법을 택한다. 이 접근법은 자녀의 발달이 평균보다 조금 느리거나 심지어 장애가 있을지 모른다고 은근히 경고하는 한편, 좋은 부모가 되려면 그에 알맞은 관심을 쏟고 아이를 주기적으로 검사해야 한다고 권한다.

요즘처럼 정신장애를 진단받은 아이가 많았던 때는 없었다. 사람들 생각 이면에는 아이가 진단받은 장애가 실제 질병이라는 모호한 믿음이 깔려 있다. 따라서 문제의 원인을 아이, 나아가 부모에게서 찾게 되며, 더 광범위한 차원의 사회적 원인을 간과한다. 아이들에게 (남은 학교 생활 내내 짐이 되곤 하는) 정신장애 진단을 내리는 것은 치료가 시행될 수 있다는 의미다. 아이가 겪는 어려움은 이제 의료적 문제와 비슷해진(쉽게 약물을 처방받을 수 있는) 심리적 문제로 치부된다. 이런 접근법은 순식간에 우리의 교육제도를 정의하게 되었다.

물론 '문제아' 중에는 정말 문제가 많은 아이들이 있지만 그 아이들이 모두 **정신의학적으로** 장애가 있다고 결론 내리는 것은 정신의학에 대한 조롱이다. 내 주장이 과장이라고 생각한다면 다음 글을 읽어보라.

품행 장애: 타인의 기본 권리나 연령에 맞는 사회적 규범 또는 규칙을 위반하는 행동 패턴을 반복적이고 지속적으로 보이는 증상. 지난 12개월 동안 다음 15개 항목 중 3개 항목에 해당하는 행위를 보였으

며 그중 최소 1개 이상의 항목을 최근 6개월 안에 보인 경우에 해당한다.

사람과 동물을 향한 공격성

1. 다른 사람을 자주 괴롭히거나, 협박하거나, 겁을 준다.
2. 몸싸움을 자주 일으킨다.
3. 다른 사람에게 심각한 신체 손상을 입힐 수 있는 무기를 사용한 적이 있다(예: 방망이, 벽돌, 깨진 유리병, 칼, 총 등).
4. 다른 사람을 신체적으로 학대했다.
5. 동물을 신체적으로 학대했다.
6. 피해자 앞에서 절도를 했다(예: 강도, 소매치기, 강탈, 무장강도 등).
7. 다른 사람에게 성적 행위를 강요했다.

기물 파손

8. 심각한 피해를 줄 목적으로 방화를 저질렀다.
9. 고의로 타인의 재산을 파손했다(방화 제외).

거짓말 또는 절도

10. 다른 사람의 집, 건물, 차에 무단침입을 한 적이 있다.
11. 무언가를 얻거나 호감을 사려고, 또는 해야 할 일을 피하려고 거짓말을 했다.(즉, 남에게 '사기'를 친다.)

12. 작지 않은 가치의 물건을 몰래 훔쳤다(무단침입 없이 가게에서 물건 훔치기, 위조).

중대한 규칙 위반

13. 13세 미만의 나이에 부모가 정한 통금을 어기고 밤늦게까지 밖에 있었다.
14. 부모나 위탁가정에서 최소 두 번 이상 하룻밤 또는 장기간 가출했다.
15. 13세 이전부터 무단결석을 자주 했다.

이는 『정신질환 진단 및 통계 편람』에 실린 공식 목록이다. 이 목록에 따라 정신장애 꼬리표가 붙은 어린이와 청년의 수는 점점 늘어나고 있다. 이러한 '진단'은 사회적 규범, 즉 외부적 기준에 의해서만 정해진다. 나는 이 진단이 교육학적이고 법적인 판단에 의거한 것이지 의학적이라고는 생각하지 않는다. 거의 모든 연구가 이런 식으로 꼬리표가 붙은 젊은이들이 더 큰 불안 증세를 보인다고 말하지만, 이상하게도 불안은 이 '진단' 목록에 포함되지 않는다.

이렇게 잘못을 따지고 드는 접근법은 사회 내부에 책임이 있음을 인정하지 않는 사회의 증상이다. **그들**이 문제가 있는 것이지 **우리**와는 아무런 관련이 없다고 생각하는 것이다. 하지만 거의 모든 문제 청소년은 오래전에 권위가 권력으로 대체되어 심리적 상처를 유발하는(traumatic) 환경에서 성장했다. 이들이 받게 되는 '치료'가 그러한 환경을 되풀이하는 것에 지나지 않으며, 권력에 기반을 둔 징계 조치('누가 보스인지 본때를 보여줘!')를 간신히 은폐하고 있었다는 것을 인지하는 순간, 우리의 마음은 한결 더 불편해진다. 이 아이들이 어른이 되면 꼬리표는 '반사회적 성격장애'로 바뀌고 이들의 최종 목적지는 감옥이 된다.

미디어는 이 문제를 부풀려 이러한 젊은이들이 (물론 증가하고는 있지만) 소수라는 사실을 가린다. 여전히 학교에 다니는 학생 대다수는 평범한 아이들이고, 한편 교사를 정말로 화나게 하는 것도 이 '평범한' 학생들이다. 푸레디는 한 교사의 말을 인용한다.

> 가장 상대하기 힘든 문제는 무례함과 반항이다. 펜으로 책상을 탁탁 치거나, 일부러 기침을 하고, 의자를 앞뒤로 흔드는 것, 기본적인 요구조차 듣지 않는 것, 교실에서 규칙을 어기고 코트, 후드, 선글라스를 쓰는 것, 수업 중에 문자 메시지를 보내고 통화를 하는 것 등.[4]

양육과 교육에서 전통적 권위를 회복하려고 한 시도는 언제나 실패한다. 순수 권력을 사용하려고 하면 상황은 더욱 악화된다. 그러므로 이제는 새롭게 해석한 권위에 근거해 새로운 해결 방법을 고민할 때이다.

한 아이를 키우려면
온 마을이 필요하다

앞서 말했듯이, 나는 집단에서 권위의 새로운 근원을 찾을 수 있다고 생각한다. 이를 육아와 교육에 적용하자면, 공동 육아 정도가 될까? 이 해결책은 비현실적이며 내키지도 않는다. 육아는 철저히 부모의 일이다. 게다가 공동 육아를 하는 집단이 과연 어떻게 조직될수 있을까? 육아 과정에서 가장 중요하고 또 중요해야만 하는 사람들은 자녀의 부모이다. 하지만 아이들이 부모와 보낼 수 있는 시간은 점점 줄어들고 있다. 아이들은 어려서부터 이미 가까운 주변 사람들 손에 키워지고 있다. 가족뿐 아니라 베이비시터, 이웃, 선생님, 방과 전후 프로그램, 스포츠클럽, 스쿨버스 기사 아저씨까지, 모두 아이들을 보살핀다. 우리는 이러한 상황을 안타깝게 여기기보다, 새로운 권위의 근원으로 받아들여야 한다.

텔아비브 대학의 교수인 하임 오메르(Haim Omer)도 나와 같은 주장을 한다. 육아와 교육의 새로운 권위는 아이를 둘러싸고 있는 집단에 있으며, 이 권위가 새로운 이유는 이전 형태의 권위를 획득하려고 하지 않는다는 것이다. 다양한 사람들에 의한 수평적 권위가 고전적인 하향식을 대체함으로써 권위는 재탄생한다.

오메르는 부모와 교사가 이 권위에 어떻게 접근해야 하는가를 현실적으로 설명한다. 부모는 지지 집단에 의존하는 동시에 그 일원이 되어야 한다. 교사도 마찬가지이다. 이상적인 환경은, 부모와

교사, 학생이 수평적 네트워크 안에서 서로를 발견하는 것이다.[5]

이러한 상황은 '한 아이를 키우려면 온 마을이 필요하다.'는 속담을 현대적으로 해석한 것이라고 할 수 있다. 아이 7명 중 1명이 한부모 가정에서 자라는 현시대에 집단이 함께 하는 육아는 어느 때보다 절실히 필요해졌다.

개인 대 집단

열네 살 마크는 학교와 동네에서는 말썽꾸러기로 소문이 났다. 다른 아이들을 괴롭히고, 약속을 지키지 않으며, 도둑질하다 걸린 적도 있다. 마크의 어머니는 부끄러워하며 아들이 일으킨 문제에 대한 변명거리를 찾는다. "애 아빠가 집을 나간 이후로 마크가 힘들어하고 있어요." 학교는 마크에게 동기를 부여하려고 수차례 시도한다. "미래를 생각해야지." 그러나 아무 소용이 없다. 선생님들은 마크를 피하기 시작한다. 셀 수 없이 많은 싸움 끝에 피터 선생님마저 마크를 포기한다. 그는 또 싸움이 붙은 마크를 말린 다음 그를 꾸짖는다. "너는 항상 문제를 만들지, 이 깡패야. 아주 무섭게 혼나봐야 정신을 차리겠니." 마크는 아무 잘못도 하지 않았다고 큰소리를 치고, 다른 아이들을 탓하고, 선생님에게서 도망친다.

이날 이후 마크의 공격성은 더욱 심해졌지만, 선생님이 절대 등장하지 않을 만한 곳에서 선생님의 눈을 피해 비행을 저지른다. 다른 부모들이 항의하자 학교는 심리학자를 부른다. 심리 검사의 결과는 뻔하다. 마크는 '품행 장애' 진단을 받는다. 마크의 어머니가 학교로 불려온다. 그녀는 협조하겠다고 약속하지만 집에서의 상황이 악화되고 있다는 사실은 이야기하지 않는다. 집에서 마크는 거실을 점령했으며 원하는 만큼 텔레비전을 보고 컴퓨터를 한다.

심리학자의 조언에 따라 '합의'가 이뤄진다. 마크는 이 합의를 따르지 않으면 확실한 처벌을 받게 된다. 마크는 얌전히 따르겠다고 약속하지만, 바로 그 주에 또래 남학생에게 주먹을 휘둘러 코피가 나게 했다. 마크는 일주일간 정학 처분을 받는다. 정학 처분이 내려진 지 사흘째 되던 날, 심리학자와 상담을 한 마크의 어머니는 마크가 말을 잘 듣고 있다고 장담한다. 그러나 이틀 뒤, 그녀는 울며 경찰에게 전화해 아들이 자기를 때리고 집을 나갔다고 신고한다.

소년법원은 마크를 보호시설에 넣기로 결정한다. 법원은 마크의 어머니가 부모로서 권위가 부족하며 학교는 더 이상 그의 행동을 받아줄 수 없는 상황이라고 판단한다.

이 허구의 사건은 우리 사회가 문제 청소년을 어떻게 잘못 대하고 있는지를 거의 빠짐없이 짚어낸다. 부모는 고립되고, 죄책감을 느껴 자녀에 대한 정보를 숨긴다. 고립되긴 아이도 마찬가지다. 아이는 모든 문제를 부인하며 더욱 공격적으로 행동해 문제를 키운다. 경찰이 개입하면 아이는 잠시 지역사회에서 사라지지만, 몇 년 뒤 다시 나타나 더 심각한 문제를 일으킨다. 이러한 실패는 충분히 예상할 수 있는 것임에도 우리는 여전히 청소년 개인에 초점을 맞춰 문제를 해결하려는 접근법을 고집한다.

만일 마크의 주변 어른들이 오메르가 말한 '집단의 권위'에 바탕을 두고 문제에 접근했더라면 상황은 달라졌을 수도 있다. 이때의 집단이란 정해져 있는 것이 아니다. 폐쇄된 집단이 아니라, 문제 해결을 위해 의식적으로 선별된 사람들(부모, 교사, 스포츠 팀 코치, 친구들, 같은 반 아이들 등)이 들어오거나 나갈 수 있는 집단이란 뜻이다. 어떤 사람들(대부분 부모)은 매우 중심적인 역할을 맡는다. 집단으로서 행동하려는 적극성은 대부분 이들로부터 나온다. 이들은 다른 사람들을 집단에 참여시키고, 구성원들끼리 제대로 소통할 수 있도록 하는 아주 중요한 역할을 수행한다.

집단으로서 이들은 문제 청소년 **그리고** 그 아이가 속한(아이의 친구들과 친구들의 부모도 속한) 환경에 지속적으로 동일한 메시지를 전달한다. 모두 같은 거울을 들고 있는 셈이다. 이들의 거울은 부재가 아닌 존재를, 만만한 평등함이 아닌 차이와 거리를, 통제가 아닌 주의 깊은 염려를, 비밀이 아닌 투명성을, 처벌이 아닌 회복을 비춰 보여준다. 이에 적합한 권위는 대단한 부모 또는 대단한 교사 단독에게서 나오는 것이 아니라, 여러 사람들 사이에 분산되어 있다. 이 권위가 명령하는 힘은 사회적 압박 그리고 사회적 통제와 긴밀하게 관련되어 있다.

차이와 거리를 두고 존재하기

권위는 자발적 복종, 즉 복종에 대한 내적 충동에 의해 작동한다. 아이들은 충분히 긴 시간 동안 반복해서 요구를 받아야만 자발적 복종을 하게 되는데, 이때 필요한 조건이 있다. 요구를 제시하는 사람이 실제로 존재해야 한다는 점이다. 시간이 지나면 아이들은 그 요구, 즉 외부에서 가해진 강요를 내면화하게 되고, 구체적으로 존재해야 하는 요구의 제시자가 더 이상 그렇게 구체적이지 않아도 요구에 따른다.

대다수 부모는 권위의 자리를 기피하고, 단호하게 '안 돼.'라고 말하는 것을 꺼린다. 어떤 부모는 그러한 양육법이 틀렸다고 생각해서, 어떤 부모는 아이가 적개심을 품을까 봐 두려워서 그렇게 행동한다. 확실한 권위의 자리에 있기에는 시간도 능력도 부족하다고 느끼는 부모는 '부드러운' 양육법을 택한다. 이들의 목적은 권위자가 되기보다는 자녀에게 평등한 관계로, 친구처럼 다가가는 것이다. 그러나 여기에서 그들은 기본적 오류를 범한다. 권위는 차이와 거리에 의해 만들어지는 것이기 때문이다. 어머니가 열네 살 딸을 자신의 '가장 친한 친구'라고 부르고, 아버지가 열두 살 아들에게 '남자 대 남자'로 이야기하는 것은 부모와의 관계가 평등하다는 착각을 만들어낸다. 사춘기 아이들은 이러한 상황에서 재빠르게 주도권을 잡으려 할 것이고, 그 결과 갈등이 반복될 것이다.

바로 이 갈등을 부모는 피하고 싶어 한다. 갈등을 회피하는 가장 쉬운 방법은 이미 축소된 자신들의 존재를 더 축소하는 것이다. 이는 악순환을 낳아 가장 극단적인 경우에는 부모가 자녀를 진심으로 두려워하게 된다. 그렇게 되는 순간 문제는 걷잡을 수 없이 커진다. 이제는 노쇠하지 않은 젊은 부모도 자녀에게 학대를 받는다. 또한 교사도 학생이 정신적으로, 또 물리적으로 폭력을 가할까 봐두려워하게 되었다.

확실한 권위의 자리를 취하지 못하고 부드러운 접근법을 택한 학교들도 똑같은 결과를 겪고 있다. 갈등을 피하고 학생들에게 친구처럼 다가가 문제를 해결하려고 했던 교사들은 문제가 더 심각해진 현실을 목격하고 있다. 그에 따라 교사들이 학생들과의 접촉을 최소화하려고 한다. 교무실은 안전한 천국이 되고, 운동장을 감시하는 일은 호된 형벌처럼 고되다. 학교 내 몇몇 장소(자전거 보관소, 화장실, 체육관 뒤편, 운동장 사각지대)는 교사가 절대 가지 않는, 그래서 학생들이 장악한 곳이 되었다. 권력관계는 뒤집혔다. 더 이상 교사의 권위를 이야기할 수 없게 되었다. 그리고 갈등은 늘 또 다른 갈등을 낳고 있다.

양육과 교육은 아이와의 거리를 필요로 하지만 그렇다고 그것이 부재로까지 가선 안 된다. 아이 앞에 존재하는 것은 필수적이다. 단지 차이에 따른 거리를 유지하는 것이다. 예컨대 내 학생들은 날성(姓)이 아닌 이름으로 불러서는 안 된다. 나는 그들의 친구가 아니기 때문이다. 그러나 필요할 때는 날 부를 수 있어야 한다. 부모와 교사는 아이들 앞에서 존재감을 되찾아야 한다. 그러나 혼자서 존재감을 발휘해서는 안 된다. 이들은 한 집단의 일원으로서 존재해야 한다. 하임 오메르는 이를 '예의 주시해 보살피기(vigilant care)'라고 명명한다.

통제 대신에 '예의 주시해 보살피기'

통제는 비인간적이고, 권력(명령과 통제)과 연관이 있으며, 즉각적 개입(대개 처벌)에 대한 위협을 근거로 작동한다. 원칙적으로 말해 통제는 또한 총체적이다. 즉 실패의 씨앗을 자기 안에 내포하고 있음을 의미한다. 작동하고 있는 통제 시스템이 많을수록 누군가 그것을 위반할 위험이 커진다. 통제 시스템이 과해진다는 것은 권위가 사라지면서 순수 권력에 가까워지고 있다는 뜻이다. 통제를 받는 사람들은 통제하는 사람이 뒤를 돌아볼 때마다 그를 조롱하고 다음번에는 어떻게 그에게 맞설지 구상한다. 이처럼 순수 권력은 반항심을 불러일으키고 상황을 악화시킨다.

반면 권위는 오랫동안 지속되는 것으로서 즉각적인 개입을 요하는 경우는 드물게 일어난다. 즉각적으로 개입할 필요가 없다고 말하는 게 더 정확할 것이다. 권위는 단순한 통제 이상의 존재감을 발휘하며 힘이 미치는 대상을 지속적으로 보살핀다. 예를 들어 갓난아기나 유아를 키우는 부모는 뒤통수에 눈이 달려 있어야 할 만큼 자녀를 상시 보살핀다. 계단, 가스레인지, 주방 도구 등 곳곳에 위험이 도사리기 때문이다. 아이가 크면 위험 요인은 길거리, 친구들, 인터넷 등으로 더 복잡해진다. 바로 이러한 부분에서 부모다움(parentalism, 가부장제(paternalism)가 아니다.)이 필요한 것이다. 부모는 자녀를 잘 보살피기 위해 무엇이 좋고 나쁜지를 결정한다. 만일 부모의 결정이 사회적 관습에 맞지 않는다면 지역사회, 또는 오메르가 말한 집단 구성원들이 그들을 바로잡아준다.

이론상 상시 자녀를 예의 주시하며 보살피는 것은 바람직해 보인다. 그러나 부모가 존재감을 강화하게 되면 차라리 몰랐으면 하는(열세 살짜리 딸이 길가에서 담배를 피우고 있다던가 하는) 광경을 목격하게 된다. 이때 못 본 척하거나 어물쩍 넘어가는 것은 좋은 생각이 아니다. 그러나 정면으로 대응하면 갈등이 악화되어 문제를 해결하지 못한다.(이제 딸아이는 부모가 볼 수 없는 곳에서 담배를 피운다.) 그렇다면 어떻게 하는 것이 맞을까? 이 예시는 순수 권력과 권위의 차이점을 보여준다. 권력은 즉각적인 복종을 요구한다.("당장 담배 내놔!") 즉, 언제나 이기는 쪽과 지는 쪽으로 나뉜다는 것이다. 이때 늘 부모가 이기는 쪽이라고 장담할 수 없다.("이 담배 내 돈으로 산 거야!") 비난은 방어적 태도와 거부를 불러일으키고 문제를 해결하는 데 큰 도움을 주지 못하며, 심한 처벌을 내리면 더더욱 그렇다. 순수 권력이 실패하는 이유는 무조건적인 복종을 요구하기 때문이다.

반면 권위는 미래에 일어날 자발적 복종에 초점을 두며, 특정

인물에게만 달려 있지도 않다. 앞의 예시에서 부모 중 한 명은 아이에게 흡연이 좋지 않은 행동임을 이야기한 다음 배우자 또는 주변 사람들에게 의견을 구한 후, 다시 문제를 해결하려고 할 것이다. 이 모든 행동은 진정한 걱정과 보살핌의 메시지를 전달한다. 아이가 이 메시지를 (아주) 나중에 깨닫더라도 괜찮다. 예의 주시하며 보살피기는 오래 지속될 권위에 목적을 둔 것이지 즉각적인 조치를 취하는 것이 아니다. 메시지("흡연은 건강에 나쁘다, 이야기 끝.")를 전달하는 것이지 문제를 놓고 찬반을 논하는 것이 아니다. 한나 아렌트가 말했듯이 권위는 설득이라는 수단을 통해서는 작용하지 않는다.

집단적 권위는 이런 식으로 작동한다. 다른 사람들과 상의하고 다른 부모들의 의견을 구한다.("열다섯 살짜리 아이가 파티를 갔다가 몇 시에 귀가하는 것이 좋을까요?") 어떤 부모는 자신의 의견을 바꿔야 할 수도 있고, 어떤 부모는 자신의 의견이 맞았음을 확인할 수도 있다. 어떤 경우이든 권위는 집단에 근거를 둔다. 이 사실은 아이에게도 근거로 전달된다.("내가 네 반 친구 부모에게도 전화해봤는데…….")

이러한 접근 방법이면, 교사나 부모가 개인으로서 충분한 권위를 '가지고' 있는지는 중요하지 않다. 어느 누구도 개인으로서 권위를 행사할 수 없다. 개인으로서 '권위'를 갖고 있다고 주장하는 사람이 있다면, 사실 그가 가진 것은 권력일 뿐이다. 오메르의 접근방식에서 주목할 점은, 우리가 우리보다 위에 있는 사람(가령 교장)이 아닌 옆에 있는 사람들에게 호소한다는 데 있다. 새로운 권위는 네트워크에 근거한다. 따라서 필요한 순간에 즉시 존재감을 드러낼 수 있다. 이 네트워크는 아이의 또래 친구들도 포함한다. 또래 집단이 행사하는 사회적 통제와 압박은 굉장하다. 네트워크의 크기에 따라 또 다른 조건이 필요해지는데, 바로 투명성이다.

집단과 공유하기:
투명성의 이점

부모는 자녀와 문제가 생겼을 때 대체로 비밀리에 해결하고 싶어 한다. 하지만 어떤 일이든 감추려고 하면 그 대가를 치르게 된다. 말할 수 없는 것들이 기하급수적으로 많아지고 그에 따라 사회적 고립도 덩달아 심해진다. 그렇게 되면 부모는 가장 약한 존재가 되어버리고 아이는 강자가 된다. 심한 경우에는 아이가 부모를 협박하기도 한다.("내가 할머니한테 다 말하면?")

　부모, 특히 싱글맘은 문제의 원인이 자신이라고 생각하며 자책함으로써 더욱 고립된다. 이들이 자녀 문제를 쉬쉬하고 사회복지사와의 협조를 꺼리는 것은 그럴 만하다. 소아정신과 의사 미리암 마스(Myriam Maes)가 다음과 같이 당부하는 것도 충분히 이해할 수 있다. 문제아를 키우는 부모는 항상 자신이 실패했다고 느끼고 있기에, 교사와 사회복지사는 이미 죄책감을 느끼는 부모에게 더 많은 죄책감을 안겨주어서는 안 된다. 이들이 고립되지 않도록 도와야 하며 이들을 죄인이 아닌 협력자로 대해야 한다. 부모는 우리와 같은 네트워크에 속한 협력자들인 것이다.

가장 이상적인 해법은, 부모가 다른 어른들과 의기투합할 목적으로 가능한 한 빨리 문제를 터놓는 것이다. 사춘기 아들이 방에서 광란의 술 파티를 벌였다면, 그 자리에 있었던 다른 아이들의 부모에게 연락을 취하는 것이 가장 현명한 해결책이다. 그 부모들을 피하는 것은 아무런 도움이 되지 않는다. 어차피 요즘 세상에 완벽한 비밀은 없다.(광란의 술 파티에 참석한 애들 중 한 명이 페이스북에 민망한 사진을 올렸을 가능성이 농후하다.)

몰래 처리하던 문제를 투명하게 공개하는 것은, 라캉이 지배자의 감정이라고 말한 수치심을 유발한다. 그러나 아무리 민망하다한들 수치심이 죄책감보다 낫다. 죄책감은 처벌을 내포하고 있으며 많은 경우 배제(희생양)를 초래한다. 수치심은 잘못된 것을 바로잡을 기회를 만들어주며, 이때 수치심을 느끼는 사람이 주도적인 역할을 맡을 수도 있다. 오메르는 이러한 상황에서 취해야 하는 태도를 분명하게 명시한다. 처벌이 아닌 교정을 목표로 할 것. 무엇보다 아이가 어떻게 협조할지를 아이와 함께 고민할 것.

심리치료의 성공을 좌우하는 두 가지 요소는 내담자와 상담자의 관계 그리고 내담자가 치료 과정에 얼마나 적극적으로 참여하는지에 달렸다. 그리고 내담자의 참여가 투명하게 이뤄져 더 많은 사람이 그의 회복을 인지할 수 있는 것이 가장 바람직하다.

권력 대신에 권위

수평적 네트워크에 근거하고 호소하는 권위는, 가부장적 법칙이 하향식으로 작용하는 피라미드 구조의 권위와 근본적으로 다르다. 후자의 경우는 더 이상 먹히지 않는다. 여전히 피라미드 꼭대기에 오르고 싶어 하는 자는 홀로 분투해야 한다. 충실한 아랫사람들을 거느리는 것이 아니라, 자신의 자리를 노리는 경쟁자들, 기회주의자들 그리고 그 주변을 어슬렁거리는 사람들을 상대해야 한다.

오메르가 말한 수평적 권위는 바로 이렇게 홀로 서 있는 자리를 면하게 해준다. 학생과 갈등을 빚을 때 교사는 자신을 도울 상사가 누구인가를 찾는 것이 아니라, '동료들에게 어떤 도움을 받을 수 있을까?'를 생각한다. 이때 동료는 교장 선생이 아닌 동료 교사들이다.

집단적 권위로 전환하는 과정에서 꼭 넘어야 하는 문턱이 있다. 바로 피할 수 없는 대립의 순간이다. 우리는 특히 양육과 교육에 있어 점점 대립을 피하고 있다. 전통적 권위가 사라지면서 대립은 힘겨루기로 축소되고 말았다. 힘겨루기 끝에는 늘 패자가 생기기 마련인데, 그 패자가 복수를 다짐하면 언젠가 대립이 다시 생기는 것은 시간문제다. 이런 구도가 집단적 권위에서는 달라진다. 대립한다고 해서 꼭 어른이 '이기고' 아이가 '지는' 것이 아니다. 대립의 해소는 아이의 동의(복종)에 달린 것이 아니라, 어른이 보이는 일관성과 함께 집단이 아이를 충분히 지지하고 있음을 아이 스스로 깨달을 때 비로소 일어난다.

 권위를 회복하는 것은 안전이 되살아난다는 의미다. 예를 들어 괴롭힘 가해자 편에 섰던 청소년들이 수평적 권위 집단의 일원이 되는 것이다. 이 아이들은 한편으로는 무서워서, 다른 한편으로는 '승자'의 무리에 끼고 싶어서 가해 학생에게 충성했지만, 승자와 패자의 패턴이 깨지는 순간, 그런 감정들도 사라진다. 성인들의 사회에서도 약자를 괴롭히는 우두머리 주변에는 그에게 충성하는 무리가 존재하지만, 이들의 충성심 또한 우두머리가 왕좌에서 떨어지는 순간 자취를 감춘다.*

 양육의 맥락에서 권력과 권위의 가장 중요한 차이점은, 완전한 복종을 요구하는 권력과 달리 권위는 자율성을 허락한다는 것이다. 아이의 자율성을 기르는 것이 양육과 교육의 최종적 목표라면 어릴 때부터 그것을 가르칠수록 좋다. 오메르가 제안한 방법을 예로 들자면, 아이가 문제를 일으켰을 때 (처벌하기보다) 그 문제에 대한 해결책과 피해 복구 방안을 아이가 직접 생각해낼 수 있게 하는 것이다. 이렇게 문제를 바로잡음으로써 아이는 자신과 타인에 대한 신뢰를 되찾는다.

❋ 미케 판 스티그트(Mieke van Stigt)는 저서 『괴롭힘에 관한 모든 것(*Alles over pesten*)』에서, 극단적 따돌림, 사회적 통제, 지지 등 또래 집단이 줄 수 있는 영향을 논한다. 이 책에 나온 모든 사례는 아동과 청소년을 비롯한 집단의 역학이 갖는 힘을 보여준다. 괴롭힘은 권위가 거의 없는 환경에서 일어나는 권력과 권력의 분배에 관한 현상이다. 내가 생각하기에는, 전통적 권위가 사라져 순수 권력만이 남은 상황이 괴롭힘 문화가 만연하게 된 핵심적 이유이다. 수평적 권위는 이러한 현상을 해결할 방법이다.

이때 해결책을 개별 심리치료로 국한할 경우에는 잘못된 메시지를 전달할 수 있다. 즉 교사/부모가 상황을 감당할 능력도 충분한 권위도 갖추지 못했으며, 문제는 정신장애를 앓는 아이 개인에게 있다는 메시지를 줄 수 있다. 심리치료사는 집단 바깥에 있는 것이 아니라, 집단의 구성원으로서 학교 안에, 공동체 안에 있어야 한다. 예컨대 집단 구성원들이 공유하는 권위로, 모든 것이 새로운 형태의 권위로 이행하는 과정을 집단 내부에서 함께 이끌어야 한다.

이때 해결책은 '위에서' 내려올 필요가 없다. '꼭대기'에서 해결책이 내려올 것이라는 기대 그리고 그 해결책이 결국 실패하는 결말을 지켜봐야만 하는 것은 옛날 방식이다. 앞서 말한 새로운 방식을 도입하려면, 몇몇 사람이 함께 앞장서서 행동하는 것이 필요하다. 그러면 나머지 사람들이 자연스레 따라오게 될 가능성이 크다. 이렇게 해서 우리는 이 시대가 절실하게 필요로 하는 사회적 소속감을 회복하는 데 직접적으로 기여할 수 있다.

양육, 교육 그리고 권위

양육과 교육은 개인이 권위를 대하는 태도의 기반을 형성한다. 양육과 교육은 개인의 정체성을 결정하며, 권위는 그 정체성을 형성하는 네 가지 핵심 관계 중 하나이다. 따라서 권위를 둘러싼 사회변화는 양육과 교육의 영역에서 가장 먼저 눈에 띈다.

권위는 현재 개인에서 집단의 방향으로 나아가며, 아래에서부터 올라오면서 활발히 진화하고 있다. 학부모들이 번갈아가며 방과 전후에 아이들을 돌보는 것처럼 작은 규모의 주도적인 계획이 그 예이다. 이들은 자신들도 모르는 사이에 집단적 권위를 형성한 것이다. 나아가 이들은 집단으로 학교 측과 협상하는 등 의식적으로 집단적 권위를 행사하게 될 것이다. 또 집단으로서 행동한 경험은 삶의 다른 영역에도 영향을 미칠 것이다.* 공동 육아와 카풀링 같은 집단행동이 에너지 공동구매 같은 행동으로 이어지더라도 놀랄 일이 아니다. 이렇게 우리는 경제 영역에서도 집단 중심의 접근법을 취하게 된다.

경제를 뜻하는 '이코노미(economy)'의 어원은 '집'이란 뜻의 그리스어 '오이코스(oikos)'이다. 또한 좁은 의미에서 오이코스는 '살림'을 뜻한다. 그렇다면, 우리의 살림(oikonomia)에는 어떤 권위가 작동하고 있을까?

✿ 이와 관련해 정치적으로 유의미한 사례가 하나 있다. 네덜란드 암스테르담의 어느 학부모 단체는 자녀들이 다니는 학교의 인종차별을 개선하는 데 앞장섰다.

1

돈 내놓을래,
죽을래?

이스라엘 역사학자인 유발 하라리는 타고난 이야기꾼이다. 장장 400페이지에 달하는『사피엔스』를 통해 지루할 틈 없이 현 인류의 역사를 이야기하며 독자를 사로잡았다. 이 책에서 하라리는 돈에 관한 놀라운 혜안을 제시했다. 돈이란 무엇인가? 어떻게 작동하는가? 간단히 말해, 돈 자체에는 아무런 의미도 없다. 우리가 믿어야 비로소 의미가 생긴다. 과거 인간은 금화나 은화에 표준화된 무게의 금이나 은이 들어 있다고 믿었으며, 이후로는 지폐를 금으로 교환할 수 있다고 믿었다. 당시만 해도 모든 국가의 중앙은행들이 그만한 금을 보유하고 있었기 때문이다.(소위 금본위제라고 불리던 이 시스템은 1971년 종말을 고했다.) 오늘날 돈의 의미는 은행, 정부, 기업의 부채 상환 능력에 대한 믿음에서부터 생긴다.

　돈과 권위는 유사한 궤적을 따라 움직인다고 할 수 있다. 권위와 마찬가지로 돈의 힘은 외부 원천에 대한 믿음에 의존한다. 그 원천이란 과거에는 국가의 금 보유고처럼 손에 잡히는 담보물의 형태로, 오늘날에는 신용도처럼 무형의 형태로 존재한다. 여기서 신용(credit)은 라틴어로 '(당신이 내 돈을 갚으리라는 것을) 나는 믿는다.'라는 뜻을 지닌 '크레도(credo)'에서 비롯한 말이다. 즉 돈에 대한 믿음은 그것을 믿는 행위 자체에 의해 생겨난다. 외부 원천은 존재하지 않는다. 따라서 이 믿음은 톡 건드리는 순간 터지는 거품과도 같다. '가상 경제(virtual economy)'의 허황된 말들 속에는 어딘가 위태로운 데가 있다.✿

'믿음'의 문제는 화폐뿐 아니라 자유시장 경제 전반에 영향을 미친다. 100여 년 전 베버는 자본주의의 뿌리를 프로테스탄트 윤리에서 찾았으며 이후 여러 이론가가 이 사상을 정교화했다. 현대인은 자신이 더 이상 종교에 의지하지 않는다고 생각하지만, 사실 현대 자본주의는 기독교를 세속적으로, 동시에 훨씬 강압적으로 변형시킨 것이다. 모든 것이 빚을 토대로 하지만 그 빚을 상환할 가능성은 영영 없어졌다. 자본주의 체제에서 빚은 상환 불가능하며 (기독교의 원죄처럼) 후대에 대물림된다. 이는 개인뿐 아니라 국가에도 해당

✿ 여기서 내가 말하는 '가상 경제'는 부채 형태로 거래되는 '금융상품' 거래장을 가리킨다. 가상 경제는 재화와 서비스가 생산되는 실물경제와 동떨어져 있다. 현대 사회에서 가상 경제는 실물경제보다 훨씬 영향력이 커졌다. 이에 가상 경제가 실물경제의 동력을 꺼트릴 수 있다는 경고가 나오고 있다.("월스트리트가 메인스트리트를 죽이고 있다.")

되는 것이어서 자본주의 사회의 교회라 할 수 있는 특수 기관(신용평가기관)에 의해 신의 은총을 받는 위치인지 주기적으로 평가받는다.(최고 등급은 'AAA'이다.) 자본주의 신도들의 천국은 물론 조세 피난처(tax haven)이다.[1]

멀리서 보면 자본주의 경제체제는 참으로 기이하다. 과거 계몽시대 작가들은 사회의 부조리를 이야기할 때 식견 있는 이방인의 눈과 입을 빌려 서술하는 것을 문학적 장치로 사용하곤 했다. 이 이방인은 새로운 땅에서 목격한 일들에 놀라움을 감추지 못한다. 이 이방인이 우리 사회를 본다면 아마 이렇게 말할 것이다. "거의 아무도, 아니, 정말 아무도 실제의 것, 진짜를 만들지 않는 나라가 있답니다. 그런 일은 다른 나라에 있는 노예들에게 맡겨버렸지요. 이 나라 사람들이 만드는 것, 만들어야만 하는 것은 오직 빚뿐입니다. 이게 다가 아니랍니다! 믿기지 않겠지만, 사람들은 이 빚을 사고팔아요. 그걸 목적으로 세워진 회사를 통해 말이에요. 빚을 사들인 사람들은 '리패키징'이라는 걸 해요. 여러 종류의 빚을 뭉쳐서 새로운 '상품'을 만드는 행위를 가리킨답니다. 네, 정말 빚을 '상품'이라고 부르더군요. 이렇게 파생된 상품은 또 다른 누군가에게 팔리게 됩니다. 이 모든 것이 제대로 굴러가기 위해 이 나라 사람들은 자꾸만 빚을 집니다. 그러면서 그걸 '성장'이라고 부르지요. 빚을 줄여야 하는 건 늘 사회 최하층계급뿐이고요."

이 이방인이 깨닫지 못한 부분이 있다. 이 나라 사람들 누구도 신용이라는 종교를 더 이상 믿지 않지만 그럼에도 감히 먼저 그것을 내버리지 못한다.

시스템은 권력 안에 존재한다

지금까지 오랫동안 신자유주의적 자본주의는 스스로를 영속적인 체제로 만들어놓았다. 마거릿 대처(Margaret Thatcher)가 말해 유명해진 "대안은 없다.(There is no alternative.)"라는 신조가 여전히 정치인들 입에 오르내리고 있는 데다가, 한편 이 사회를 지배해온 신자유주의적 자본주의 체제가 어떤 위협이든 그것을 흡수하여 완전히 무력화해냈기 때문이었다. 1968년 학생 시위대가 외친 혁명적 가치들(진실성, 창조성, 자율성)은 '자유'시장을 대변하는 덕목들로 변한 지 오래다. 「월스트리트(Wall Street)」 같은 영화는 자본주의에 대한 경각심을 일으킨 작품으로 기억되기는커녕 "탐욕은 좋은 겁니다. 올바른 거죠. 탐욕은 잘 통합니다."[2] 같은 대사에서 젊은 세대의 공감을 산다.

　　정부보증채나 은행 국영화 등은 국가가 현 시스템을 지지하고 있음을 보여준다. 정부가 보장하는 기본소득(네덜란드 역사학자 루트허르 브레흐만(Rutger Bregman)이 말한 "공짜 돈")이 또 다른 신자유주의 홍보 수단이 될지는 지켜볼 문제이다. 현대 사회에서 사람들은 끊임없이 소비해야 한다. 그렇다면 더 이상 신용을 얻지 못해 소비할 수 없게 된 사람들에게 돈을 쥐여주어야 하지 않을까?[3] 그런 일은 이미 일어나고 있다. 그 대상이 개인 차원이 아닌 시장이지만 말이다. 2015년 유럽중앙은행(ECB)은 '성장'을 촉진한다는 목적으로 추가로 1조 유로에 달하는 '공짜 돈'을 시중에 공급했다.

아무리 혁명적으로 보인다 한들 미시적인 사항을 손보는 것으로는 시스템에 유의미한 영향을 미칠 수 없다. 오히려 그 반대인 경우가 많다. 문제의 해법은 보너스를 삭감하거나, 오만한 CEO를 내쫓거나, 정부에서 좌파를 몰아내거나, 다국적기업 본사를 '공격'하는 것이 아니다. 유일하게 유용한 해법은 급진적 변화, 즉 시스템 자체를 근본적으로 정비하는 것, 바로 '대안'이다.

이 급진적 변화는 아무 맥락 없이 나타나지 않는다. 현 경제 시스템이 본질적으로 잘못됐다고 확신하는 사람들이 모여 반기를 들면 시스템은 자연스럽게 붕괴할 것이다. 그러나 현실은 달랐다. 지금껏 연달아 발생한 위기들은 오히려 시스템을 강화하는 결과로 이어졌다. 위기가 닥칠 때마다 사람들은 보다 강력한 신자유주의적 조치로 대응했다. 국가는 도산 위기의 은행을 인수하는 순간부터 기업처럼 행동하기 시작하고, 스탠더드앤드푸어스(Standard & Poor's, 이 이름처럼 가난함이 새로운 기준이 될지도 모른다.) 같은 신용평가사는 이러한 국가의 채무불이행 가능성에 등급을 매긴다.

기업들이 거대한 대출을 끌어와 쓰기 시작하자, 신용평가기관은 기업을 평가할 때 해당 기업의 채무 상환 능력을 확인하게 되었다. 금본위제가 폐지된 후부터는 국가 신용을 평가할 때 국채 상환 능력을 따진다. 하지만 문제는 신용평가기관 또한 시스템의 일부라는 사실이며, 신용평가사의 역할은 빚을 지거나 주는 양쪽 모두에게 유용한 정보를 판다는 것이다. 이 지점에서 신용평가기관의 진실성은 흔들린다.[4]

우리는 어떤 권위도 필적할 수 없는 권력의 지배를 받고 있다. 이때 '우리'란 정치인, 시민, 고용인, 피고용인 모두를 가리킨다. 우리 모두가 현 경제 시스템에 불만을 품고 있지만 그것을 변화시킬 능력을 갖지는 못했다. 이는 우리에게 변화가 필요한 이유이기도 하다. 그리고 이 탈바꿈은 새로운 유형의 권위에서 출발해야 한다.

이 변화를 살펴보기 앞서 현 경제 시스템이 지속되는 이유를 먼저 짚어보고자 한다. 핵심 단어는 '성장'이다.

영원히 성장할 수는 없잖아요?

성장해야 일자리도 생긴다! 성장해야 사회보장제도가 유지된다! 이 두 표어는 신자유주의 경제체제를 대표하는 말들이다. 오늘날에는 너무 당연한 이야기가 되어 누구도 섣불리 이의를 제기하지 못한다. 다만 내 비서는 예외다. 그녀는 해마다 돌아오는 인사 평가에 불만을 터트리며 이렇게 말했다. "영원히 성장할 수는 없잖아요?" 어쩌면 내 비서는 조지 오웰이 1945년에 했던 말, "지식인들만 믿는 얼토당토않은 생각들이 있다. 일반인들은 그런 것을 믿을 만큼 멍청하지 않다."는 말을 직접 증명해 보였다고 할 수 있다. 이제 이 두 표어를 조금 더 자세히 살펴보자.

성장에 대한 강박은 경제가 꾸준히 '성장'하고 있다는 사실을 가리는 경향이 있다. 사람들이 불안해하는 것은 경제가 성장하지 않기 때문이 아니라, 예상보다 너무 천천히 성장하기 때문이다. 즉, 성장하고 있음에는 의심의 여지가 없으나 그것으로 '충분치' 않다는 뜻이다. 이때 충분하다는 것은 '취업률을 높이고 사회안전망을 보장할 만큼'이라고 생각하면 논리적일 것이다. 그러나 오늘날에는 경제성장에도 불구하고 일자리가 빠르게 사라지고 있고, 사회복지국가는 서서히 붕괴하고 있다.

특히 서유럽에서는 실업률이 급증하고 있다. 경제 전망을 어떻게든 낙관적으로 포장하려는 각국 정부의 노력이 무색할 정도다. 언론이 '공식 실업률'과 '실제 실업 인구'를 나눠 표기하는 것도 이 때문이다.[5] 경제성장 분야의 전문가인 로버트 고든(Robert Gordon)에 따르면, 향후 10년 안에 중산층 일자리의 45퍼센트가 아웃소싱과 자동화에 의해 사라질 전망이다. 고든이 간과한 부분은 이렇게 일자리를 잃은 인구의 증가가 우리의 미래 경제를 구성하게 된다는 사실이다. 자본주의 사회에서 인간은 소비자 아니면 (인적) 자원이다. 따라서 비용 요인이자 임금과 등가를 이룬다. 비용 요인의 관점에서 보면 인간은 수량화되어 계산된다. 이를테면 실업자, 장애인,

연금 수령자가 초래하는 비용은 얼마나 되는가? 값이 얼마로 나오든 간에 언제나 결론은 너무 많다는 것이다. 직원이 받는 평균임금은 또 얼마여야 하는가? 결론은 가급적 적어야 한다. 또한 잊지 말고, 아이에게 들어가는 수당도 계산해봐야 한다.

단어는 그것을 발화하는 사람들의 의도를 보여준다. '비용 요인'이란 말에는 되도록 비용을 아끼자는 함의가 있다. 따라서 비용 요인을 고려하는 것은 아동 노동과 노동 착취가 여전히 횡행하는 국가들로 생산직을 아웃소싱하고 직원을 기계로 대체하는 결과를 낳는다. '교육과 돌봄 서비스를 더 양질로, 더 고비용으로 만들어라. 그리고 거기서 이윤을 뽑아내라.' 교도소와 양로원(또는 둘을 합친 시설!)은 아주 유망한 사업거리가 되었다. 항상 만실일 만큼 수요가 높고, 수용자들에게는 결정권이 거의 주어지지 않으며, 그들의 불만이 새어나갈 걱정을 할 필요도 없다. 어차피 사회로 돌려보내지지 않거나 이곳 말고는 갈 데가 없는 사람들이니 말이다. 기업은 이 영역에서도 '인적 자원'의 비용 요인을 지나치게 따진다. 양로원을 운영하는 기업이 노인 목욕 서비스를 시간(분)으로 환산해 나타내는 것이 그 예라고 할 수 있다. 독일 양로원은 노인 한 명당 돌봄 서비스를 제공하는 시간을 하루 평균 50분으로 단축했다. 아웃소싱을 하는 곳도 생겼다. 동유럽에 양로원을 지어 그곳에서 독일 노인들을 돌보는 것이 훨씬 많은 이익을 남길 수 있기 때문이다. (인적 자원인) 시설 수용자를 수출품으로 만드는 것이 뭐 대수이겠는가?[6]

'성장해야 일자리도 생긴다.'라는 만트라는 틀렸다. 현대 경제는 계속해서 성장해왔지만, 그럴수록 점점 더 적은 노동력을 필요로 하고 있다. 2014년에는 은행들이 수익을 가장 많이 올리는 직원들을 우선으로 해고했던 아이러니한 일이 벌어졌다. 컴퓨터 소프트웨어가 그들의 일을 더 빠르고 더 효율적으로 처리할 수 있게 되었기 때문이다.

안타깝게도 '성장해야 사회보장제도가 유지된다.'라는 만트라 또한 틀렸다는 게 분명해졌다. 2015년 새해 벨기에에서는 "주식시장 12퍼센트 성장"이라는 헤드라인이 1월 1일자 신문 1면을 도배했다. 같은 일자 신문의 안쪽 면에는 정부의 긴축 계획이 국민 경제와 사회보장제도에 어떤 영향을 미칠 것인가에 대한 기사가 실렸고, 룩셈부르크 조세 당국의 도움을 받아 합법적으로 법인세를 회피한 기업들의 기사도 실렸다. 이 모든 기사들을 종합해보면, 주식시장의 성장과 그에 따른 이윤 창출에도 불구하고, 사회보장제도는 긴축정책의 희생양이 되고 있다는 사실을 알 수 있다.

이는 어쩌면 당연한 일이다. 불안정성이 커지고 불안정 고용이 늘어나는 것은 현 경제체제에 보탬이 된다. 임시직 파견업체가 성공을 거둔 것도 이런 이유였다. 해마다 세계 노동시장 동향 보고서를 펴내는 국제노동기구(ILO)가 2015년 발표한 「세계 고용과 사회 전망(World Employment and Social Outlook)」에 따르면, 고용 불안정성은 모든 곳에서 증가하는 추세를 보였는데, 풀타임 정규직 형태의 고용이 세계적으로 감소했기 때문이다.[7] 인간이라는 비용 요인을 가장 잘 처리하는 방법은 무엇일까? 끊임없이 인간을 불안정하고 두려운 상태에 놓는 것이다.

이쯤에서 예언을 하나 해볼까 한다. 기본소득 보장을 옹호하는 경제 논리('소비자는 있어야 하니까.')가 설득력을 발휘하고 있긴 하지만, 결국 기본소득 개념은 현 '시스템'을 신봉하는 사람들에게 거부당할지도 모른다. 기본소득에 드는 돈을 감당할 수 없어서가 아니라(계산법에 따라 다르겠지만, 스위스는 기본소득이 적어도 실현 가능하다고 보고 있다. 스위스 기차가 제때 운영되는 것으로 보아 나는 그들의 계산 능력에 확신을 갖고 있다.), 기본소득이 사람들에게 안정감을 주기 때문이다. 사람들이 안정감을 느끼게 되면, 그들을 조종하기 힘들어지고 권력을 행사하기도 덩달아 까다로워지기 때문이다.

실체 없는 성장과 실체 있는 빚

오늘날 경제성장은 취업률을 높여주지도 사회보장을 유지해주지도 못한다. 그렇다면 경제성장이 왜 필요한 걸까? 왜 사람들은 더 많은 성장을 바라는 걸까? 왜 기대치보다 성장률이 낮으면 패닉 상태에 빠지는 걸까? 이에 대한 답은 기가 막힌다. 성장을 위해 진 빚을 갚으려면 경제가 성장해야 한다는 것이다.

오늘날 경제체제에서 성장이란 **실제** 생산의 증가와는 무관하다.(앞서 나온 이방인의 말을 기억하자.) 진정한 성장이란 혁신에 의해 이뤄지고, 혁신은 과학자들이 수행하는 기초 연구에서 출발한다. 외로운 천재 과학자가 차고에 틀어박혀 혼자 연구에 몰두하다 굉장한 발명품을 만들어내고 그것을 실현하려고 할 때 정부의 반대에 부딪히는 식의 드라마는 더 이상 유효하지 않다. 혁신 분야 경제학자인 마리아나 마추카토(Mariana Mazzucato)는 열두 개의 혁신 기술(인터넷, 터치스크린 등)이 정부가 지원한 기초 연구에 힘입어 탄생했다고 말한다. 요즘에는 기초 연구에 대한 예산 지원이 더 이상 이뤄지지 않는 대신, 그 예산이 응용 연구에 투입되고 있다. '응용'이란 즉각적으로 수익을 낼 수 있음을 뜻한다. 즉 응용 연구는 잘해봐야 기존 기술을 개선하는 것이지 혁신이라고 할 수 없다.

혁신이 없으면 진정한 성장도 있을 수 없다. 오늘날 사람들이 말하는 성장은 금융'시장'에 '혁신적으로' 개입했을 때 나타나는 결과를 주로 가리킨다.[8] 금융시장은 신용에 그리고 부채와 채권 거래의 증가에 근거를 두고 있다. 실체 없는 행위가 창출한 실체 없는 수익은 실체 없는 성장을 낳는다. 그런데 이 성장은 실체 있는 빚을 토대로 하며, 이 빚은 실체 있는 사람들이 언젠가 갚아야 할 짐이다. 정책 지도자들이 '저조한 성장 수치'를 보고 패닉에 빠지는 것은 빚을 갚을 능력이 줄어들어서일 뿐 아니라 앞으로 더 많은 빚을 져야 하기 때문이다.

이런 식으로 '성장'과 빚은 서로를 단단히 옭아매고 있다. '성장'

하려면 많은 빚을 져야 한다. 그 빚을 갚으려면 더 많이 성장해야 한다. 그러려면 빚을 더 많이 져야 한다. 2015년 3월, 유럽중앙은행은 유럽 경제를 부양하기 위해 수십억 유로를 투입했다. 앞서 등장한 이방인이 이 광경을 보았더라면 세상이 미쳐 돌아간다고 생각했을 것이다. 유럽중앙은행이 고민 없이(어차피 돈이란 건 일종의 상호 합의이자 차용증서에 불과하니까.) 유로화를 신규 발행한 목적은 일부 국가의 국채를 매입하는 것이었고, 국채 매입의 목적은 그 나라 은행들이 대출을(빚을) 더 많이 제공해 경기를 부양하도록 하는 것이었다.❋

믿기지 않을 만큼 어이없는 일인지라 다시 한번 말하겠다. 그러니까 유럽중앙은행은 더 많은 빚이 생길 수 있게 빚을 사들일 돈을 찍어냈다. 그리고 이러한 조치가 경제를 성장시킬 것이라고 믿었다. 새로 생긴 빚 또한 언젠가 결국 갚아야 하며, 그 주체가 납세자들(바로 당신들과 나)이라는 사실은 철저히 간과되었다.

오늘날 경제는 실체 없는 세계 속에서 굴러가고 있다. 이제는 현실을 점검해야 할 때이다. 경제성장이 결국 현실 세계에 이산화탄소 배출량 증가와 자원 낭비와 환경 파괴 같은 결과를 낳고 있다면,

❋ 이런 조치가 이뤄지면 (예금이자가 제로, 심지어 마이너스로 떨어져) 저축예금을 보유한 사람들이 예금에 돈을 넣어둘수록 오히려 손해를 보는 구조가 만들어진다.(빚이 없는 자들은 부끄러운 줄 알라!) 그렇게 되면 저축예금을 보유한 사람들도 '정신을 차리고' 빚을 낼 것이라는 게 당국의 셈법이다. 오늘날 가계는 빚을 토대로 '성장'하자는 경제 논리를 대부분 따르는 듯 보인다. 벨기에 국립은행에 따르면, 2014년 초 벨기에 가계 부채는 10년 전보다 두 배 가까이 증가해 2170억 유로를 기록했다(Du Caju, 2014).

더 이상의 성장을 주장하는 것은 인류에 반하는 범죄라고 할 수 있다. 미래의 경제는 지속 가능해야 한다. 그렇지 않으면 살아남을 수 없다. 그렇게 간단한 사실이다.

돈 내놓을래, 죽을래!

어린 시절 '경찰과 도둑' 놀이를 할 때 나는 "돈 내놓을래, 죽을래?"라는 말에 내재한 딜레마를 이해하지 못했다. 그것은 뭘 선택하든 살아남지 못한다는 것이다. 오늘날 우리 모두는 이 딜레마에 직면해 있다. 정치인을 비롯한 많은 사람들이 이 사실을 알고 있지만 아무것도 하지 못한 채 무력감과 공포를 느끼고 있다. 경제체제는 우리보다 훨씬 강력하며, 누구든 위험을 무릅쓰려는 자는 제거될 것이다. 이것이 굉장한 공포를 조성한다. 그러나 아이슬란드에서는 꽤 다른 일이 일어났다. 금융 위기가 터졌을 때 아이슬란드는 가장 먼저 경제 붕괴를 겪은 국가 중 하나였다. 여전히 유럽 국가들의 발목을 잡고 있는 이 위기에 대한 아이슬란드의 해법은 전혀 달랐다.

아이슬란드 정부는 대형 은행들이 파산하도록 내버려두었고 2008년 말부터 그 은행들에 대한 법정 관리를 시작했다. 유로화가 아닌 자국 통화를 사용한 덕분에 위기가 닥쳤을 때 독자적으로 통화를 평가절하할 수 있었다. 또 내국민의 예금을 보호하기 위한 은행을 별도로 신설했다. 2009년 초엽 아이슬란드 국민들은 기존 정부를 끌어내렸다. 뒤이어 출범한 새 정부는 경제 붕괴의 부담을 공평하게 분담했고, 자국 금융계 내 범죄 행위를 처벌했으며, 국영은행에 대한 대대적인 개혁을 단행했다. 이 개혁의 효과는 지금까지도 이어지고 있다. 자국 은행 파산으로 피해를 본 외국인(주로 네덜란드와 영국 예금자)에 대한 피해 보상 여부를 국민투표에 부쳤고 부결되자 그 결과를 따랐다. 새로 쓰인 아이슬란드 헌법은 숙의 민주주의(deliberative democracy)를 도입했다.[9](이 부분은 다음 장에서 상세히 다룬다.) 2012년 3월, 아이슬란드는 IMF에서 빌린 자금을 모두 상환하는 데 성공했다. 여기서 우리가 목도하는 바는, 옛 권력에는 상충하고, 새로운 형태의 권위로서의 집단에 의해 확고히 지지를 받는 시스템의 변화이다.

아이슬란드는 분명 좋은 사례이다. 그렇다면 개인으로서 우리는 무엇을 할 수 있을까? 유럽 정치는 경제적 이익에 따라 움직이고 있어 단일 정부는 물론 유럽연합(EU)조차 이를 쉽사리 감당하지 못한다. 따라서 개인은 완전한 무력함을 느끼기 쉬우나 우리 손에는 강력한 무기가 있다. 정계와 재계가 결합되어 있어 소비자로서 우리의 영향력은 생각보다 강해졌다. "구매하는 것이 곧 투표하는 것이다."라는 말에 강력하게 요약되어 있듯, 우리에게 올바른 정보가 주어진다면 우리의 소비자 행동은 강한 영향력을 미칠 수 있다. 가령 나는 아마존(Amazon)이 직원들을 어떻게 대하는지 알고 난 후부터는 아마존에서 책을 구매하지 않는다. 같은 이유로 라이언에어

(Ryanairs)를 이용하지 않는다. 신문에 실린 탐사보도 기사를 읽고 난 후로는 아동노동을 착취해 채석한 칸들라 그레이(Kandla Grey) 사암을 마당에 깔지 않기로 했다.

이러한 실천은 우리 사회에서 자연스러운 일이 되었다. 신문사와 방송사가 다국적기업의 위법 행위를 보도하면, 시민들은 소셜미디어를 통해 그 기업에 대한 반대 목소리를 내기 시작한다. 스타벅스는 소비자의 보이콧 때문에 영국에서 세금을 내야 했다.

기업이 상품을 생산하고 직원을 관리하는 과정에서 저지르는 위법에 대해 더 많이 알게 되면서, 소비자는 자신에게 주어진 힘을 더욱 또렷하게 자각하고 있다. 사회적 통제는 사람들 사이에서만 작동하는 것이 아니라 기업들에도 적용할 수 있다. 이제 기업은 윤리적 정책으로 막강한 홍보 효과를 누릴 수 있다는 사실을 잘 알고 있다. 그렇기에 대형 마트에서도 공정무역 제품을 판매한다.(공정무역 움직임은 네덜란드에서 '막스 하펠라르(Max Havelaar, 1860년 네덜란드에서 발간된 동명의 책은 식민 지배의 참혹함을 폭로했다.—옮긴이)' 라벨이 붙은 커피가 판매되면서부터 시작되었다.) 국제삼림관리협의회의 인증을 받은 목재 생산 기업은 생태학적으로 안전한 생산 방식을 따른다고 홍보한다. 국제해양관리협의회 인증을 받은 수산기업도 마찬가지다. 이제 대부분의 대형 마트에서는 이 협의회의 인증을 받은 수산물만을 취급한다.♣ 이와 같은 변화는 대부분 기업, 환경단체, 여러 시민단체의 협력을 통해 일어나며 이 과정에 전통적인 정치 기관이 관여하는 경우는 매우 드물다.[10]

주목할 만한 대목은 이런 변화가 **실체 있는** 상품이 오가는 실물 경제에 국한되어 있다는 점이다. 가상 경제에서는 이와 유사한 방식의 대처가 거의 이뤄지지 않는다. 물론 네덜란드의 트리오도스 은행(Triodos Bank)이 윤리적으로 운영되는 금융기관으로 유명해지는 등 변화가 조금씩 생겨나고 있다. 2009년《파이낸셜 타임스(*Financial Times*)》는 트리오도스를 '가장 지속 가능한 은행'으로 선정한 바 있다. 이 밖에도 윤리적이고 지속 가능한 프로젝트에만 투자하고 있는 금융 서비스사인 헤프붐(Hefboom) 같은 사례처럼 작은 변화들이 곳곳에서 생겨나고 있다.

이런 변화는 경영진의 결단에서부터 시작된다. 오늘날 경제 활동은 사실상 경영 문제와 직결된다. 경제 부문에서 새로운 권위가 존재하려면, 그것은 새로운 경영 문화를 필요로 한다.

♣ 국제삼림관리협의회와 국제해양관리협의회에 관한 대목은 재레드 다이아몬드(Jared Diamond)의 저서 『문명의 붕괴』에서 인용한 것이다. 이 책에서 다이아몬드는 과거 문명사회가 붕괴해 몰락한 이유를 탐구하는데, 그가 내린 결론은 무시무시한 동시에 희망적이다. 그의 분석에 따르면, 문명의 붕괴는 대부분 기후변화와 나쁜 의사 결정이 복합적으로 작용했기 때문이었다. "역사를 통틀어보면, 자신에게 도취된 왕, 우두머리, 정치인의 행동 또는 비행동이 결국 사회의 붕괴를 유발했다." 그래도 이 주장이 희망적인 이유는 올바른 선택을 내린 사회는 붕괴하지 않는다는 것이다. 또는, 그럴 가능성은 아주 희박하지만, 위대한 지도자가 등장해 새로운 대안 사회를 세울 수도 있다. "정치적 어리석음을 일으키는 주된 원인은 바로 권력을 향한 열망이다."

어쨌거나, 대안은 있다 1
: 수평적 경영

"문제의 핵심은 피라미드, 기업을 조직하는 기본 원리에 있습니다." 브라질 출신 CEO 리카르도 세믈러(Ricardo Semler)는 이렇게 말했다. 아마 그는 자신의 경험을 토대로 이러한 결론에 도달했을 것이다. 젊은 시절 그는 부친이 설립한 회사 셈코(Semco)를 물려받아 구조조정하는 과정에서 전통적인 미국 비즈니스 모델을 적용했다. 회사는 성장했고(사내 관리조직이 열두 개로 늘어났고) 수익도 증가했으며 모든 방면에서 준수한 실적을 거뒀다. 그러나 5년 후, 리카르도는 자신의 회사가 드라마 「오피스(The Office)」에 「왕좌의 게임」을 끼얹은 것처럼 출세주의자들이 득실거리고, 승진을 향한 암투와 속임수와 배신이 난무하고, 직원들을 과잉 통제하고, 그들의 사기를 떨어트리고, 위장병에 걸리게 하는 곳이 되었음을 깨달았다. 그때부터 그는 10년에 걸쳐 수평적 조직 구조로 회사를 재편했다. 오늘날 셈코는 모든 방면에서 성공한 회사로 거듭났다.

세믈러가 쓴 책 『매버릭!(*Maverick!*)』을 읽기 전만 해도 나는 미심쩍어했다. 평소 자칭 '전문가'가 쓴 경영책을 딱히 선호하는 편도 아니었다. 그러나 이 책을 읽고 나서는 그의 주장에 완전히 매료되었다. 그가 제시한 모델의 결점을 찾으려 해보았지만 실패했다. 성공적인 조직을 만들고 싶은 경영인이 있다면 세믈러의 모델을 꼭 참고하라고 말하고 싶다. 물론 '전제조건'이 있다. 기존의 위계질서를 모두 내버려야 한다. 맨 꼭대기에 있는 경영인의 자리까지 모두.

고전적인 좌파적 방식을 옹호하는 사람에게는 세믈러의 모델이 마뜩잖을 것이다. 명령과 통제는 지난 세기 공산주의와 사회주의 조직에 깊게 뿌리내린 방식이었다. 세믈러가 기업 조직을 개혁할 때 그 계획에 가장 거세게 반대한 쪽이 노조였던 것은 어쩌면 당연했다. 한편 셈코 모델을 어떻게 적용할지 구체적인 지침을 기대하는 사람 또한 실망하게 될 것이다. 구체적인 지침을 내릴 수 있다는 생각은 하향식 조직 구조에서만 유효하다. 조직도나 프로토콜을 획일적으로 적용할 수 있다는 생각처럼 말이다. 서유럽식 비즈니스 모델을 (모두가 아침 8시 반에 일을 시작하는) 아프리카에 적용하면 통할 리 없다. (아침에 함께 노래를 부르며 함께 일을 시작하는) 미국 조선소에 일본식 모델을 적용하는 것 또한 적절치 않다. 셈코 모델은 지침을 정해 강요하는 것이 아니라, 몇몇 원칙에 기반을 둔 사고방식을 제시한다. 어떻게 적용할지는 다 다르겠지만 그것이 기능하는 원리는 항상 동일하다. 기본 원리는 수평성(horizontality)이다.

이 원리는 지속적으로 유효하지만, 그 과정에서 불가피하게 일자리를 잃는 사람들이 생겨난다. 보통 기업 구조조정에서는 말단 직원들이 잘려 나가지만, 이 모델에서는 윗사람이 자리를 잃는다. 세믈러는 총 12개로 이뤄진 사내 관리조직을 3개로 통합했다. 이는 다른 경영인들이 이 시스템을 쉽사리 도입하지 않으려 한 이유를 설명해준다.

이 모델의 핵심 원칙을 열거하는 데에는 위험이 따른다. 사고방식을 딱 떨어지는 원칙으로 옮기기는 어렵기 때문이다. 다만 이 원칙을 핵심(key) 개념으로 정리해볼 수는 있다. 어쩌면 이 '열쇠'가 녹슨 자물쇠를 열어 탑 꼭대기에서 자고 있는 공주를 구출해낼지도 모른다. 이 개념이란, 신뢰(trust), 투명성(transparency), 자기 조직화(self-organisation), 세포형 생산조직(production cells), 협의(consultation), 분할과 성장(divide and grow)으로 정리할 수 있다.

신뢰. 세플러의 회사는 미국식 모델로 운영되던 시절 사내정보 유출을 막기 위한 대규모 시스템을 운영했다. 직원 중 기밀을 유출할 위험이 있는 사람은 전체 직원의 3~5퍼센트뿐이었지만 모든 직원이 검열을 받아야 했고, 이를 위해 회사 측은 막대한 비용을 감수해야 했다. 세플러는 이 절차를 없애 비용을 크게 절감했다. 예상치 못한 변화도 생겨났다. 회사가 직원들을 신뢰하자 직원들 스스로 부정행위를 용인하지 않는 분위기가 조성된 것이다. 직원들은 서로를 감시하며 신뢰할 수 없는 동료 직원을 자연스레 걸러냈다.

투명성은 이러한 신뢰 문화를 더욱 강화해준다. 피라미드 구조에서 상층에 있는 사람은 하층에 있는 사람보다 더 많은 정보를 '알고' 있다. 그렇기 때문에 하층에 있는 사람은 상층에 있는 사람을 신뢰하지 않는다. 정보를 독점하면 권력이 주어지지만, 대개 그 권력은 상상적인 것에 지나지 않으며, 그 권력을 갖지 못한 사람들에게 큰 오해를 불러일으킨다. 이 점을 알았던 세플러는 완전한 투명성을 정책으로 삼았다. 세믈러의 회사는 (기술무역 기밀을 제외한) 모든 정보를 모든 직원에게 공개하고 민감한 재정 정보도 숨기지 않는다. 누가 얼마를 벌며, 특정 제품과 서비스로 거둔 수익이 얼마나 되는지, 손실액은 얼마이고 그것을 메우기 위한 방법들로 무엇이 고려되고 있는지 등을 모두가 공유한다. 직원들은 이런 정보를 제대로 해독할 수 있게 단기 사내 연수도 받을 수 있다.

자기 조직화. 노동을 효율적으로 조직하는 데 있어 무엇보다 필요한 것은 신뢰다. 사람들은 자기 업무를 어떻게 하면 가장 효율적으로 조직할 수 있는지 가장 잘 알고 있다. 따라서 회사는 상호 합의를 통해 직원들이 스스로 업무를 조직할 수 있게 해야 한다. 세믈러는 이런 조직 방식이 일곱 명 내외의 직원이 일하는 약국에서부터 셈코 같은 대기업에까지 모두 유효함을 보여주었다. 직원들이 스스로 업무를 조직할 수 있게 되면 (1) 시간 절약, (2) 주문의 정확성 향상과 재고 감소, (3) 직원과 고객의 만족도 증가, (4) 수익 증대와 같은 긍정적 효과가 나타난다. 이유는 간단하다. 책상 앞에 앉아 조직 관리법을 궁리하는 사람보다 직접 실무를 하는 직원들이 실용적인 노하우를 더 많이 알고 있기 때문이다. 이들은 신뢰할 만하다. 회사가 직원들의 말을 인정하고 존중한다고 느낄 때, 직원들은 업무에 더 몰두하고 더 책임감 있게 일하게 된다.

세포형 생산조직. 한 가지 제품 생산을 전담하는 최대 150명으로 구성된 자율적인 단위를 가리킨다. 영화 「모던 타임스(Modern

Times)」의 그 유명한 장면처럼 같은 자리에 앉아, 같은 기계로, 같은 동작을 계속 반복하는 노동자의 모습은 이제 잊어도 좋다. 이 같은 표준화된 작업 방식은 테일러리즘(Taylorism)에 입각한 것으로, 테일러리즘은 생산 효율성을 극대화하도록 고안된 과학적인 관리 기법이지만, 노동자의 동기부여를 극도로 떨어트리는 부작용을 낳는다. 반면, 자율적 팀 단위가 자신들의 업무를 스스로 조직한다면, 동기부여와 업무 만족도가 동시에 올라간다. 그리고 이런 팀은 제품의 품질까지 스스로 관리하게 되기 때문에 '품질 관리'를 위한 별도의 절차는 쓸모 없어질 것이다. 이러한 생산방식은 반복 업무를 벗어난 직무 순환에 중점을 둔다. 직원들은 원한다면 다양한 업무 기술을 익힐 수 있고, 다른 팀의 직원이 하던 일을 경험해볼 수 있고, 특정 업무를 조직하는 과정에 의견을 낼 수 있고, 새로운 업무를 빠르게 익힐 수 있다. 직원들이 사내에서 직무를 자유롭게 옮길 수 있느냐가 무척 중요해진다.

협의. 자기 조직화는 자기 멋대로 행동해도 된다는 뜻이 아니다. 직원들은 끊임없이 협의하고, 그 협의를 바탕으로 결정을 내리며, 결정한 내용을 제대로 지키는지 서로를 통제한다. 이는 상부가 정한 규칙을 따르는 것보다 훨씬 효과적이다. 상부가 일방적으로 정한 규칙은 불만과 집단 저항을 부추길 뿐이다. 세믈러의 회사에서는 협의한 내용에 동의할 수 없는 직원들은 세 개로 나뉜 관리조직 (생산 라인 관리, 사업 관리, 회사 총괄 관리) 중 한 곳과 협의해 의견을 낼 수 있다. 이 관리조직들은 위계적으로 편성돼 있지 않으며 서로 협의하며 작동한다. 세 원이 서로 얽힌 모습에 가깝다고 보면 된다.(위상수학에 익숙한 독자들은 '보로메오 고리(Borromean rigns)'를 떠올리면 쉽다.)

'협의'라고 하면 비생산적인 회의 지옥이 떠오를 수 있지만 그렇지 않다. 오히려 셈플러는 회의를 일주일당 2회로 제한하고 무조건 두 시간 안에 끝내라고 말한다. 나머지 근무시간(주 5일 근무시간 중 회의하는 4시간을 제외한 시간) 동안에 사람들은 자기 할 일을 하고, 협의가 필요할 때에는 당사자들끼리 현장에서 바로바로 진행한다.

분할과 성장. 신뢰, 투명성, 자기 조직화는 집단 규모가 너무 커지면 실현할 수 없다. 집단 구성원들은 서로 사적으로 알고 지내야 하고 온라인이 아닌 현실 세계에서 교류해야 한다. 세포형 조직을 최대 150명 규모로 제한하는 것도 이 때문이다. 150명보다 적으면 더 좋다. 직원이 5000명 이상인 셈코는 150명 단위의 세포형 조직을 중심으로 돌아간다. 조직별 출입문과 구내식당까지 마련되어 있다. 조직 규모를 키워야 한다고 주장하는 사람들은 대기업이 갖는 규모적 이점(일원화해 비용을 절감한 인프라, 대량 구매에 따른 가격 할인 효과 등)을 무시하는 것은 '경제적이지 않다'고 말할 것이다. 하지만 셈코를 이끈 셈플러는 기업 합병과 통합이 계속되는 이 시대에 소규모 조직 구조를 직접 경험한 결과, 소규모 조직이 훨씬 더 효율적이고 경제적으로 경영할 수 있다고 말한다. 조직 규모가 커질수록 비효율적으로 낭비되는 것들이 많아진다는 것이다.

세포형 조직을 중심으로 돌아가는 회사에는 파격적인 규칙도 여럿 존재한다. 예를 들어 셈코의 생산 부서는 임직원을 새로 고용할 때 부서원들을 참여시킨다. 직원 평가는 쌍방으로 이뤄지고, 해고로 이어질 수 있을 만큼 영향력을 갖는다. 직원들은 회사의 이윤을 어느 만큼 분배받고 어떤 방식으로 나눌지를 결정할 수도 있다. 재택근무도 허용된다.

현재 셈코는 높은 이익을 거두는 회사가 되었다. 병가율, 파업, 입사 경쟁률 같은 지표로 평가하건대 일하기에 좋은 회사인 것도 분명해 보인다.[11]

집단의 권위

셈코는 전통적 기업과는 전혀 다른 권위에 의해 작동한다. 세믈러의 책 뒤편에 실린 용어집은 '온정주의'를 다음과 같이 설명한다.

셈코에서는 상상할 수 없는 단어. 우리는 화목한 대가족이 되려는 것이 아니다. 우리는 성공적인 회사가 되고 싶다. 직원들의 업무 성과에 관심이 있지 그들의 사생활에는 관심이 없다. 셈코에는 헬스장이나 수영장, 체육관 같은 시설이 없다. 셈코는 직원들을 돌봐야 할 어린애로 대하는 것이 아니라, 스스로 결정하기에 부족함이 없는 어른으로 대하기 때문이다.

세믈러는 집단 양육 모델을 제안한 하임 오메르와 유사하게, 권위의 원천을 집단에서 발견했다. 셈코의 경우에 이 권위의 원천은 회사를 지속 가능한 집단으로 만들고자 상호 협의를 통해 맡은 일을 하는 직원들을 가리킨다.

중요한 질문은 이것이다. 수평적 권위는 어떻게 작동할까? 자발적으로 일어나는 자기 조직화가 소규모 집단 내부와 집단 사이에서 동시에 일어난다는 말일까? 몇몇 독자는 다음과 같은 환상을 품을지도 모르겠다. 관리자도, 위계질서도 없이 선한 인류에 대한 신뢰를 바탕으로 굴러가는 집단. 이는 마치 자연과도, 이웃과도 더불어 살아가는 작은 마을의 평화로운 풍경을 연상시킨다. 그러나 인류학적 연구에 따르면, 이러한 소규모 공동체에서 사람들이 사망하는 주요 원인은 구성원들 간에 발생하는 폭력이다.[12] 자발적인 자기 조직화가 가능하다는 상상은, 시장이 '보이지 않는 손'에 의해 자기 규제를 할 수 있다고 믿는 자유시장 이데올로기와 마찬가지로 위험하다. 수평적 조직은 분명한 한계선이 있어야 제대로 작동한다. 세믈러는 이 한계선을 정하기까지 10년의 세월을 투자했다.

이 한계선이 무엇인지 고민하느라 시간을 허비할 필요는 없다. 이 한계선은 꽤 오래전부터 존재해왔다. 인터넷 시대가 도래하면서 재해석되고 있는 '공유(commons, 토지 또는 재산을 공동 소유하는 것)'란 경제 현상을 생각해보자. 18세기만 해도 토지 대부분은 공동체가 공동으로 소유했다. 공유지에서 구성원들은 가축을 방목하고, 땔

감을 구하고, 비료나 연료로 쓸 토탄(土炭)을 얻었다. '공유'란 말에
는 공동의 이익을 위한 소유물이 존재한다는 의미가 담겨 있다. 그
러나 이후 반세기에 걸쳐 상류층이 공유지를 점거했고 그곳에 울타
리를 쳤다. 현재 유럽에서는 스위스만이 예외적으로 공유지 제도를
유지하고 있다.

집단이 재산을 공유한다는 발상은 오늘날 대체로 부정적으로 여
겨진다. 공유에 대한 부정적 반응은 1968년 미국인 생태학자 개럿 하
딘(Garrett Hardin)의 글 「공유지의 비극(The Tragedy of the Commons)」
에서 시작되었다. 인간 본성을 비관적으로 보았던 하딘은 사람들
이 각자의 이익을 위해 공유 자원을 있는 대로 착취할 것이라고 생
각했다. 하딘이 제시한 해법은 '명령과 통제' 모델에 입각한 중앙 관
리 시스템을 세우는 것이었다. 40여 년 후, 노벨경제학상 수상자인
엘리너 오스트롬(Elinor Ostrom)은 실증적 연구에 입각해 하딘의 주
장을 반박했다. 그럼에도 하딘의 근거 없는 주장은 여전히 힘을 발
휘하며 공유 모델에 대한 반대 논리로 쓰이고 있고, 그러는 동안 오
스트롬의 연구 결과는 묻히고 말았다. 최근 연구에 따르면, '자유 기
업' 제도가 많은 경우 자원 착취로 이어지는 반면, 공유 제도는 대
부분 자원의 지속 가능성으로 이어진다고 한다. 이를테면 어부들
이 수역을 공유하게 되면 닥치는 대로 남획하는 것이 아니라, 어획
량을 스스로 조절하고 트롤선이 싹쓸이 조업을 하지는 않는지 감
시하게 된다는 것이다.[13]

어쨌거나, 대안은 있다 2
: 공유

공유가 모든 걸 (심지어 섹스 파트너까지) 나눠 쓰는 아나키스트 히피들의 공동체에나 어울린다는 생각은 큰 오해다. 엘리너 오스트롬은 모든 형태의 공유에 나타나는 특징들, 더 정확히 말하자면 필요조건이 있다고 말한다.

그것을 알아보기 앞서, 공유가 두 가지 측면에서 셈코 모델 그리고 하임 오메르의 양육 모델과 유사하다는 점을 짚고 가고자 한다. 첫 번째로, 참여자들은 현실 세계에서 서로 가깝게 교류해야 한다. 오메르 또한 자녀 앞에 존재하는 것이 양육의 전제조건이라고 말한 바 있다. 사회적 통제는 결코 디지털 통제로 대신할 수 없으며, 수평적 권위는 언제나 실질적인 교류에 뿌리를 둔다.

두 번째로, 공유는 셈코 모델, 오메르의 양육 모델과 마찬가지로 정해진 지침이 없다. 완벽한 공유를 실현하기 위해 따라야 할 관례는 존재하지 않는다. 오스트롬의 연구에 따르면, (정부나 다국적기업이 지역사회 경제에 일방적으로 적용하는) '획일적' 모델은 오히려 재앙에 가까운 결과를 초래한다. 오스트롬은 다섯 가지 제약이 거듭해서 발견된다고 말한다.

첫째, 공유재산을 공유하는 집단의 경계가 명확하게 규정되어 있어야 한다. 아무나 공유재산에 접근해 사용한 다음 떠나버려서는 안 된다.

둘째, 공유는 분명한 규칙에 따라 이뤄져야 한다. 공유 경작지를 예로 들자면, 언제 수확할지, 수확물을 얼마만큼 가져갈 수 있는지 등에 관한 규칙을 모두가 따라야 한다. 이러한 규칙은 아주 오랫동안 유효하며 때로는 집단 내부에서 유기적으로 만들어져 현지 상황에 맞게 다듬어진다.

셋째, 집단은 상호 합의에 따라 기존 규칙을 바꿀 수 있다. 이러한 변화는 주기적으로 일어난다. 이로써 집단은 공유하는 자원을 환경 변화에 맞춰 유연하게 구성할 수 있다.

넷째, 사회적 통제가 모든 곳에서 작동한다. 집단 구성원들은 다른 사람들이 공유재산을 어떻게 사용하는지 엄격히 감시한다.

다섯째, 규칙을 어기는 사람은 처벌받는다. 오스트롬에 따르면, 이 처벌은 대개 가벼우며 제한적으로만 일어난다. 가장 엄중한 처벌은 무형적으로 나타난다. 예컨대 위법자는 집단 구성원들 사이에서 평판을 잃는다. 집단 안에서 살아가는 사람에게 이보다 무거운 처벌은 없다.

오스트롬의 연구 결과는 대단히 놀랍다. 공동의 이익이라는 맥락에서 자신들의 안녕을 스스로 결정할 수 있게 되었을 때, 사람들은 공동의 이익을 위해 지속 가능한 해법을 선택한다는 것이다.[14]

공동체와 협동조합
: 공유경제

사람들은 공유나 협동조합에 관한 뉴스를 접하며 고개를 끄덕이지만, 다국적 대기업이 협동적으로 운영될 수 있다고 하면 고개를 갸우뚱할 것이다. 공유 모델은 대부분 어업이나 축산업처럼 전통 산업에만 적합하다고 생각한다. 한마디로 자원 공유를 열렬한 환경운동가들만의 일로 여긴다.

브라질 대기업 셈코는 이러한 생각이 틀렸음을 보여주었다. 또 다른 사례로는 네덜란드의 지역사회 기반 돌봄 서비스 회사인 뷔르트조르흐(Buurtzorg)를 꼽을 수 있다. 중앙 관리형 의료기관에 몸담으며 비인간적인 간호 서비스의 문제를 깨달은 간호사가 설립한 회사로, 8000명이 넘는 직원을 고용하고 있으며 550개가 넘는 자율 부서를 중심으로 돌아가고 있다. 네덜란드에서 가장 성공한 의료 서비스 회사로 손꼽히며, 기존 돌봄 서비스보다 절반이나 저렴한 가격에 서비스를 제공하고, 2년 연속 네덜란드에서 '가장 일하기 좋은 회사'로 뽑히기도 했다. 스페인 10대 기업 중 하나인 몬드라곤(Mondragon)도 좋은 사례이다. 직원 규모 7만여 명에 25개가 넘는 지사를 거느린 몬드라곤은 철저히 협동조합 방식으로 운영되고 있다. 한편 벨기에의 사례를 보면 이런 방식이 리테일 분야에서도 작동하고 있음을 알 수 있다. 신발 매장 체인인 스후넨 토르프스(Schoenen Torfs)는 직원들을 기업 구조 중심에 놓는 변화를 꾀한 결

과, '가장 일하기 좋은 회사'로 다섯 차례나 선정되었고 수익이 두
배 가까이 상승했다. 벨기에 연방 공공서비스 사회보장청장인 프랑
크 판 마센호버(Frank Van Massenhove)은 공공 부문에서도 이러한 접
근법이 유효하다는 것을 증명했다. 그가 내건 모토는 "당신 삶의 주
도권을 되찾으세요."였다. 그는 2007년 '올해의 공무원'으로 선정되
었으며 그가 이끈 사회보장청은 벨기에 행정조직 가운데 가장 일하
기 좋은 부서로 유명해졌다.[15]

물론, 이러한 공유와 협동 모델이 언제나 성공한다고 말할 수는
없다. 하향식 모델 옹호론자들은 어떻게든 이 방식을 깎아내리려
할 것이다. 그들이 비판하는 이유는 아주 간단하다. 상부에 있는 사
람들이 권력을 포기해야 하기 때문이다. 다시 말해 공유 모델을 비
판하는 근거가 무엇이든 경제적 동기에 의한 것이 아님은 분명하다.
'명령과 통제' 모델을 따르는 회사와 달리, '공유와 협동' 모델을 따르
는 회사들은 지속 가능성, 수익성, 일자리 창출의 관점에서 보다 우
수한 성과를 내고 있다. 그러니 우리에게 대안은 분명히 존재한다.
또한 우리의 현실과 점점 더 가까워지고 있다.

지난 10여 년 동안, 경제 활동은 전통적인 기업의 범위를 넘어
섰다. 인터넷 발달에 따른 새로운 소통 방식과 기존 협업 형태(공동
체/협동조합)의 결합을 통해 이전에 없던 양상의 경제가 만들어졌다.
우리는 전기 드릴을 1년에 30분 정도 쓸까 말까 한다. 재단기는 또
어떠한가? 1년에 하루 꺼내 쓰는 게 전부다. 이는 우리의 소비 행위

가 얼마나 비경제적인가를 보여준다.(이런 상품을 만드는 사람들에게는 경제적이겠지만.) 동시에 이는 각자의 재산을 공유하는 것이 얼마나 경제적일 수 있는가를 의미한다.[16] 물론 내놓는 것 없이 남의 물건을 쓰려는 사람들도 있겠지만, 걱정할 필요 없다. 오스트롬이 말한 것처럼, 이런 사람들을 막는 한계선이 자연스레 정해질 것이기 때문이다. 이제 사람들은 가상의 소통을 통해 실제 물건을 공유할 수 있게 되었다. 더 이상 빚을 지지 않아도 된다.

오늘날 공유는 전기 드릴을 나눠 쓰는 차원을 훨씬 뛰어넘어 이루어지고 있다. 공동체/협동조합은 에너지, 특히 재생에너지(태양광 패널, 풍력 발전기 등) 분야에서 활발해지고 있다. 거의 모든 공동체/협동조합이 지속 가능한 에너지를 도입하고 있다. 한때는 모든 에너지 사용량의 3분의 1을 재생에너지 자원으로 충당하는 독일이 이 분야를 선도했으나, 이제는 상황이 빠르게 변하고 있다.

이 모든 현상은 '공유경제(sharing economy)'란 말로 압축된다. 공유경제에서는 '이코노미컬(economical, 필요한 만큼만 쓴다는 뜻)'이란 개념이 '이코노믹(economic, 경제성이 있다는 뜻)'을 대신한다. '성장(growth)'보다는 '절약(thrift)'이 더 중요한 가치가 된다. 공유경제에 참여하는 사람들에게 참여의 목적을 묻는다면 분명 이렇게 대답할 것이다. 돈을 아낄 수 있고, 환경에 이롭고, 쉽고 안정적이고, 소비에 대한 주도권을 가질 수 있고, 새로운 운동의 일부라는 소속감을 느낄 수 있으며, 새로운 사람과 교류할 수 있기 때문이라고.

디지털 기술의 발달 덕분에 우리가 공유할 수 있게 된 가장 중요한 자원은 바로 '지식'이다. 미셸 세르(『엄지공주』)와 알레산드로 바리코(『야만인』)는 지식이 '공공 재화'가 되고 있다는 근사한 말을 남기기도 했다. 위키피디아를 비롯한 오픈소스 소프트웨어는 점점 늘어나고 있다. 너드(nerd)라고 불리는 프로그래머들은 더 이상 그저 머리는 좋지만 세상물정에 어두운(nerdy) 것이 아니라 개방형 PC 운영체제인 리눅스(Linux)나 모듈카 설계 기업인 위키스피드(Wikispeed)처럼, 온라인에서 누구나 무료로 접근할 수 있는 프로그램의 공동 개발자가 되었다. 인터넷에는 경계가 없기 때문에 이러한 특성은 더 이상 지역에 제한되지 않는다. 이 새로운 사회적 공간은 글로벌(global)과 로컬(local)을 합친 혼성어 '글로컬(glocal)'로 표현할 수 있다. 지식은 집단으로서의 권위에 근거를 부여한다. 지식에 기초한 사회적 통제는 기업들에 영향을 미치기도 한다. 부주의한 광고를 게재한 기업은 소셜미디어에서 뭇매를 맞는다. 불량 상품이나 서비스를 내놓은 기업은 온라인에 쏟아지는 소비자들의 항의로 진땀을 뺀다.[17] 온라인 리뷰 사이트가 여론을 조작한다는 비판은 설득력이 떨어진다. 소비자 눈을 감쪽같이 속여온 기존 광고업계에 대한 비판이라면 차라리 말이 될 것이다.

이 같은 변화를 통해 만들어진 새로운 집단적 권위는 앞서 세 플러와 오스트롬이 언급한 원칙들에 대부분 의존한다. 그 원칙들이란, 공동체가 최고 권위를 가져야 하며, 구성원들끼리 가깝게 교류해야 하며, 정보를 최대한 투명하게 공유해야 하고, 통제와 억제 메커니즘이 존재해야 하고, 구성원들이 스스로 결정을 내릴 수 있어야 하며, 자기 조직화와 협의가 중심에 와야 한다는 것 등을 의미한다. 이 집단적 권위는 사회적 신뢰와 그에 따른 통제에 근거를 둔다. 이 권위는 또한 모든 권위와 마찬가지로 자발적 복종을 이끌어내는 동시에 자동적으로 범칙자들을 엄벌한다. 범칙자는 지금껏 그래왔듯 사회적 배제라는 처벌을 받게 된다.

공유경제는 그것의 사회적, 환경적 의미를 생각해볼 때 기존 경제와의 차이가 뚜렷해진다. 요약하자면 공유경제는 개인 소유에서 공유·교환으로, 성장에서 지속 가능성으로의 변화를 의미한다.

지속 가능한 경제, 아니면 파멸

우리에게 미래가 있다면 그 미래는 어쨌든지 지속 가능해야 한다. 성장은 골칫거리일 뿐, 더는 해법이 될 수 없다. 경제가 가상이 아닌 실물에 뿌리를 두고 있었던 약 50년 전만 해도, **진정한** 성장은 계층 사다리를 오를 수 있는 원동력이 되어주었고, 자유시장(혹은 자유시장에 가까운 경제체제) 이데올로기는 꿈꿀 수 있는 가장 이상적인 세계상을 제공해주었다. 당시의 자유시장은 동구권 사회주의국가들의 중앙계획경제와 달리 민주주의와 밀접하게 연결되어 있었다. 그러나 오늘날 자유시장과 민주주의의 연결 고리는 끊어졌다.(시장은 독점적 금융 세력에 좌우되고 있다.) '성장'은 실체가 사라졌고 극소수에게만 이익을 몰아주고 있다. 과거의 해법이 오늘날에는 자폭 행위가 되고, 이런 문제를 지적하는 경제학자들이 점차 늘어나고 있다. 그러나 '자유기업의 전령(The Herald of Free Enterprise)'호는 여전히 뱃머리 문을 버젓이 열어놓은 채 위태로이 항해하고 있다.✤

자유시장과 함께 민주주의도 자취를 감추고 있다. '시장'을 과도하게 방해하는 민주주의를 제한하자는 의견도 나오기 시작했다.✤✤ 사회이동은 이제 과거와 정반대 방향으로 일어나고 있다. 갈수록 더 많은 사람이 계층 사다리 위로 올라가는 것이 아니라 아래로 미

✤ 1987년 3월 6일, '자유기업의 전령'호가 벨기에 제이브뤼허항을 출항하자마자 순식간에 침몰했다. 이로 인해 193명이 숨졌다. 사고 원인은 출항할 때 뱃머리 문을 닫지 않았던 것과 차량 갑판에 수밀구획이 없었다는 점이었다. 조사 당국은 경쟁에 대한 지나친 압박이 안전 불감증을 낳아 이와 같은 참사로 이어졌다고 결론 내렸다. 이런 지점에서 이 배의 이름이 '자유기업의 전령'인 것은 비극적인 아이러니, 내지는 거대한 모순같이 느껴진다.

✤✤ 『제4의 혁명』을 공동 집필한 존 미클스웨이트(John Micklethwait)와 에이드리언 울드리지(Adrian Wooldridge)는 이런 의견을 '제4의 혁명'과 연결 짓는다. 이 책은 주로 통화 및 재정 정책 결정을 책임지는 테크노크라트(technocrat, 기술관료)에게 민주적으로 선출된 정부 대표가 지닌 것보다 더 큰 정치적 지배권을 넘기자는 주장을 내포하고 있다. 이 미국인 학자들이 싱가포르와 중국을 모범 국가로 거론한 순간, 이들의 요점은 자명해진다. 이들의 저서는 교묘한 수사로 독자를 기만하는 전형적인 사례라고 할 수 있다. 증거는 아주 선별적으로 인용되고(스칸디나비아 지역에 대한 서술은 오류투성이다.), 독자는 그럴듯한 제안에 현혹된다(싱가포르와 중국의 뛰어난 쓰레기 감량법, 탈세와의 전쟁, 정치인 길들이기 등). 또 이 책에는 사람들의 결정권을 박탈하자는 주장이 미묘하게 깔려 있다. 예를 들면 이런 대목이다. "사람들의 의견을 들으려고 하는 것은 서구 사회를 위험에 빠트릴 것이다. 서구 사회가 과부하에 걸린 것은 바로 이때문이다." 미클스웨이트와 울드리지가 그리는 이상적 사회는 거식증에 걸린 것처럼 깡말랐다. 테크노크라트에 의해 '효율적으로'만 운영되고, 시민들의 영향력은 최소한으로 줄어든다. 이 책을 지침서로 삼게 되는 정치인은 내심 민주주의를 내버리고 싶은 마음이 들 것이다.

끄러지고 있다. 2015년 OECD 보고서에 따르면, 세계의 불평등은 심화하고 있다. 사회학자들은 불평등 심화가 사회를 병들고 위험하게 만들 것이라고 경고한다.

이러한 경제적 쟁점들은 정치와 불가분의 관계가 되었다. 현 상황이 바뀌지 않는다면 정치는 계속해서 이런 유형의 경제에 휘둘릴 것이기 때문이다. '정부'는 나쁜 것을, '민간 부문'은 좋은 것을 대표한다는 이분법에 기초한 민간 부문과 정부의 대립 구도는 사라진 지 오래다. 정부를 '간소화'하고 시장을 '자유화'하자는 정도의 주장은 더는 나오지 않는다. 정부는 특정 집단의 요구를 억제하는 데 점점 더 강력한 힘을 행사하고 있으며, '간소화'되는 것은 공익을 위한 정책뿐이다. 현재의 대립은 사회와 독점적 금융 세력이 맞서는 구도로 바뀌었다. 그런데 후자는 정부와 긴밀히 엮여 있으며, 자신을 뽑아준 사람들과 그 사회를 위해 봉사해야 할 의무를 지닌 정치인들을 압박해 오히려 그 사회에 이득이 되지 않는 결정을 내리도록 힘을 행사한다.

그렇다면 한번 생각해보자. 오스트롬은 공동체가 공동의 이익을 장기적으로 보호하기 위해 세운 원칙에 대해 이야기했다. 그렇다면, 이런 원칙을 뒤집어 반(反)원칙들, 다시 말해 공동체의 최선의 이익에 **반하고** 단기적으로 소수의 이익에만 기여하는 원칙들을 떠올려볼 수도 있다. 어떤 원칙들이 도출될까? 이른바 호모 에코노미쿠스(homo economicus), 즉 '경제인'이 우위를 자치하게 되는 전제 조건들은 무엇일까?

첫째, 이제 누구도 공동체와 연대하지 않는다. 주식을 발행한 회사가 어떤 곳인지 생각할 겨를도 없이 순식간에 주식을 사고판다. 회사는 당신을 어디로든 이전시킬 수 있다. 그럴 때마다 당신은 거주지를 옮긴다. 어떤 연결 고리도, 책임감도, 지속 가능성도 존재하지 않는다.

둘째, 규제가 최소한으로 줄어든다. '자유'와 '자율성'이란 미명 하에 사람들은 어떻게든 규제에서 벗어나려고 한다. 다시 말해 탈규제는 추진될수록 좋은 것이다. 이로 인해 공동의 이익이 위협을 받고, 환경을 파괴하는 온갖 불합리가 용인된다.

셋째, 남아 있는 규칙에 매인 사람들은 그 규칙을 변화시킬 방법이 없다. 그 규칙을 부과한 상류층만이 그것을 마음대로 바꿀 수 있다.

넷째, 투명성과 사회적 통제를 최대한 억제하려고 노력한다. '사람들이 보지 못하게' 하며, 모든 결정은 비밀리에 이루어진다.

다섯째, 모든 것을 호모 에코노미쿠스에 맞추는 건 잘못됐다고 말하는 사람이 있으면 엄벌에 처하고 완전한 복종을 강요한다. 복종을 거부하는 사람은 '마땅히 져야 할 책임을 받아들이지 않는다'는 비판을 받는다.

어딘가 익숙하게 들리지 않는가? 이제 정치에 관한 질문을 던질 차례다.

발데마르 씨,
혹은 숙의 민주주의

아직 눈치채지 못한 사람이 있는지 모르겠지만, 기성 정치의 시대는 막을 내렸다. 유럽 전역에서 정당 가입률이 낮아지고 있고, (의무 투표제를 시행하는 국가에서도) 투표율이 떨어지고 있다.[1] 앞선 장에서 말했듯이, 조국의 아버지는 죽었지만 죽은 줄 모르는 발데마르 씨처럼 좀비 같은 존재가 되었다. 대중은 부패하고 무능한 정치인을 경멸하고 정치인은 대중을 업신여긴다. 정치인들 눈에 유권자들은 위기 상황에서조차 순진하며 정치에 무관심하다.

물론 전부 틀린 생각은 아니다. 지금 위기에 처한 것은 맞다. 그러나 그다음에 따라오는 생각(유권자들이 순진하고 정치에 무관심하다는 생각)은 틀렸다. 대중은 꽤 오래전부터 정치에 지대한 관심을 보이고 있다. 2014년 한 해 동안 네덜란드에서만 민주주의에 대한 책이 열두 권 출판되었고, 판매 부수로 보아 열띤 반응을 얻었다. 항의운동

(protest movement)도 최근 몇 년 사이에 활발해졌다. 시위나 파업처럼 전통적인 형태로, 시민들이 모여 해결책을 직접 제시하는 새로운 형태로, 항의운동은 부활했다. 독일에서는 '분노한 시민'이란 뜻의 '부트뷔르거(Wutbürger)'가 2010년 '올해의 단어'로 선정되었다.♣

　　기성 정치에 대한 대중의 관심은 분노로만 표현되고 있다. 저항 투표(protest vote)가 대표적인데, 이는 전 세계적으로 극우와 극좌 정치인들이 성공한 이유이기도 하다. 기성 정치가 몰락한 원인은 대중이 생각하는 것처럼 훌륭한 정치인이 없기 때문이 아니다. 그 원인은 훨씬 더 심오하며 근본적으로 정치의 구조와 관련 있다. 정치적 피라미드가 맥없이 붕괴한 이유는 그것을 지탱하는 토대가 더 이상 존재하지 않는다는 것이다. 현대의 정치 시스템은 심각한 위기에 빠졌다.

민주주의와 선거

교황, 황제, 왕이 존재했던 르네상스 시대부터 현대 의회민주주의까지 역사를 훑어보면, 정치와 가부장제는 부인할 수 없는 유사성을 지녔다. 얼마 전까지만 해도 정치에서 여성의 자리는 없었다. 정치의 세계는 으스대는 수탉들을 위한 곳이었다. 수탉들은 갈수록 더

♣ 1년 후, 이 단어는 대표적인 독일어 사전인 두덴(Duden)에 정식 등재되었다. 두덴은 이 단어를 '특정한 정치적 결정에 실망하여 격렬한 집회와 시위에 참여하는 시민'이라고 정의한다.

많은 권력을 요구했으며, 어떻게든 옆에 있는 수탉보다 더 높은 똥더미에 올라 목청을 과시하려고 했다. 가부장제의 몰락으로 믿음직한 수탉은 사라지고 말았지만, 그들이 밟고 있던 똥더미는 여전히 남아 있다. 이제 아무도 위대한 수탉의 존재를 믿지 않는다. 토니 블레어, 자크 시라크, 실비오 베를루스코니 같은 사람들의 거짓말은 아직도 우리 기억 속에 선명하다.

기성 정치의 몰락에는 위험한 부작용이 따른다. 많은 사람이 기성 정치의 몰락을 민주주의의 몰락으로 받아들여 새로운 형태의 정권을 모색하는 타당한 이유로 삼기 때문이다. 그러나 실패한 것은 '민주주의'가 아니다. 민주주의 정부에 대한 특정한 해석이 시효가 다 되었고, 특히 더는 민주적이지 않게 되어 그 효력을 잃은 것이다. 민주주의가 실패했다는 잘못된 생각에서 출발한 다른 형태의 정부에 대한 추구는 전체주의 정권으로 이어질 위험이 있다. 즉, 권위가 아닌 권력에 가까워지는 것이다.

우리가 아는 민주주의의 역사가 실은 그리 오래되지 않았음을 상기하는 것은 중요하다. 민주주의의 기원은 기원전 5세기 아테네로 거슬러 올라가지만, 국민국가(nation-state)가 서서히 발전하여 의회민주주의를 이룬 시점은 19세기 초였다. 민주주의는 선거에 기초하며, 숱한 어려움을 거쳐 보통선거를 실현했다. 따라서 우리에게 '민주주의'란, 누구나 국민 대표로 출마할 수 있고 누구나 동등한 투표권을 행사할 수 있는 '자유선거'와 동의어라 해도 과언이 아니다.

그렇다면, 왜 모든 나라에서 투표율이 낮아지고 있는 걸까?[2] 앞서 나는 대중이 순진하고 무관심하다는 발데마르 씨(정치인)의 주장은 틀렸다고 지적했는데, 달리 말하자면 이렇다. 유권자들이 자신들의 목소리가 받아들여지지 않는다는 걸 깨달으면서, 투표율이 갈수록 줄어들거나 부동층 비율이 갈수록 늘어나고 있다. 선거와 민주주의의 아름다운 관계는 사실상 끊어졌다. 이 놀라운 발언에 대해서는 부연 설명이 필요할 듯하다. 이를 위해 우리는 역사를 되돌아보아야 한다. 요약하자면, 본래 선거는 전혀 민주적이지 않았다. 선거와 민주주의가 연결된 것은 나중의 일이었다. 그러므로 지금은 본래의 상태로 되돌아간 셈이다.

초창기 선거는 대중의 권력을 최대한 제한하는 것에 목적을 두었는데, 그 이유는 명백하게 가부장적이었다. 권력자들은 대중을 멍청하다고 생각했으며, 더 유능한 자신들이 그들을 대신해 결정하는 것이 더 낫다고 여겼다. 이런 점에서 초창기 선거는 반민주주의적이었다. 과거 벨기에에서 선거권은 납세율에 따라 주어져 일정액 이상을 세금으로 낸 사람만 투표할 수 있었다. 따라서 선거에 출마하고 투표할 수 있는 인구가 상당히 제한되었다. 대부분 돈/신분을 갖춘 남성이었으며, 이들은 전체 인구의 3퍼센트밖에 되지 않았다.

1917년 네덜란드가 모든 성인 남성에게 투표권을 부여했고, 이듬해 벨기에도 같은 결정을 내렸다. 이는 민주주의를 향한 큰 발전이었다. 네덜란드는 2년 만인 1919년 여성에게도 보통 투표권을 부여했고 벨기에는 1948년에 여성 투표권을 인정했다. 이 결정은 민주주의 확산에 엄청난 영향을 주었다. 이때를 기점으로 수십 년에 걸쳐 우리가 알고 있는 사회적 발전이 대부분 이뤄진 것은 우연이 아니다. 이 시절은 정부가 어느 때보다 민주주의에 가까웠던 순간이었다.

1980년대부터 정치는 경제에 자리를 내주기 시작했다. 1966년만 해도 샤를 드골 대통령은 "프랑스의 정치는 증권거래소에서 일어나지 않는다."라고 말할 수 있었다. 그러나 그의 후임자는 프랑스를 크게 다른 방향으로 이끌었다. 1980년대 이후로 전통적 권위는 점차 힘을 잃었고, 그 힘은 금융계와 경제 집단들로 넘어갔다. 이 세력은 '자유시장'이라는 완곡한 표현으로 포장되어 오늘날까지도 정치를, 나아가 정부를 장악하고 있다. 선거는 더 이상 민주주의를 보장하지 못한다. 초창기 선거가 그랬듯이, 선거는 귀족정치를 낳는다. 우리는 이를 어렴풋이 느끼고 있지만 또렷이 의식하지는 못한다. 이런 상황 변화는 매우 중요한 의미를 갖기에 조금 더 자세히 논의할 필요가 있다.

민주주의인 척하는 귀족정치

귀족정치(aristocracy)는 소수 엘리트가 지배하는 정부 형태를 가리킨다.(그리스어로 '아리스토이(aristoi)'는 '가장 높은 자'를 의미한다.) 흔히 귀족이라고 하면 떠오르는 화려한 드레스를 입은 여자들, 백작과 남작 들과 같은 세습 귀족이 떠오른다. 반면 오늘날 우리 위에 군림하고 있는 사람들은 민주적인 척하는 선출 귀족들이다. 이 모든 것은 정당의 진화와 밀접한 관계가 있다.

정당이 등장하기 전에는 선출된 대표들이 개인 자격으로 의석을 맡았다. 네덜란드에서는 1879년 최초 정당인 반혁명당(Anti-Revolutionaire Partij)이 탄생했다. 6년 후 자유주의연합(Liberale Unie)이 창립됐고 1894년 사회민주당(Sociaal-Democratische Arbeiderspartij)이 만들어졌다. 가톨릭 정치인들은 1926년 로마가톨릭의원총연맹(Algemeene Bond van Roomsch-Katholieke Kiesverenigingen)을 결성했다. 이처럼 여러 정당이 생겨난 원인은 정치와 종교의 분리로까지 거슬러 올라간다. 벨기에에서는 최초 정당인 자유당(Liberale Partij)이 1846년 탄생했고, 뒤이어 최초의 가톨릭정당(Katholieke Partij)이 1869년, 벨기에노동당(Belgische Werkliedenpartij)이 1885년 창설되었다. 이 정당들의 유래를 보면, 어떤 패권을 깨트리거나 적어도 약하게 만들려는 것에 목적을 두고 있다. 자유당은 가톨릭 세력에 대항했다. 가톨릭정당은 처음에는 자유주의에 맞서다가 나중에는 사회주의만이 노동자 해방을 실현한다는 주장에 반대했다. 벨기에노동당은 의회를 장악하려는 부르주아 계층을 저지하려 했다. 결국 이 정당들은 공통적으로 무엇으로부터 해방되고자 생겨난 것이었다. 선출 의원들이 아닌 정당 지도부가 모든 정책을 결정하는 엄격한 일당 독재 정치가 등장한 것은 나중의 일이었다.

처음부터 그랬듯 오늘날에도 재력, 가문, 학벌 등의 장벽 때문에 선거에 출마할 수 있는 사람은 소수에 불과하다. 당 지도부는 이미 한 차례 선별된 집단 안에서 입후보자 명단을 구성한다. 그렇다면 어떤 후보가 명단에 이름을 올리고 유리한 자리를 차지하는가? 기준은 불분명하다. 반드시 이전 선거 득표수에 의거하는 것도 아니다. 투표용지에는 항상 같은 이름이 등장하고, 이들은 훗날 자기 자식을 후보자로 내보낸다. 이런 식으로 선거와 세습 귀족제가 합쳐지기 시작한다. 이제 정치는 대부분 가업으로 변질되었고, 정당은 서로 적대하는 두세 개 가문의 싸움터가 되었다. 이렇듯 선거는 처음부터 반민주주의적이다.

선거가 치러지는 과정을 보면, 내용보다는 후보자들의 미디어 노출과 그들이 말하는 구호("지금 바로 변화!")가 더 많은 집중을 받는다. '민주주의의 성사(聖事)'였던 선거는 광고업계 출신의 공보 비서관들이 연출하는 미디어 스펙터클로 변질되었다. 선거가 치러지고 새 정부가 출범한 후부터는 곧장 다음 선거를 준비하기 시작하고, 정치인들은 정치적 성과를 거두는 것처럼 보여야 한다. 이는 보여주기식 정치일 뿐, 행동하는 정치로 이어지지 않는다.

설상가상으로, '민심을 대표하는 당선자'는 정부에 입성하는 순간 민심을 생각하지 않는다. 대다수 정당은 의석을 차지하자마자 공약을 저버리고 '대안이 없다'는 말만 되풀이한다. 선출 정치인들은 당 본부에서 시키는 대로 행동한다. 즉, 국가가 소수 집단의 하향식 정치에 의해 통치되고 있는 것이다. 대중이 진정으로 원하는 것과 소수 집단이 시행하는 정책 사이에는 엄청난 간극이 있다. 시위가 늘어가고 '분노한 시민'이 증가하는 이유다. 시민들에게는 분노할 만한 이유가 충분하다.

다음은 유럽에 국한된 예시들이다. 유럽 헌법은 2005년 프랑스와 네덜란드 국민투표에서 부결되었으나 몇몇 세부 사항을 수정해 2007년에 마침내 체결되었다. 유럽연합 회원국 내 학제를 통일한 볼로냐 프로세스(Bologna Process)는 대학들의 시위에 아랑곳 않고 시행되어 예상했던 대로 부작용(교육 기간 증가, 교육의 질 저하 등)을 낳았다. 의료·전력·대중교통 민영화에 대한 대중의 항의는 무시당하기 일쑤다. 벨기에에서는 압도적인 수의 시민이 공정한 부동산 세제를 바라지만, 이들의 의견은 절대 받아들여지지 않을 것이다. 언어권에 따른 국가 분할을 찬성하는 벨기에 국민은 전체의 15퍼센트밖에 되지 않지만, 여당은 이야말로 진정한 민심을 드러내는 "숨은 흐름(the undercurrent)"이라 부르며 여기에 말도 안 되는 설명까지 덧붙인다. "플랑드르 사람들은 독립을 분명하게 찬성하고 있다. [······] 그러나 아직 독립할 준비가 되었는지는 모르겠다."[3]

안타깝게도, 약 한 세기 동안 정부가 민주주의라는 대의를 실현할 수 있게 해주었던 메커니즘인 선거가 제 기능을 하지 못하고 있다. 정부의 권위는 갈수록 줄어들고 있으며 이제는 대놓고 권위가 아닌 권력을 행사한다. 정부를 지키기 위해 우리는 새로운 유형의 민주주의, 즉 새로운 유형의 권위를 행사하는 민주주의를 모색해야 한다.

선거에 기초하지 않는 민주주의 정부 유형은 실제로 존재한다. 무엇보다 민주주의의 본질을 생각해보면, 민주주의에 대한 해석은 본래 잠정적이며 가변적이라는 사실을 받아들일 필요가 있다.

민주주의는 언제나
현재 진행 중이다

1831년, 프랑스의 젊은 귀족이 미국의 새로운 정치체제에 이끌려 미국으로 향했다. 그의 일가 몇몇은 프랑스혁명 때 단두대에서 목숨을 잃었다. 그도 정치에 발을 들였지만 혁명 반대파 내에서 자리를 잡지 못한 터였다. 알렉시 드 토크빌(Alexis de Tocqueville)은 1년 동안 미국을 여행하며 미국에서 싹튼 새로운 정치체제를 연구했다. 이런 경험과 연구는 1835년 『미국의 민주주의』라는 책의 출간으로 이어졌으며, 오늘날에도 미국의 정치체제를 이해하는 기본서로 읽힌다. 그런데 미국 민주주의에 평생을 헌신한 드 토크빌조차 민주주의의 핵심에 갈등이 존재한다는 결론에 이르렀다. 모두를 위한 자유와 평등을 동시에 추구한다는 것은 본질적으로 모순을 내포하기에, 절대로 완벽하게 실현될 수 없다.

150여 년이 흘러 프랑스 철학자 자크 데리다는 이런 통찰력에 바탕을 둔 사유로 지극히 현실적인 결론에 도달했다. 정치체제로서 민주주의는 최대한 많은 사람의 평등을 도모하는 동시에 모든 개인의 개별적 자유를 존중하려고 노력한다. 평등을 도모하고 때로는 강요하는 과정에서 개인을 향한 폭력이 발생할 수 있으며, 반대로 개인의 자유를 존중하는 과정에서 불평등이 발생할 수도 있다. 따라서 민주주의는 절대 완전하게 실현될 수 없으며 '다가올 민주주의(a democracy to come)'[4]로서만 존재한다는 것이 데리다의 결론이었다. 즉 민주주의란 확실한 종착점이 정해지지 않은 채로 계속 단계적으로 실현되는 상태를 의미한다는 것이다. 그의 말대로 민주화는 언제나 진행 중에 있다. 다만 우리는 민주화의 최종 목표를 늘 명심해야 한다.✿

최종 목표는 데모스(demos), 즉 민중의 자치다. 이는 모든 사람이 저마다 아주 다르다는 것을 인정하되, 정치적으로 평등한 존재로 본다는 것을 함의한다.✿✿ 여기서 우리는 권위의 중요성과 필요성

✿ 민주주의가 확실한 종착점이 정해지지 않은 과정이란 말은, 민주화로 향하는 단계들이 언제나 장소와 시간의 제약을 받는다는 뜻이다(Rosanvallon, 2012). 이는 의미 있는 주장이다. 자유선거에 기초한 '우리'의 민주주의만이 진정한 민주주의이며 '아직 이 단계에 도달하지 못한' 국가들에 이를 도입해야 한다는 주장과 상충한다는 점에서 특히 유의미하다. 서구 사회가 아프가니스탄, 이라크, 아프리카 국가들에 강제로 도입한 민주주의 선거의 결과는 성공적이라고 말할 수 없다. 국가마다 역사적 상황이 다르므로 민주주의도 각각 다른 형태를 띠어야 한다. 게다가 '우리'의 민주주의를 다른 곳에 강요한다는 것은 그 자체로 아주 비민주적이며 가부장적이다.
✿✿ 평등을 도모한다는 것은 획일성(uniformity)에 대한 강요를 정당화하는(필요 시에는 문자

을 다시금 깨닫게 된다. 권위의 기능(한나 아렌트의 논의 참고)은 사람들 사이의 관계를 규제하는 것이다. 민주주의의 권위는 개개인의 자유를 존중하는 동시에 평등을 지지하는 사람들 사이의 관계를 규제한다.

선거는 민주주의를 실현하는 데 필요한 핵심적이고 대단히 귀중한 단계였으나 이제는 아니다. 이 시대의 선거는 앞서 언급한 여러 이유로 반민주주의적인 결과를 낳기도 한다. 그보다 더 근본적인 이유는 정부가 비민주주의 세력에 휘둘려 불평등을 심화하는 정책을 도입한다는 것이다. 이는 민주주의적 이상과 정반대된다.

이러한 관측이 순전히 정치 좌파의 주장이라고 생각하는 독자를 위해 이를 뒷받침할 통계를 몇 가지 제시해보겠다. OECD 보고서에 따르면, 불평등은 확실히 심각해지고 있으며 경제와 사회에 부정적 영향을 미치고 있다.[5] IMF 보고서는 소득 불평등 심화가 경제에도 치명적 영향을 미칠 것이라고 결론 내렸다. 한 국가의 소득 상위 20퍼센트가 1퍼센트 더 부유해지면 GDP는 감소한다. 반대로 소득 하위 20퍼센트가 1퍼센트 덜 가난해지면 GDP는 올라간다. 이 통계를 보도한 벨기에 일간지 《데 스탄다르트》에 따르면, "IMF는 국가들로 하여금 부동산과 재산에 대한 세금을 높이고 탈세를 방지할 것을 촉구했다."[6] 이는 경기 부양을 원하는 정치인들이

___

그대로 '유니폼'까지 강요하는) 위험한 부작용으로 이어질 소지가 있다. 오늘날 '데모스'는 '공동체' 정도로만 해석하는 것이 바람직하겠다.

어느 부분에서 비용을 아껴야 하는지를 분명하게 보여준다.[7]

많은 사람과 마찬가지로 나 또한 우리 사회가 전환점에 도달했다고 생각한다. 세습 귀족제를 타도하기 위해서는 혁명이 필요했다. 보통 선거권을 얻어내기까지 수많은 시위와 파업으로 수많은 사람이 목숨을 잃어야 했다. 과도기가 올 때마다 권력관계가 재조정되었고, 민주주의에 한발 더 가까이 다가가거나(불평등이 해소되거나) 멀어지는(불평등이 심화하는) 결과를 되풀이했다. 오늘날 불평등은 심화하고 있고, 저항과 시위에도 불구하고 민주주의는 쇠락하고 있다. 시민들은 분노하고 있다.

앞서 나는 새로운 권력의 근원에는 이전 권위에 대한 최초의 폭력이 존재한다고 이야기했다. 오늘날 이 폭력은 새로운 사회적 관계를 강요하는 정부에 대한 사회의 저항에서 발견된다. 가장 이상적인 상황은, 정치를 비롯한 모든 분야에서 이 저항이 권위에 대한 새로운 해석으로 발전하는 것이다. 이를 위해서는 발터 베냐민이 말한 '합법적 폭력(legal violence)'이 필요하다.[8] 이 폭력이 그 이상으로 번지지 않기를 바랄 뿐이다.

권위를 대신한 권력

다비트 판 레이브라우크(David Van Reybrouck)는 현대의 정치 상황을 가리켜 '민주주의 피로 증후군(democratic fatigue syndrome)'이 역병처럼 돌고 있다고 표현했다. 시민들은 민주주의를 신뢰하지 않으며, 여기서 언급할 두 가지 '치료책'을 받아들이려 하고 있다. 그러나 이 치료책들은 병보다도 나쁜 결과를 낳을 운명이다. 첫 번째 치료책은 포퓰리즘이다. 겉으로 봤을 때에는 민주적인 것처럼 보이나, 실제는 그렇지 않다. 포퓰리즘의 민낯은 사람들이 희생당한 후에야 드러난다. 포퓰리즘의 전형인 내셔널리즘이 유럽 전역에서 다시 고개를 들고 있다. '피와 땅(Blut und Boden, 나치의 인종주의를 상징하는 구호—옮긴이)'을 외치는 시대에 뒤처진 내셔널리즘과 달리, 현대 내셔널리즘은 실상 지역주의에 가까우며 경제적 이득을 그 동기로 삼고 있다. 경제적으로 성공한 지역들(북부 이탈리아, 카탈루냐, 플랑드르)은 덜 성공한 지역들로부터 독립하고 싶어 한다. 이런 행위의 핵심은 연대에 대한 근시안적인 거부이다.✿ 사람들은 언젠가 자신들도 덜 성공한 지역과 같은 운명에 처할 것이라고 생각하지 못하는 듯하다. 그런 순간은 생각보다 빨리 찾아올 수 있다. 지역주의 정당들은 정권을 잡는 순간 놀라울 만큼 신속하게 사회 구성원 대다수에게 불이익을 안기는 사회경제적 결정을 내린다. 많은 경우에 새로운

✿ 2012년 네덜란드 사회학자 빌렘 신켈(Willem Schinkel)은 내셔널리즘이 반드시 신자유주의 경제의 양상으로 나타나지는 않는다고 지적한 바 있다. 예를 들어 스코틀랜드의 민족주의자들은 노골적으로 좌파임을 자처한다. 내셔널리즘은 특정한 역사를 공유하는 대규모 집단들의 연대에 기초할 수도 있다. 신켈이 '비판적 내셔널리즘'이라고 명명한 개념에서 이 연대란, 배타적인 공동체로 물러서는 것이 아닌 더 넓은 세상으로 나가겠다는 의지와 더 어우러진다.(내셔널리즘이 갖는 배타적 특성상 이 의지는 침범하고 약탈하는 행위와 이어진다.)

통치자들은 이 사실을 숨기려고 적이라고 추정되는 대상에게 모든 관심을 돌린다. 늘 잘못의 책임은 타인에게 전가된다.

포퓰리즘적 해결책과 180도 다르면서 민주주의와도 상극인 두 번째 치료책은, 소수 전문가 집단에게 권력을 쥐여주는 일명 테크노크라시(technocracy), 즉 기술관료제이다. 테크노크라시가 태동한 배경은 '상식'이 모든 것을 해결해줄 것이라 믿는 포퓰리즘과는 정반대이다. 테크노크라시는 정치란 것이 너무나도 복잡해져 정치인들조차 전체적인 그림을 볼 수 없게 되었고, 그에 따라 올바른 결정을 내릴 수 없게 되었다는 인식에서 출발한다. 결정권은 객관적 지식으로 올바른 결정을 내릴 수 있는 전문가들에게 '위탁'된다. 이러한 논리는 현대 사회에서 '효율성'이나 '문제 관리'가 각광받는 논리와 일맥상통한다. 이데올로기를 잊고 해결책에만 집중하면 모두가 행복해진다는 것이다.

참으로 그럴 듯하게 들린다. 당파 싸움 없이 객관적 연구와 정보를 바탕으로 내린 결정을 어느 누가 반대하겠는가? 두 가지 예를 들어보겠다. 네덜란드에서는 셰일가스 개발을 위한 수압파쇄법과 안트베르펜 시의 교통혼잡이 수년간 정치 어젠다였다. 그러나 문제 해결 방안이라고 내놓은 것들은 그저 문제의 양상을 묘사하는 데 그쳤다. 게다가 심층 분석처럼 보이는 해결책들이 오히려 교착 상태를 야기했다. 각각의 다른 전문가들이 각각 다른 목적으로 연구하여 각각 다른 방책을 내놓고 있으니 그럴 수밖에 없는 일이다.

여기서 우리는 4장의 논의로 돌아간다. 정치와 사회 분야에서 객관적인 연구란 불가능하며 객관적인 수치도 존재하지 않는다. 연구에 쓰인 방식은 객관적일 수 있겠으나 연구에 담긴 문제의식과 기준은 절대 그렇지 않다. 사회에 관한 문제 제기는 이상적 사회를 규정하는 이념적 관점에서부터 만들어진다. 애초에 모자에 토끼를 넣어두어야만 모자에서 토끼를 꺼내는 마술이 가능한 법이다. 살기 좋은 도시를 만들려면 미세먼지를 감축하고 교통 소음을 해결하는 것에 우선순위를 두어야 할까? 아니면 항만 교통 관리에 우선순위를 두어야 할까? 메탄가스 배출량과 화학물질로 인한 토양과 지하수 오염을 고려해야 할까? 아니면 에너지 가격을 감소하고 에너지원 수입 의존도를 낮추는 것이 우선일까?

전문가들이 작업에 착수하기 전에 사회는 무엇을 원하고 원하지 않는지, 무엇을 우선순위로 삼을 것인지에 대해 확실한 경계선을 그어야 한다. 민주주의 체제에서는 사회적 합의를 통해 대다수가 동의하는 경계선이 만들어져야 한다. 하지만 현실에서 이런 합의는 드물게 일어나며 사람들은 이 결정을 고분고분 따르려 하지 않는다. 시민들은 스스로 문제를 해결하고자 나섰고 자신들만의 우선순위를 정하고 있다. 시민단체 링란트(Ringland)는 안트베르펜을 보다 살기 좋은 도시로 만들겠다고 직접 나서 크라우드펀딩으로 자금을 모아 자체 연구를 실시했다. 이들의 활동은 정치인들을 움

직여 결국 안트베르펜의 교통혼잡 문제를 해결했다.＊

　이런 결정을 전문가들에게 맡기는 것은 좋은 생각이 아니다. 어떠한 민주적 통제도 넘어서서 통치하고, 소위 자유시장이라는 지배적 권력의 이익을 좇아 결정을 내리는 소수 집단에게 권력을 쥐여주는 것과 같기 때문이다. 가장 문제적인 사례로는 룩셈부르크 당국이 기업들과 맺은 선납세금 협약을 꼽을 수 있다. 이 협약은 다국적기업들의 합법적 조세 회피 수단으로 쓰였다. 네덜란드의 세법학자인 J. L. M. 흐립나우(J. L. M. Gribnau)는 입법자들이 이런 결정을 내림으로써 그들 자신의 권위를 어떻게 실추하는지를 논리정연하게 보여준다.[9]

　테크노크라시 중심의 의사 결정 과정은 흔히 알고 있는 것보다 훨씬 더 많이 현실에 들어와 있다. 뤼도 쿠브뢰르의 표현을 빌리자면, 과거의 '비밀결사'가 오늘날 '그리 비밀스럽지 않은 결사'로 바뀌었다. 몇몇 기관은 더 널리 알려져 있으나, 민주적 통제를 피하기는 매한가지다. G20, 유럽중앙은행, 국제통화기금 그리고 가장 중요하게는 대형 은행들. 매년 다보스에서는 각국 지도자들이 비밀리에 모여 앞으로 무엇을 해야 하고 그 대가로 무엇을 받을 수 있는지

＊　http://ringland.be/grassroots-design-a-large-infrastructure-project/를 참고. 이는 현대 민주주의의 시범 사례이자 정치인들이 입버릇처럼 말하는 시민 참여의 좋은 실례라 할 수 있다. 만일 정치인들이 자신들의 정책을 계속 밀고 나갔더라면 안트베르펜 지역의 '분노한 시민' 들은 급증했을 것이다.

를 듣는다. 이 비밀 모임이 과거와 결정적으로 다른 점은 '오메르타 (omertà, 범죄 조직의 비밀유지 계율)'가 사라지면서 (언뜻 부정적 함의를 띠는 듯한) '유출'이 덩달아 늘었다는 것이다.

민주주의 사회에서 당연히 있어야 할 투명성이 사라지면 시민들은 '유출'로 투명성을 대신한다. 룩스리크스(LuxLeaks)가 대표적이다. 2014년 11월, 룩셈부르크가 다수의 다국적기업과 세금 협약을 체결했을 당시, 정부 지도자들은 이 협약에 불법적인 문제가 없다고 설명하는 데 급급했다. 물론 그 말은 사실이었다. 다국적기업들의 압력에 따라 법인세를 거의 내지 않아도 되게끔 법이 조정되었고, 그 모자란 금액은 대부분 납세자들이 메우게 되었다. 당시 벨기에 재무장관은 이 협약 내용을 공개해야 한다고 주장했다. 바른 말이었다. 무엇보다도 투명성이 중요하니까. 그러나 얼마 안 있어 벨기에도 60여 개의 다국적기업과 비슷한 협약을 맺었다는 사실이 드러났다. 벨기에 재무장관은 의회에 출석해 해당 협약의 내용을 공개하지 않을 것이라고 말했다.[10]

결론은 분명하다. 유럽에서 가장 중요한 결정들은 본질적으로 정치가 아닌 경제적 이해관계에 좌우된다. 게다가 이 결정들은 자율성을 제한하고 불평등을 심화하여 (평등과 자유를 증진하는) 민주주의를 역행한다. 결정권은 선출된 유럽의회 의원들에게 주어지는 것이 아니라 민주적 통제의 범위를 벗어난 세력에게 주어진다. 여기서 언급하지는 않았으나 유명 로비스트들이 정치적 의사 결정에 미치

는 영향 또한 어마어마하다.✿

　다시 말하지만, 이러한 결정들은 아무리 객관적인 수치에 근거한 것처럼 보일지라도 본질적으로 중립적일 수 없다. 그 수치를 도출한 연구 자체가 노골적으로 특정 이념에 물들어 있기 때문이다. 현대 사회를 지배하는 자유시장 이데올로기의 사회적 영향은 '반(反)연대'라는 단어로 압축된다. 본래 민주주의에서는 선택 가능한 정책들이 어떤 것이고, 그 정책이 어떤 결과를 낳을지 시민들에게 투명하게 공개해야 한다. 하지만 현실은 점점 그와 멀어지고 있다.

　앞서 언급한 정치적 위기에 대한 두 가지 해결책, 즉 포퓰리즘과 테크노크라시는 피라미드 형식의 순수 권력으로 이어지는 길이다. 뤽 하위서(Luc Huyse)와 피에르 로장발롱(Pierre Rosanvallon) 같은 사회학자들과 더불어 나 또한 시민들이 시장화된 우리 사회를 바

✿ 다음은 로비스트의 영향력을 보여주는 최근 사례다. 과학자들은 '환경호르몬'으로 불리는 내분비교란물질(EDC)이 인간에게 미치는 심각한 영향력에 대체적으로 동의하는 추세이다. 이에 EU는 환경호르몬 물질의 사용을 제한하고자 과학위원회를 구성해 내분비교란물질의 목록을 작성하게 했고, 연구는 2012년 완성되었다. 그러나 2013년 6월 이 연구를 바탕으로 한 제안서가 거절되었고 프로젝트는 연기되었다. 이유는 최근에야 밝혀졌다. 바이엘(Bayer)을 주축으로 한 화학공업계가 로비를 벌인 것이다. 우리가 이 정보를 알 수 있게 된 것은 기업유럽관측소(Corporate Europe Observatory)가 이에 대한 보고서를 발표했기 때문이다. 이 단체는 EU의 의사 결정 과정에 기업의 로비 활동이 어떤 영향을 끼치는지 연구했다. 이 사례의 경우 바이엘 측이 전달한 의견의 내용과 그 시점으로 보건대, EU의 의사 결정에 로비 활동이 영향을 끼친 것은 자명했다(Horel, 2015). 아직까지 이 단체는 '분노한 시민'의 수를 늘리는 것 말고는 이렇다 할 영향력을 발휘하지 못하지만, 이 단체의 행보는 새로운 사회적 통제의 예시라 할 수 있다.

꿔내기 위해 정치를 다시 장악하기를 바란다. 그러기 위해서는 급진적 변화와 새로운 형태의 권위가 필요하다. 내가 제안하는 해결책은 이제 그리 놀랍지 않을 것이다. 새로운 민주주의 형태로서의 공동체가 그 권위를 쌓아야 한다는 것. 여기서 핵심 질문은, 이 새로운 권위가 민주주의를 실현하는 과정의 다음 단계로서 어떤 형태를 갖추어야 하느냐는 것이다.

급진적 변화

선거 전이면 정당들은 저마다 변화를 약속한다. 그러나 선거 후에는 이전 정부와 똑같은 일을 더 과감히 단행한다. 이로 인해 (1) 권력이 교체되어, (2) 시민들을 위한 결정들이 다시 내려지고, (3) 이 모든 것이 동시대 민주주의의 형태를 기반으로 이뤄져야 하지만 그런 변화는 일어나지 않고 있다.

무엇보다 먼저 권력 교체가 일어나야 한다. '시장'이 아닌 정치가 결정을 내릴 궁극적인 힘을 되찾아야 한다는 데 대해서는 점차 의견이 모이고 있다. 최근 벌어지는 스캔들을 보면 정치인들이 '자유'시장에 가려졌다는 사실이 분명하게 드러난다. 룩스리크스가 폭로한 세금 협약의 경우 비윤리적이긴 했지만 최소한 합법적이었다. 스위스리크스(SwissLeaks) 스캔들의 경우에는 그조차 지켜지지 않았다. HSBC(영국 은행)의 소프트웨어 기술자가 HSBC 스위스 지점에서 개설된 비밀계좌 데이터를 유출한 일이 있었다. 탐사보도 기자 130명으로 구성된 협력단이 모여 데이터를 분석한 결과, 이 계좌들이 보유한 1000억 유로 상당이 탈세와 사기 범죄에 연루되어 있었다. 기자들은 유출된 데이터는 극히 일부에 불과하며 실제로는 액수가 훨씬 클 것이라고 예상했다. 이런 부정행위는 전 세계에 만연해 있어 각국 정부가 손을 댈 수 없는 지경에 이르렀다.

기자들과 소프트웨어 기술자들의 협동은 앞으로 더 자주 보게 될 사회적 통제의 예시라 할 수 있다. 스위스리크스 사례는 투명성, 무엇보다 제재를 가할 수 있는 능력(합법적 권력이 없는 권위는 작동할 수 없다.)의 필요성을 다시금 보여준다.[11] 세계 경제는 극소수 금융기관들에 의해 좌우되어왔다. 그 결과는 정치적 자율성의 후퇴, 불평등의 심화, 환경 파괴였다. 이 서글픈 결과를 뒷받침할 증거는 차고 넘친다.

두 번째로 필요한 변화는 정치적 결정들이 소수 금융기관이 아닌 다수 시민들의 이익을 위해야 한다는 것이다. '참여 사회'라는 거짓된 약속과 '자기 인생에 대해 스스로 책임을 져야 한다'는 구실로 개인을 탓하는 정책이 결합되어 복지국가가 무너지고 있다. 이는 세금이 점점 더 소수에게만 쏠린다는 뜻이기도 하다. 이제 정치적 결정들은 다시 한번 시민들을 위해 그 무엇보다도 환경 문제에 우선순위를 두어야 한다. 이 변화가 일어나지 않으면 걱정할 미래조차 없어지게 될 것이다.

세 번째로 필수적인 변화를 위해서는, 먼저 우리가 민주적인 형태의 정부를 지지한다는 가정이 필요하다. 그다음으로는 민주화 과정의 새로운 국면에 진입해야 한다. 제대로 된 정치체제 안에서 작동하는 새로운 집단에게 우리는 어떻게 구체적인 형태를 부여할 수 있을까? 때로 해답은 전혀 예상치 못한 곳에서 발견된다.

미국 텍사스주, 카우보이, 큼지막한 스테이크, 총을 차고 다니는 보수 레드넥(redneck, 미국 남부의 보수적 성향을 보이고 교육 수준이 낮은 백인 하층 노동자·농민을 일컫는 멸칭—옮긴이) 그리고 석유 시추기의 땅. 익숙한 클리셰들이라고? 어쩌면 이제는 이런 이미지들을 조금 조정해야 할지도 모르겠다. 20세기 말 텍사스주 에너지 회사들은 전력 공급 문제와 관련해 주민들과 상의하고 싶어 했다.("당신들의 에너지" 는 공허한 홍보 문구 이상의 의미를 갖는다.) 그러나 이 회사들은 주민투표를 할 시에 나타나는 전형적인 문제들에 부딪혔다. 어떤 대안을 제안할 것인가? 모든 주민이 충분히 정보를 제공받았는가? 로비스트들이 개입할 가능성은 없는가? 에너지 회사들은 스탠퍼드 대학교 커뮤니케이션학과 교수인 제임스 피시킨(James Fishkin)에게 조언을 구했다.

피시킨의 접근법은 새로운 정치의 이정표가 되었다. '숙의적 여론조사(deliberative opinion poll)'라 불리는 공론조사를 통해 그는 민주주의를 현대적으로 해석해냈다. 이때 '숙의(deliberative)'라는 것은 '상의를 통해서'라는 의미다. 즉 숙의 민주주의는 상의를 기반으로 한다. 간단하게 들리지만, 특히 중요한 문제이다. 나는 이것이 민주화 과정의 다음 단계라고 생각한다. 가장 이상적인 경우에는 숙의 민주주의가 어떤 식으로든 다가올 급진적 변화의 비폭력적 근거가 되어줄 것이라 믿는다.

피시킨이 실시한 공론조사는 다음과 같았다. 피시킨은 **모든** 이익단체들로부터 이 문제에 대한 균형 잡힌 정보를 수집했고, 모든 단체가 동의할 경우에만 공정한 정보로 간주했다. 중립적인 입장에 있는 전문가가 주말에 걸쳐 천천히 상세하게 이 정보를 일반 주민 대표들에게 전달했다. 대표들은 궁금한 걸 모두 질문할 수 있었고 자신들끼리 상의할 시간도 충분히 주어졌다. 전문 중재자들이 이 모든 과정을 함께했다. 대표들은 투표 결과에 구속력이 있다는 사실을 인지한 채 최종적으로 비밀 투표를 진행했다. 피시킨은 최대한 대표적인 표본을 만들기 위해 이와 같은 과정을 텍사스주 내 여러 지역에서 총 여덟 번 진행했다. 그 결과, 텍사스는 미국에서 풍력 에너지가 두 번째로 많이 보급된 지역이 되었으며, 재생가능 에너지원을 사용하기 위해 더 많은 비용을 지불할 의향이 있는 주민은 43퍼센트에서 84퍼센트로 증가했다.

피시킨의 공론조사는 요즘 사회에 팽배해 있는 냉소주의에 대한 해결책을 제시한다. 사람들에게 충분한 정보를 제공하고 그들끼리 고민하게 하며 그들의 의견이 중요하고 실제 정책에 반영된다는 것을 보여준다면, 놀라운 일들이 생길 것이다. 참여자들은 정보를 제공받고 토론에 참여한 덕분에 처음보다 더 깊이 있고 다양한 의견을 갖게 된다. 또한 이들이 투표를 통해 내리는 선택은 많은 경우 공동체 전반의 이익에 부합하게 되며, '호모 에코노미쿠스'의 개인주의적 세계관과는 완전히 배치된다. 숙의 민주주의 모델은 세계 곳곳에서 뚜렷한 성공을 거두고 있는 중이다.

재생에너지에 대한 숙의적 의사 결정은 좋은 예시이긴 하지만 정치적으로 유의미한 사례는 아닐 것이다. 정치와 직접적 연관이 있는 사례는 영국에서 찾아볼 수 있다. 2010년 영국 시민 대표 130명이 이틀간의 회의를 통해 제공받은 정보를 기반으로 어떤 정치적 개선이 가장 필요한지를 논의했다. 스물아홉 개의 안건이 과반의 지지표를 얻었고, 정부는 향후 개혁을 구상할 때 이를 근거로 삼을 수 있게 되었다.[12]

아직도 충분히 정치적이지 않다고? 그렇다면 마지막 사례로 공론조사가 어떻게 선거제도를 바꿀 수 있었는지에 관해 이야기해보겠다. 캐나다 두 개 주에서(2004년에 브리티시컬럼비아주, 2006년에는 온타리오주), 시민들은 선거제도 개혁안을 직접 만들었다. 이 프로젝트는 1년 가까이 진행되었으며, 참가자들은 적정한 보수를 받았고, 그들이 제안한 개혁안은 법적 구속력을 가졌다. 정치인들은 시민들의 개혁안이 국민투표에서 가결될 시 그것을 시행하겠다고 사전에 약속했다. 시민들의 개혁안은 합리적이었으나 국민투표에서 3분의 2 이상의 찬성을 얻지 못해 부결되었다. 2006년 네덜란드 정부는 이

와 비슷하지만 더 제한적으로 선거 개혁에 대한 공론조사를 실시
했다. 캐나다와 다른 점이라면 개혁안이 법적 구속력을 갖지 않았
으며 프로그램이 마무리된 2008년 후로 개혁안이 흐지부지 사라져
버렸다는 것이다.*

　　캐나다의 실험은 숙의적 의사 결정의 한계가 공론조사에서 일
반 국민투표로 넘어가는 순간 드러난다는 것을 보여준다. 일반 국
민투표에 참여하는 유권자들은 공론조사 참여자들과 달리 정보를
제공받지 않으며 상의할 수도 없다. 따라서 자신들이 정확히 무엇
을 정하는지도 모르는 거대 집단이 발생하는 것이다. 이러한 상태
에서 국민투표를 치르면 신중하지 못한 선택을 할 가능성이 높다.
숙의의 의사 결정 과정에서는 이러한 문제가 생기지 않으며, 대다수
가 정보와 상의 내용을 기반으로 심사숙고해 결정을 내린다. 숙의
민주주의를 기반으로 한 개혁안을 일반 국민투표로 정하는 것은
그야말로 모순이다.

　　우리는 다시금 핵심적인 질문들을 마주하게 된다. 숙의적 의사
결정 과정에는 어떤 민주주의적 요소가 담겨 있을까? 그 안에서 선
거는 어떤 역할을 할까? 어떤 정책안을 공론조사에 맡길지는 누가

✿ 이와 같은 예시들은 새로운 민주주의를 호소하는 다비트 판 레이브라우크의 『선거에 반대하
여(*Against Elections*)』에서 자세히 다루고 있다. 아마 네덜란드 국민들은 이러한 프로그램이 있
었다는 사실조차 알지 못할 것이다. 내 생각에는 당시 정부가 이 사실을 공론화하고 싶어 하지
않았던 것 같다. 자신들의 권력을 제한할 수도 있는 일을 계획하는 데에는 그만큼 용기가 필요
한 법이다.

정하는 것일까? 또한 이런 식의 접근에는 어떤 권위가 작동할까?

숙의적 의사 결정에 담긴
민주주의적 요소

민주주의 정부는 시민 전체를 대표해 심의하고 결정하는 기관을 통해 작동한다. 직접민주주의는 모든 사람이 의사 결정에 참여하는 방식으로 소규모 공동체(150명 이하)에서만 가능하다. 보다 큰 규모의 공동체에서 직접민주주의는 국민투표와 총선거로 이어지는데, 민주주의처럼 보이는 이 제도는 사실 전혀 민주적이지 않다. 사람들에게는 (고작) 몇 개의 선택지만 주어지고, 특정한 결과가 도출될 것이 뻔한 언설들이 난무한다. 사람들에게 정보를 알리는 캠페인은 순전히 선전 문구들로 채워질 뿐 진짜 정보는 거의 전달하지 않는다. 따라서 민주주의에 관한 핵심 질문은 과연 지도자가 어떤 방식으로 탄생하느냐는 것이다. 즉 정부의 민주주의적 요소는 지도자들이 공동체 전체를 얼마나 대표하는지에 달렸다.

아직까지도 우리는 선거를 통해 민주주의적 요소를 담은 정부를 실현하려고 한다. 보통선거권이 사회 전반의 의견이 대표될 수 있게 보장해준다고 가정하면서 말이다. 하지만 이런 추정 자체에 미심쩍은 구석이 있다.(최근까지도 인구 절반인 여성의 정치적 지위는 심각하게 미약했다.) 오늘날 선거가 치러지는 방식을 보건대 투표 결과가 과연 사회를 대표하는 정부를 세우는지도 의심스럽다. 과거에 있었다가 최근 되살아난 다른 방법으로는, 제비뽑기를 통해 시민 대표들을 구성하는 방식이 있다. 작가 다비트 판 레이브라우크가 설립한 G1000란 단체는 제비뽑기 방식으로 시민 수천 명을 모아 새로운 벨기에 헌법을 제안했다. 그러나 내가 더 선호하는 것은 숙의적 투표 방식이다.

숙의 민주주의는 선거 대신에, 투명한 기준을 적용한 계산법에 근거한 비례대표제를 원칙으로 삼는다. 그 목적은 사회를 최대한 정확하게 반영하는 대표 단체를 만드는 것이다. 사회의 다양성이 단체를 구성하는 기준을 결정한다. 사회와 동일한 비율로 대표의 성별, 인종, 연령대, 교육 수준, 그 밖의 중요한 사항들을(예를 들어 지역과 언어 같은 사항들을) 고려한다.

이렇게 만들어진 단체는 확실히 사회를 대표한다고 말할 수 있다. 즉 민주주의적 요소가 충만하다는 뜻이다. 숙의적 방식은 오늘날 정치계가 겪는 문제에 대한 해법이 될 수도 있다. 숙의적 방식에서는 조정자들이 협의 과정을 주도한다. 따라서 포퓰리즘적 지도자가 주도권을 가져갈 수 없으며, 가식적인 태도와 내분도 더는 일어나지 않는다. 다양한 출처에서 수집된 정보의 확산은 이념의 지배를 받는 전문가들이 내놓는 편파적인 계획을 대신하게 되고, 로비스트들의 공세를 막아준다. 정보를 공유한 구성원들은 내부에서 협의 과정을 거치고, 그 결과 심사숙고 끝에 모든 사람의 동의하에

결정이 내려진다.❁

　요즘 많은 유권자는 자신의 표가 무의미하다고 생각한다. 숙의 민주주의는 시민들의 목소리가 받아들여지고 정책에 영향을 미칠 수 있다는 신뢰를 회복한다. 셈코같이 이윤을 추구하는 공동체/협동조합의 사례에서 볼 수 있듯이, 때로 집단은 '희생'도 마다하지 않으며, 힘든 결정을 직접 내리고 그것을 강력히 지지하기도 한다.

　따라서 이러한 접근법이 충분히 민주적이지 않다고 비판하는 것은 허튼소리다. 충분히 민주적이지 않은 것은 오늘날의 선거제도다. 사회를 대표하도록 선출된 인물들은 사회를 전혀 대변하지 않으며, 사회의 이익과 무관한 이익을 추구한다. 따라서 유권자들 사이에서 이들에 대한 신뢰는 갈수록 떨어지고 있다. 미래에도 선거제도가 존재하기를 바란다면, 적어도 선거의 목적이 대표자를 뽑는 것이어서는 안 된다. 대표자를 구성할 수 있는 더 나은 방법이 존재하기 때문이다.

❁ 작은 예시를 들어보겠다. 안트베르펜에서 지역위원회가 어느 건축 프로젝트에 반대했다. 건설사는 평소대로 법적 조치를 취하는 대신 계획을 일단 철회한 후 지역위원회와 회동했다. 3개월 후, 주민들의 동의를 얻은 계획안이 다시 만들어졌다. 주민들은 몇 개월에 걸쳐 직접 문제를 논의했기 때문에, 그 내용을 잘 알고 있었고 자신들의 요구가 무엇인지도 알고 있었다. 이듬해인 2013년 같은 건설사가 새로운 대규모 프로젝트를 계획했고, 이번에는 처음부터 계획 과정에 주민들을 참여시켰다. 여기서 주목할 점이라면 지역 정치인들은 회의에 초대되지 않았다는 것이다. 지역위원회에 따르면, 정치인들의 주된 목적은 '점수 따기'였기 때문이다. 뤽 하위서(2014)는 현대 사회의 정치적 위기에 대한 해결책을 제안하면서 이 같은 일을 예로 설명한다. 나는 그의 해결책들을 아울러 '숙의 민주주의'라 부르는 것은 과히 틀리지 않다고 생각한다.

미래에는 시민들에게 특징 정책에 투표할 기회를 (그리고 어떤 정책에는 반대할 기회를) 부여해 어떤 정책이 대다수 시민의 지지를 받는지 명확히 가려내야 한다. 예를 들어 선거일에 유권자들은 수백 명의 이름이 찍힌 투표지가 아니라, 80여 개의 정책 선택지가 적힌 종이를 받는다. 선거운동은 각 정책에 대한 정보를 배포하는 행위가 된다. 다수결로 채택된 정책들이 집행권력의 어젠다를 결정하는데, 다시 말해 채택된 정책이 권력이 되는 것이다.

집행권(행정부)과 입법권(의회)이 어떻게 합쳐지고 그 과정에서 정당들이 어떤 역할을 해야 하는지는 다른 문제다. 다비트 판 레이브라우크는 선출된 기관, 과학적 방법으로 구성된 대표단 그리고 제비뽑기로 모인 사람들을 결합시킬 수 있는 여러 가지 방법을 제시한다. 대안 모델(개인을 선출하는 것이 아닌 방식)이 실현 가능하다는 것은 수많은 연구 결과를 통해 확인되었다. 현재 정치 시스템을 바꾸는 데 가장 큰 장애물은 정당들의 저항이다. 대안 모델 앞에서 그들은 그들의 존재 자체에 대한 근본적인 문제 제기를 직면해야 할 뿐 아니라, 이제 변화를 인정하고, 나아가 도모해야 할 때이다.

누가 어젠다를 정하는가?

정치권에서, 하다 못해 스포츠 클럽 위원회에서 정책 결정에 참여해본 사람이라면 어젠다 설정이 얼마나 중요한지 알 것이다. 미디어가 어떤 일을 '뉴스'로 다룰지 정하듯이, 어젠다는 어떤 정책을 다룰지를 결정한다. 어젠다의 항목이 형성되는 방식도 매우 중요하다.(문제를 형성하는 방식은 해결책의 방향을 정한다.) 민주주의 정부는 시민들을 잠 못 들게 하는 문제를 정책적 관심사로 다루도록 신중을 기해야 한다. 서구의 정부들은 사회 구성원들의 바람과 어긋나는 방향으로 문제를 형성한다는 점에서 비민주주의적 기관이 어젠다를 정한다고 볼 수 있다. 의사 결정 과정에 대한 통제권을 되찾는다는 것은 어젠다에 대한 정치적 통제권을 되찾는다는 의미다.

이쯤 되면 독자들은 과연 공동의 어젠다 설정이 과연 가능할지 의문스러울 것이다. 한 번은 어느 벨기에 정당의 선거 공약에 대해 어떻게 생각하느냐는 질문을 받은 적이 있다. 나는 마침 다른 정당의 선거 공약을 자세히 살피고 있었는데, 놀랍게도 두 정당의 정책들은 다른 부분보다 비슷한 부분이 훨씬 더 많았다. 역사학자 티머시 가튼 애시(Timothy Garton Ash)는 영국의 모든 정당 정책의 70~80퍼센트가 비슷한데도(그는 이를 "지루한 진실"이라 부른다.), 여전히 이 정당들은 이를 악물고 싸우느라 바쁘다고 말한다. 여기서 우리는 두 가지 결론을 내릴 수 있다. 첫째, 공동의 어젠다 설정이 가능하다는 것이다. 둘째로 정당들은 어젠다를 시행하기에 적합한 기관이 아니라는 것이다. 정치인들은 라이벌을 상대로 '점수 따기'에 바빠 대중의 관심사를 보지 못하게 된다.

『새로운 민주주의(De nieuwe democratie)』를 쓴 사회학자 빌렘 신켈은 내가 만나본 여러 작가 가운데 유일하게 어젠다 설정 문제에 천착하는 학자이다. 그는 정치 어젠다가 언론과 시장에 의해 설정된다고 말한다. 엄밀히 말해 언론도 시장의 일부가 되어버렸지만 말이다.(언론은 독자에게 신문을 파는 것이 아니라 광고주에게 독자를 판매한다.) 신켈은 해법으로 집행권·입법권·사법권 외에 네 번째 권력인 '어젠다 설정 권력'을 세우자고 말한다. 이런 권력을 확립하는 것은 정부 내각 또는 상원에 새로운 의미를 부여할 수 있으며, 신켈에 따르면 예술, 종교, 과학 분야에도 발언권을 주어야 한다.

새로운 권력의 실현을 위한 이런 창의성은 의심의 여지없이 탁월한 생각이며 또한 꼭 필요한 것이다. 새로운 형태의 어젠다 설정은 훨씬 더 다양한 분야에서 영감을 얻을 수 있는데, 대의민주주의와 직접민주주의를 적절하게 결합한 현대 소프트웨어를 활용해 세워질 수도 있다. 2010년 개발된 오픈소스 소프트웨어 리퀴드피드백(LiquidFeedback)은 (매우) 많은 사람이 무엇을 중요하게 생각하는지를 한눈에 보여준다. 또한 의사를 결정하는 데에도 쓸 수 있는 프로그램이다.[13]

정치 어젠다는 시민들이 무엇을 중요하게 생각하는지를 반영해야 한다. 신켈은 부패와 권력의 집중을 막기 위해 어젠다 설정 권력이 나머지 세 권력과 분리되어야 한다고 강조한다. 그러나 안타깝게도, 민주주의에 필수적인 권력 분립은 이제 거의 자취를 감췄다. 입법권(의회)은 집행권(정부)이 하라는 대로 할 뿐, 본래 의도했던 바와 달리 그 반대로는 작동하지 않는다. 그런가 하면 사법권력은 정치권의 인사 임명 때문에 점점 정당의 정치색에 물들고 있다. 이 문제는 합리적으로 대표들을 모은 정책 기관, 즉 정당이 아닌 시민을 대표하는 집단에 의해 타파할 수 있다.

어젠다 설정 권력이 어떻게 구성되느냐는 그 결정이 영향을 미치는 지리적 범위와 연관이 있다. 예를 들어 고전적 민족국가는 자신의 영토 안에서 다국적기업들이 자신의 사회법을 따르게 할 수 있다. 그러나 만약 그 기업들이 사회보장제도가 전혀 없는 저소득국가로 이전을 결정하면 민족국가 입장에서는 손해를 보는 셈이다. 그 결과 어떤 일이 일어났는지는 잘 알려져 있다. 국가는 시민을 희생시켜가면서까지 다국적기업에 세금 우대 혜택을 제공하려 경쟁한다. 서로 앞다퉈 유권자들의 안전을 파괴하고 착취를 허용한다. 우리는 이것을 일명 '추락하기 전쟁(the race to the bottom)'이라 부른다. 이 아이러니함은 한 국가의 노동조합이 '자신의 것을 지키기 위해' 다른 국가의 노동조합과 연대하기를 거부하는 모습에서 극에 달한다. 노동자들을 서로 등 돌리게 했던 19세기 기업가들의 수법이 이제는 국제적인 수준에서 반복되고 있는 것이다. 이러한 마이너스 경매에 뛰어드는 것은 스스로 무덤을 파는 일이다. 이 경쟁 구도 속에서는 언제나 당신보다 더 간절한 사람이 존재하며 더 낮은 보수를 받더라도 일하고자 하는 사람이 존재한다.

따라서 어젠다 결정이 어느 범위에까지 영향을 미치는지는 중요하다. 상황이 꾸준히 발전하면서 이제는 명확한 패턴이 나타나고 있다. 유럽의 예를 보면, 일단 정치의 영역에서 국가는 자취를 감췄고 결정권은 유럽연합에 넘어갔다. 사회의 영역에서는 시골 지역들이 사라지고 도시가 공동체의 지배적인 형태를 이루고 있다. 도시가 개발되면서 지역사회를 단위로 중요한 의사 결정권이 발달하고 있다. 반면 국제사회 단위의 의사 결정권은 이미 유럽 전역에서 행사되어왔다.

전 세계적으로 도시들은 환경 보호, 교통체계, 의료 서비스, 거버넌스와 같은 분야를 주도하고 있다. 도시들 스스로가 정치 역학 관계에 변화를 일으키고 있는 것은 분명하다. 도시는 이미 예전부터 숙의적 의사 결정의 중요성을 알았고, 시민 주도 발의권을 인정하는 곳도 많다. 그 이유는 간단하다. 도시에서는 시민과 정부의 물리적 거리가 짧다는 것이다. 따라서 지방정부는 (몇 군데 예외를 제외하고는) 중앙정부보다 시민들의 소리에 더 귀를 기울인다. 지방정부는 특정 지역이 특정 시기에 요구하는 것들에 아주 구체적인 조치를 취할 수 있다. 반면 하향식 중앙정부가 전국에 획일적으로 적용하는 조치들은 지역 사정을 전혀 헤아리지 않아 많은 경우 저항을 유발한다. 도시들은 각자의 정책 결정 기관을 통해 어젠다를 정하고 그에 맞는 방안을 실행할 수 있어야 한다.

그렇다고 의사 결정권이 지방정부에만 주어진다면 도시국가가 난립하던 중세 시대로 회귀하는 것과 다를 바 없다. 모두를 아우르는 총괄적 규제는 여전히 필요하며, 각 도시가 그것을 필요에 맞게 해석할 수 있어야 한다. 이 규제란 충분히 광범위하면서도 의무적이어야 하며 무엇보다 사회적이어야 한다. 요즘 도시들은 수평적 권위의 개념에 부합하는 '글로벌 서약(global covenants)'을 맺는 데 적극적이다. 예를 들어 도시들은 글로벌 서약을 통해 기후변화 정책에 공동 서명할 수 있다. 이제 유럽연합 국가들은 곧 유럽연합 도시들과 경쟁해야 할 수도 있다.

정치적 권위로서의 집단

정치적 권위에도 새로운 원천이 필요하다. 그 원천이 집단이어야 한다는 사실 또한 분명하다. 민주주의에서 정부는 대표 집단에 의해 작동한다. 나는 이 집단의 권위가 수평적 본질을 찾을 것이라 믿으며, 시민의 대표자들이 협의를 바탕으로 어젠다를 설정하고 의사결정을 내리게 될 것이라 믿는다. 새로운 정치인들은 새로운 역할을 맡아야 한다. 이 과정을 잘 이끌어나가고, 시민들에게 정확하고 균형 잡힌 정보를 제공하고, 다수가 강력한 소수 집단에 휘둘리지 않도록 보호하고, 합의된 결정을 제대로 시행하는 것이 새로운 정치인들의 역할이어야 한다.

전통적인 정치인들은 '유권자'에게, 더 최악의 경우에는 '고객으로서의 시민'에게 잘 보이려느라 다른 유형의 사회를 선택하는 사람들이 여기저기에서 나타나고 있다는 사실을 깨닫지 못하고 있다. 이미 지역사회와 도시는 초국가적 특성을 띠는 디지털 공동체와 합심하고 있다. 중앙정부가 시민 개개인에게 호소하는 동안, 이미 온라인과 오프라인 세계 곳곳에서는 새로운 '우리'가 성장하고 있다.

나는 앞으로 변화가 과거의 하향식 이데올로기와 그것의 거대한 서사가 아닌, 실질적인 실천을 통해 일어날 가능성이 높다고 생각한다. 그 실천은 환경, 에너지, 식수 공급, 주택, 교통, 교육, 의료 서비스 그리고 취업과 같은 구체적인 분야들에서부터 시작할 것이다. 변화가 필요한 이유는 절실하다. 심리사회적 건강 지표로 보아 (**모든** 계층을 막론하고) 점점 더 많은 사람이 불행해지고 있다.[14] 오늘날 노동 환경을 생각해보면 이 현상은 이상하지 않다. 노동자들은 불신, 무력함, 불안정함, 치열한 경쟁, 장기 실업, 만성적 시간 부족, 번아웃, 외로움 그리고 존재에 대한 분노를 느낀다. 믿음, 연대, 자결권, 협력 그리고 삶의 의미가 어느 때보다 필요한 이 시점에 말이다. 이 모든 것을 제공할 수 있는 사회는 질병률과 실업률이 훨씬 낮을 것이다. 경제도 모든 면에서 지금보다 더 나을 것이다. 이를 실현하기 위해서는 **진정한** 변화를 일으킬 새로운 형태의 정치가 필요하다.

결론

나는 타인과의 관계를 통해 내가 된다. 부모, 자녀, 직장 상사, 동료, 이성과의 관계들 속에서 주고받은 사랑과 증오로 인해 나는 지금의 내가 되었다. 권위는 이 관계들을 통제하며, 우리 모두는(어떤 이들은 훨씬 더 기꺼이) 살기 좋고 편안한 세상을 만들고자 이 힘에 복종한다. 이 역할의 중요성은 대단하다.

인간의 선악에 대한 결론은 역사를 되돌아보면 명백해진다. 우리는 선한 동시에 악할 수 있는 존재다. 정체성 형성의 기반이 되는 사회는 우리가 다른 존재와 어떻게 관계 맺을지를 결정한다. 인간은 주변 환경을 변화시킬 수 있는 유일한 존재이기에, 원하는 어떤 방향으로 자신을 조정할 수 있다. 그러나 우리가 본질적으로 서로에게 관심을 두는 사회적 동물이라는 사실을 잊으면 안 된다. 어린아이들을 관찰하는 연구는 놀라운 결과를 보여준다. 친사회적인 행동(남을 돕는 행위)은 자연스럽게 생기는 반면 반사회적인 행동은 학습을 통해 발현된다. 가령 어린아이들은 도움이 필요한 사람을 알아서 돕는다. 그런데 이런 행동에 보상을 제공하기 시작하면 나중에는 보상이 걸려 있을 때에만 다른 사람을 돕는다.[1]

이와 같은 결과는 사회와 그것의 권위가 어떻게 조직되는지에 관심을 가져야 하는 이유를 보여준다. 피라미드식 권위는 지옥에 대한 두려움과 무지함에 기반을 둔 것이다. 반면 내가 선호하는 수평적 권위는 모두가 투명하게 공유하는 지식과 더불어 새로운 두려움, 즉 사회적 통제에 대한 두려움에 기반을 둔다.

양육, 교육, 젠더와 섹슈얼리티, 경제와 정치, 이 모든 것은 권위를 내포한다. 모두 사람들 사이의 관계와 관련 있기 때문이다. 내가 이 책에서 설명한 권위는 기술이 아니며(물론 때로는 특정 기술을 필요로 한다.), 제도도 아니다.(물론 기존 제도를 바꿔야 할 필요는 있다.) 이 권위는 이미 일어나고 있는 변화에 근거한 신념이다. 가장 이상적인 시나리오를 생각해보자면, 수평적 공동체에 기반을 둔 이 권위는 우리 정체성의 일부가 될 것이다. 과거의 가부장적 피라미드에 기반을 둔 권위가 그랬던 것처럼 말이다.

수평적 본질을 지닌 이 권위의 핵심에는 개인의 자율성이 자리한다. 그리고 이 자율성은 다른 사람들과의 연대를 필요로 한다. 연대하는 자율성은 자연으로 돌아가기 전에 이따금 공동체에 머무는 '고결한 야만인' 개념과 다르다. '보이지 않는 손'을 변형한 것에 불과한, 공동체의 자발적 자치와도 당연히 다르다. 집단이 권위의 원천이 될 수 있으려면 몇 가지 조건이 충족되어야 한다. 이 조건들은 하임 오메르, 리카르도 세플러 그리고 엘리너 오스트롬의 논의 속에서, 또한 여러 정치 개혁안에서 찾아볼 수 있다.

이 조건들은 허황된 유토피아적 상상이 아니며 강제적인 미래

낙원의 설계도도 아니다. 주변을 조금만 둘러보아도 이미 변화가 시작되었다는 것을 알 수 있다. 나는 수평적 권위가 정말로 새로운 권위의 형태가 되어가고 있음을 굳건히 믿는다. 이 변화가 과연 이뤄질지는 더 이상 의심할 문제가 아니다. 이제 우리가 할 일은 이미 이뤄지고 있는 변화를 어떻게 도울지 고민하고, 어떤 세력이 이 변화를 막으려 할지 감시하는 것이다.

감사의 말

내가 쓴 것은 독창적이지 않다. 이 모든 것은 이미 다른 사람들이 다른 곳에 써놓은 것이다. 정체성과 마찬가지로 책은 언제나 다른 책들의 부분들로 만들어져 있으며, 배제된 것은 포함된 것만큼이나 중요하다. 이것은 주로 무의식적인 과정을 거쳐 이뤄지지만, 다행히도 이번 경우에는 몇몇 실질적인 교류도 포함되어 있었다.

나와 이 책 둘 다 필립 블롬(Philipp Blom)과 에르빈 모르티르에게 큰 빚을 지고 있다. 항상 유머로 감싸여 있는 그들의 지식과 비판은 이 책을 더 높은 단계로 끌어올렸다. 그리고 두 사람의 요리 기술도 의심의 여지없이 한몫을 했다.

나는 바로 이전 책을 출간하면서 뤼도 쿠브뢰르를 알게 되었다. 경제학과 철학에 대한 쿠브뢰르의 지식은 그가 여러 연구 작업을 도와주었듯, 이 책을 쓰는 작업에도 진정한 도움이 되었다.

도미니크 훈스(Dominiek Hoens)는 나를 다시 내 옛사랑인 블레즈 파스칼에게로 이끌었다. 실비아 얀선스(Silvia Janssens)는 내가 누락한 중대한 부분을 지적해주었다. 가부장제의 쇠퇴를 이야기하는 책에서 젠더에 관한 장을 계획하지 않았던 것이다. 요아힘 카우베(Joachim Cauwe)는 이 쇠퇴가 동성애와 젠더 관계에 미치는 영

향을 연구하는 데 도움을 주었다. 핀티어 무르만(Fientje Moerman)
은 아기 이름 지정에 관한 법률의 변경에 대해 정확한 정보를 제공
해주었다.(또한 유발 하라리의 책도 추천해주었다.) 요한 마르턴스는 사회
생물학에 대한 대화 상대로 남아주었다. 카틀린 더 스토벨레이르
(Katleen De Stobbeleir)는 나에게 수평적 리더십에 관한 정보를 제공
해줬다. 크리스틴 브링크흐레버(Christien Brinkgreve)는 권위의 귀환
에 대한 연구로 다시 한번 나보다 앞서 있었다. 바우터르 판 드리스
허(Wouter Van Driessche)는 나에게 바리코의『야만인』을 읽으라고 거
의 강요했다.

나의 달리기 친구이자 공범인 피트와 요한은 내 최고의 독자이
기도 했다. 여기서 그들의 평가를 다시 읊는 것은 좋은 생각이 아닐
테지만, 두 사람의 의견을 매우 즐겁게 들었다는 사실만은 밝혀둔
다. 내 여동생 크리스틴과 엘리너 트렌슨(Eline Trenson)의 논평은 내
가 몇몇 구절을 보다 선명하게 다시 쓰는 데 영감을 주었다.

몇몇 사람들과의 대화는 그들의 출판물을 통해 이루어졌다.
뤽 하위서, 토마스 데르뵈스(Thomas Derveus), 마르크 레이네베아우
(Marc Reynebeau), 빌렘 신켈, 다비트 판 레이브라우크의 작품을 읽
으면서 많은 것을 얻었다. 한나 아렌트는 영원한 영감의 원천이다.

내 주요 대화 상대이자 인생의 반려자인 리타. 지난 몇 년간 그
녀는 아마 원했던 것보다도 훨씬 많이 권위에 대해 들어주어야 했
을 것이다.

이 책은 과거를 보는 한편 실로 미래에 관한 책이다. 그렇기에 나의 손녀 뤼서에게 이 책을 바친다.

옮긴이의 말

파울 페르하에허 교수님께.

저는 최근 몇 달간 선생님의 중요한 두 저작 『우리는 어떻게 괴물이 되어가는가』와 『우리는 왜 어른이 되지 못하는가』에 푹 빠져 있다 시피 하며 선생님의 생각을 이해하기 위해 노력했습니다. 이 과정에 서 선생님의 생각에 깊이 동의했을 뿐 아니라, 현재 한국의 상황에 대륙의 반대편에 위치한 서유럽 국가의 학자가 쓴 글을 적용해도 큰 오차가 없다는 것에 놀랐습니다. 아무래도 신자유주의가 전 세 계를 통일한 것 같습니다.

아시다시피 한국은 2차 세계대전 후에 해방된 제3세계 국가들 이 겪어야 했던 일들을 다 거친 곳입니다. 장기간의 군사독재정권, 여러 차례의 시민혁명 그리고 엄청난 속도의 경제 성장 등 말입니 다. 코로나-19에 잘 대처했다는 이 나라의 현실은, 슬프게도 전 세 계 자살률 1위라는 오명을 10년 넘게 유지하고 있고, 청소년 자살 률 역시 세계 1위입니다. 하루 평균 40명이 자살하고, 청소년은 하 루에 2명꼴로 스스로 목숨을 거둡니다. 1년에 약 10만 명의 학생들 이 학교를 떠나고 그중 7만 명은 영영 돌아오지 않습니다. 이런 상 황에서 (라캉이 말하고 교수님께서 인용하신) 불가능한 직업 세 가지 중 하나에 몸담고 있는 저와 선생님 같은 사람은 인간의 삶과 그 사회에 대해 고민을 거둘 수 없을 것 같습니다.

나누고 싶은 이야기와 사안이 많습니다만, 그중에서도 특히 『우리는 왜 어른이 되지 못하는가』에 관한 주제 두 가지를 들어보겠습니다. 선생님께서는 책에서 어떻게 권위의 원천이 변화됐는지 설명하셨습니다. 그리고 현재 우리가 살고 있는 세상은 새로운 권위가 필요하다는 점, 그것이 어떻게 구성되어야 하는지에 대한 말씀에는 동의하지 않을 수 없습니다. 저는 농담처럼 "나는 무정부주의자가 아닌 정신분석가를 믿지 않는다."는 말을 하곤 합니다. 선생님의 책에서 이런 생각에 대한 지지와 격려를 받은 느낌입니다. 다만 분석 현장에서 한 개인의 삶을 텍스트로 놓고 '자기횡단'(알랭 바디우·엘리자베트 루디네스코, 『라캉, 끝나지 않은 혁명』, 문학동네, 2011) 작업을 해나갈 때, 이런 사회적 조건이 어떻게 지극히 개인적인 삶에 영향을 끼쳤는지, 그것이 내담자의 삶에 어떤 의미로 작용하고 있는지 그 연관성을 찾는 데는 늘 어려움이 따릅니다.

제 자신이 한국에서 군사독재정권에 맞서 싸운 학생 운동권이었고, 예전에 교사로 근무할 때 교원노조를 만들었고, 아직까지 노동운동 조직과 여러 연대 사업을 하고 있습니다. 사회변혁이 개인의 삶에 지대한 영향을 끼친다는 것을 잘 알기에 오랫동안 이런 일들을 멈추지 않고 있습니다. 하지만 정치·경제·사회적 조건을 정신분석이라 부르는 개인분석 작업의 중요한 요인으로 상정하는 것에, 저는 여전히 많은 곤란을 겪고 있습니다. 자칫 정치·경제·사회적 조건에 너무 치중해서 작업하다 보면 자기 삶에 대한 스스로의 책임보다는 모든 게 그릇된 세상 탓이라는 면죄부를 줄 수도 있을 것입니다. 다시 말해, 매크로(macro)와 마이크로(micro)가 이어지는 수많은 연결 고리들과 그 구성의 역동들을 한 개인의 삶에서 찾아나가기란 여간 어렵지 않은 것 같습니다. 물론 우리에겐 '대타자'라는 편리하고도 적절한 개념이 있지만, 이것만큼 불편하고도 부적절한 상징도 없는 것 같다는 이야기를 이해하시리라 믿습니다. 이에 쉽지 않은 질문을 드립니다. 선생님께서는 내담자와의 작업에서 어떻게 개인의 삶과 사회적 조건을 연결하여 작업하시는지 궁금합니다.

선생님께서 세상을 전쟁터로 비유하신 부분은 평소 제 생각과 같아서 정말 반가웠습니다. 저는 우리 치료사들이 야전병원의 의사 같다는 생각을 합니다. 그래서 어떤 면에서 아주 비윤리적인 직업이라고 생각합니다. 전쟁에서 다친 병사들을 치료하고 멀쩡해지면 다시 전쟁터로 내보내게 되니까요. 이 비유는 단순한 비유가 아니라 한국 사회에서는 하나의 경향처럼 벌어지고 있는 실제입니다. 중산층 엄마들은 이제 자신의 아이들이 특별한 문제가 없어도 (이런 사회 조건과 입시 지옥에서 문제가 없을 리 없습니다만) 매주 한두 번씩 상담사에게 데려가 일주일간 쌓인 스트레스를 다 해소하라고 합니다. 극심한 입시 전쟁터에서 아이를 더 최적화된 전사로 만들기 위해, 엄마들은 상담을 효과적(?)으로 사용하는 방법을 알게 된 것입니다. 따라서 아이들이 부모도 교사도 할 수 없는 일을 해주는 상담사를 만나 마음의 불만과 괴로움을 최대한 분출하고 조금 풀린 얼굴로 상담실을 나오면, 엄마는 안심한 표정으로 비용을 지불하고 아이를 데리고 다시 학원으로 갑니다. 한국의 부유층이 모여 있는 이른바 서울 '강남' 지역의 수많은 상담센터 대부분은 내담자의 절반 이상이 청소년입니다.

성인들의 경우도 이와 별반 다르지 않다는 것을 잘 아실 겁니다. 이 사회에 순응해 살아남기 위해 치료사를 찾아오는 어른들 역시, 좀 더 잘 기능하게 되면 사회에 복귀해서 더 열심히 돈을 벌어 노후를 대비해야 합니다. 야전병원의 의사같이 치료사들은 회복되어 다시 전쟁터로 나가는 내담자들을 뿌듯하게 바라보지요. 그러나 저는 이 전쟁을 멈추라고, 또는 이제 전쟁 따위에는 관심을 두지 말라고 외쳐야 하는 사람들이 바로 치료사들이라고 생각합니다. 이들이야말로 전쟁의 참혹성에 대한 가장 구체적인 증거들을 가장 많이 가지고 있으니까요. 이 주제 역시 많은 사람이 신중하게 인식하지 못하는 개인과 사회의 깊은 연결 관계에 대한 논의라 생각되며, 선생님께서 우리 분석가들이 어떤 태도를 가져야 할지에 대해 좋은 조언을 주신 것으로 여겨집니다.

끝으로 권위에 대한 선생님의 논의를 뒷받침해줄 흥미로운 얘기 하나를 들려드리려 합니다. 10여 년 전, 제가 한 지방정부의 용역을 받아 공립형 대안중학교 설립 연구를 진행한 적이 있습니다.(한국에서 초기에 설립된 한 대안학교에서 2년여 교감을 겸업한 경험이 있습니다.) 그때 인터뷰를 했던 수백 명의 청소년 중에서, 학교에서 너무 말썽을 부려 이른바 상담 '캠프'에 보내진 아이가 있었습니다. 그 캠프는 한국에서 공교육기관이 최초로 만든 것이라 언론의 주목을 받았던 곳입니다. 그런 이유로 교육부장관이 캠프를 방문했는데, 그 학생이 장관에게 "왜 학교에서 체벌을 없애느냐?"고 대놓고 질문을 했답니다. 장관은 물론이고 모든 참석자들 그리고 캠프 관계자들이 무척이나 당황했다고 합니다. 한국에서는 불과 10~15년 전까지도 학교 체벌은 당연시되었고, 폭력이라 부르고도 남을 정도의 체벌이 여전했기에, 체벌이 남아 있었다면 질문한 그 학생이 가장 심한 피해자가 되었을 것입니다. 그 일이 있고 두어 달 후에 그 학생을 인터뷰하게 되었는데, 그때 교사와 학생의 관계에 대해 아주 놀라운 얘기를 들었습니다.

한국의 교실도 이미 붕괴되어 학습에 뒤처진 많은 학생들은 수업시간에 딴짓을 하거나 대부분 잠을 잡니다. 그럼에도 학생들과의 불화를 염려한 교사들은 자는 학생들을 대개 방치합니다. 이런 상황에 대해 이 학생은 이렇게 말했습니다. "잠을 자는 것은 우리 마음이지만 우리를 깨우는 것은 선생님의 몫이잖아요." 그 학생 자신이 잠을 가장 많이 자고 그래서 종종 혼나는 처지이면서 그런 말을 하는 것이 놀라웠습니다. 그 학생은 체벌이 교사와 학생 사이에 남은 마지막 연결 고리라고 생각했던 것 같습니다. 자신에게 필요한

'권위 있는 어른'이 필요하리라 생각되는 권력을 주고 싶었던 것 같습니다. 그래서 체벌은 무너져가는 교사의 권위의 마지막 보루이며, 또한 자신과 교사의 관계를 그나마 끈끈하게 이어주는 정서적 연결의 실체라고 생각했던 것이겠지요.

우리의 아이들에게 좀 더 안전한 세상을 만들어주려고 고민하는 사람들에게 "새로운 권위는 네트워크에 있다."는 선생님의 문장은 큰 위안과 영감을 주었습니다. 그래서 앞으로 세상과 특별히 불화하고 있는 청소년들에게 또 하나의 새로운 해법을 제시할 수 있을 것 같습니다. 부모와 교사, 주변의 어른 들은 아이의 삶을 방해하는 침입자가 아니고, 그들이 각자 단절적으로 아이를 위해 고민하고 분투하는 것은 결코 좋지 않으며, 아이로 하여금 사실은 자신이 잘 보호받고 있다는 것을 느끼고 확인할 수 있도록 아이를 위한 연대체를 여러 유관 기관 및 단체 전문가들에게 제안하고 권유해야겠다는 생각을 했습니다.

위로를 받는 방법 중 가장 아이러니한 상황은 나와 같은 고통을 받는 사람이 나만이 아니라는 것을 알 때가 아닐지요. 그것은 아마 말하지 않아도 내 고통을 이해해줄 사람이 있다는 사실과 함께, 이 고통이 어쩌면 개인에게 국한된 문제가 아닐 수 있다는 희미한 가설을 떠올릴 수 있기 때문일 것입니다. 그런 면에서, 기회가 된다면 언젠가 선생님을 한국에 초대해서 우리 모두가 겪고 있는 깊은 혼란스러움에 대해 더 많은 이야기를 나누고 싶습니다. 서유럽의 정신분석가가 동아시아 국가의 대중과 대화하며 같이 고민하는 경험은 그 자체로 의미 있는 작업이 되리라 믿습니다.

또한 자본이 세상을 하나의 시장으로 통일시켰다면, 전 세계의 인민들도 공동으로 대응해야 할 것입니다.

의미 있는 저작을 쓰게 하고, 그것을 우리와 공유하게 한 선생님의 혼란과 고민에 감사를 전하며 글을 맺습니다.

2020년 한국에서
역자 일동

참고문헌

Abicht, L. *Democratieën sterven liggend. Kritiek van de tactische rede*. Antwerp: Houtekiet, 2014.

Appignanesi, L. Mad, *Bad, and Sad: a history of women and the mind doctors from 1800 to the present*. London: Virago, 2008.

Arendt, H. 'What Is Authority?'. 1954. http://la.utexas.edu/users/hcleaver/330T/350kPEEA rendtWhatIsAuthorityTable.pdf

Bajaj, V. 'Micro Lenders, honoured with Nobel, are struggling', *The New York Times*, 6 January 2011.

Baricco, A. *The Barbarians*. New York: Rizzoli Ex Libris, 2013.

Bauman, Z. & Lyon, D. *Liquid Surveillance: a conversation*. Cambridge: Polity Press, 2013.

Bauwens, M. & Lievens, J. *De wereld redden. Met peer-to-peer naar een postkapitalistische samenleving*. Antwerp/Utrecht: Houtekiet, 2013.

Benjamin, W. 'Capitalism as Religion' (fragment, translated by C. Kautzer) in: Mendieta E. (ed.) *The Frankfurt School on Religion*. New York: Routledge, 2005.

———. 'Critique of Violence' (translated by E. Jephcott) in: Demetz, P. (ed.) *Reflections*. New York: Schocken, 1976.

Blom, P. *Wicked Company: freethinkers and friendship in prerevolution Paris*. London: Weidenfeld Nicholson, 2011.

Boehm, C. 'Egalitarian Behaviour and Reverse Dominance Hierarchy', *Current Anthropology*, 1993, 34(3), pp. 227 – 254.

Bogle, K. *Hooking Up: sex, dating, and relationships on campus*. New York: New York University Press, 2008.

Bregman, R. *Geschiedenis van de vooruitgang*. Amsterdam: De Bezige Bij, 2013.

———. *Gratis geld voor iedereen*. Amsterdam: De Correspondent, 2014.

Brinkgreve, C. 'Gezag en Veilige Publieke Taak' in: *Gezag en veiligheid in het openbaar bestuur*. The Hague: Ministry of the Interior and Kingdom Relations (Netherlands), 2014, pp. 21 – 35.

———. *Het verlangen naar gezag. Over vrijheid, gelijkheid en verlies van houvast*. Amsterdam/

Antwerp: Atlas Contact, 2012.

British Psychological Society. 'Response to the American Psychiatric Association: DSM-5 Development'. June 2011. http://apps.bps.org.uk/_publicationfiles/consultationresponses/dsm-5%202011%20-%20BPS%20response.pdf

Catalyst. *The Bottom Line: connecting corporate performance and gender diversity*. 2004. http://www.catalyst.org/knowledge/bottom-line-connecting-corporate-performance-andgender-diversity

Chavannes, M. *Niemand regeert. Op naar de privatisering van de Nederlandse politiek*. Amsterdam: Nieuw Amsterdam, 2009.

Chua, A. *Battle Hymn of a Tiger Mother*. London: Penguin, 2011.

Claeys, M. *Stilstand. Over machtspolitiek, betweterbestuur en achterkamerdemocratie*. Leuven: Halewyck, 2013.

Crul, M.R.J. et al. *Superdiversiteit. Een nieuwe visie op integratie*. Amsterdam: CASA/VU University Press, 2013.

Dabla-Norris, E. et al. 'Causes and Consequences of Income Inequality: A Global Perspective', *International Monetary Fund*, 15 June 2015. http://www.imf.org/external/pubs/cat/longres.aspx?sk=42986.0

de Vos, J. *Psychologisation in Times of Globalisation*. London: Routledge, 2012.

de Waal, F. *Good Natured: the origins of right and wrong in humans and other animals*. Cambridge: Harvard University Press, 1996.

———. *The Bonobo and the Atheist: in search of humanism among the primates*. New York: WW Norton, 2013.

de Walsche, A. 'Elinor Ostrom: Een Nobelprijs voor groepswerk', *Oikos*, 2010, 53, pp. 6-12.

Decreus, T. *Een paradijs waait uit de storm. Over macht, democratie en verzet*. Antwerp: EPO, 2013.

Dehue, T. *Betere mensen. Over gezondheid als keuze en koopwaar*. Amsterdam/Antwerp: Uitgeverij Augustus, 2014.

Derrida, J. 'Force of Law: the "mystical foundation of authority"' (translated by M. Quaintance) in: Cornell, D. et al. (eds) *Deconstruction and the Possibility of Justice*. New York: Routledge, 1992.

Desmet, M. 'Experimental Versus Naturalistic Psychotherapy Research: consequences for researchers, clinicians, policy makers, and patients', *Psychoanalytische Perspectieven*, 2013, 31(1), pp. 59-78.

Diamond, J. *Collapse: how societies choose to fail or succeed*. London: Allen Lane, 2005.

Dinardo, R.L. *Germany's Panzer Arm in World War II*. Mechanicsburg, Pennsylvania: Stackpole Books, 2006.

Du Caju, P. et al. 'De schuldenlast van de huishoudens: verloop en verdeling', *Economisch Tijdschrift*, September 2014, pp. 65‒85.

Elias, N. *The Civilising Process*. Oxford: Blackwell, 1969.

Finkielkraut, A. *L'identité malheureuse*. Paris: Éditions Stock, 2013.

Fishkin, J.S. 'The Nation in a Room: turning public opinion into policy', *Boston Review*, 1 March 2006. http://bostonreview.net/james-fishkin-nation-in-a-room-turningpublic-opinion-into-policy

Freud, S. 'A Child Is Being Beaten' in: *The Standard Edition of the Complete Psychological Works of Sigmund Freud*. London: Hogarth Press, 1953, vol. 17.

———. 'Family Romances' in: *The Standard Edition of the Complete Psychological Works of Sigmund Freu*. London: Hogarth Press, 1953, vol. 9.

———. 'Preface to Aichhorn's Wayward Youth' in: *The Standard Edition of the Complete Psychological Works of Sigmund Freud*. London: Hogarth Press, 1953, vol. 19.

———. Civilisation and Its Discontents in: *The Standard Edition of the Complete Psychological Works of Sigmund Freud*. London: Hogarth Press, 1953, vol. 21.

———. Group Psychology and the Analysis of the Ego in: *The Standard Edition of the Complete Psychological Works of Sigmund Freud*. London: Hogarth Press, 1953, vol. 18.

———. Moses and Monotheism in: *The Standard Edition of the Complete Psychological Works of Sigmund Freud*. London: Hogarth Press, 1953, vol. 23.

———. Totem and Taboo in: *The Standard Edition of the Complete Psychological Works of Sigmund Freud*. London: Hogarth Press, 1953, vol. 13.

Furedi, F. *Authority: a sociological history*. Cambridge: Cambridge University Press, 2013.

———. *Wasted: why education isn't educating*. London: Continuum, 2009.

Garton Ash, T. 'If Britain wants change that counts, there's an election it can vote in today', *The Guardian*, 20 January 2010. https://www.theguardian.com/commentisfree/2010/jan/20/britain-change-counts-election-today

Gerzema, J. & D'Antonio, M. *The Athena Doctrine: how women (and the men who think like them) will rule the future*. San Francisco: John Wiley & Sons, 2013.

Gotlieb, A. et al. *Operatie 'werk Arthur de deur uit'. Dagboek van een ongewenste werknemer*. Amsterdam: Bertram + de Leeuw Uitgevers, 2014.

Gribnau, J. *Belastingen en Ethiek: De ethische dimensie van tax planning*. Reading on 21 February 2013 to mark the opening of the Antwerp Tax Academy.

Hamilton, L. & Armstrong, E.A. 'Gendered Sexuality in Young Adulthood: double binds and flawed options', *Gender and Society*, 2009, 23(5), pp. 589–616. http://faculty2. ucmerced.edu/lhamilton2/docs/paper-2009-gendered-sexuality.pdf

Harari, Y.N. *Sapiens: a brief history of humankind*. London: Vintage Books, 2011.

Hayek, F. 'The Pretence of Knowledge: lecture to the memory of Alfred Nobel'. *Stockholm*, 11 December 1974. http://www.nobelprize.org/nobel_prizes/economic-sciences/ laureates/1974/hayek-lecture.html

Hekma, G. *Homoseksualiteit in Nederland van 1730 tot de moderne tijd*. Amsterdam: Meulenhoff, 2004.

Hermanns, J. *Het opvoeden verleerd*. Amsterdam: UvA/Vossiuspers, 2009.

Horel, S. *A Toxic Affair: how the chemical lobby blocked action on hormone disrupting chemicals*, May 2015. http://corporateeurope.org/sites/default/files/toxic_lobby_edc.pdf

Hunter, J. 'The Interest Rate Myth in Indian Microfinance', *Forbes India Magazine*, 9 February 2011, 2011.

Huyse, L. *De democratie voorbij*. Leuven: Van Halewyck, 2014.

Ieven, B. 'Geweld en legitimiteit: over de fundering van het recht bij Rawls en Derrida', *Ethiek & Maatschappij*, 2005, 8(1), pp. 45–57.

Illouz, E. *Why Loves Hurts: a sociological explanation*. Cambridge: Polity Press, 2012.

International Labour Organisation. *World Employment and Social Outlook*. Trends 2015. Geneva. http://www.ilo.org/global/research/global-reports/weso/2015/lang--en/index. html

Kant, I. 'Auswahl aus den Reflexionen, Vorarbeiten und Briefen Kants' in: Batscha, Z. (ed.), *Materialien zu Kants Rechtsphilosophie*. Frankfurt: Suhrkamp, 1968

———. 'What is the Enlightenment?' 1784.

Kojève, A. *The Notion of Authority*. London: Verso Books, 2014.

Konner, M. *The Tangled Wing: biological constraints on the human spirit*. Harmondsworth: Penguin, 1984.

Lacan, J. *Les complexes familiaux dans la formation de l'individu*. Paris: Navarin, 1984.

———. *The Seminar of Jacques Lacan, Book VII: The Ethics of Psychoanalysis, 1959–1960 (translated by D. Porter)*. London: Routledge, 1992.

Laeven, L. & Valencia, F. 'Systemic Banking Crisis Database', *IMF Economic Review*, 2013, 61, pp. 225–270.

Laland, K.N. & Brown, G.R. *Sense and Nonsense: evolutionary perspectives on human behaviour*. Oxford: Oxford University Press.

Le Bon, G. *Psychologie des foules*. 1895. http://www.infoamerica.org/documentos_pdf/lebon2. pdf

Lightdale, J.R. & Prentice, D.A. 'Rethinking Sex Differences in Aggression: aggressive behaviour in the absence of social roles', *Personality and Social Psychology Bulletin*, 1994, 20(1), pp. 34–44.

LSE. *The Depression Report: a new deal for depression and anxiety disorders*. 2006. http://eprints. lse.ac.uk/818/1/DEPRESSION_REPORT_LAYARD.pdf

——. *Mental Health Promotion and Prevention: the economic case*. 2011. http://www.lse.ac.uk/ businessAndConsultancy/lseenterprise/pdf/pssrufeb2011.pdf

MacIntyre, A. *After Virtue: a study in moral theory*. London: Duckworth, 2007.

Marinova, J. et al. *Gender Diversity and Firm Performance: evidence from Dutch and Danish boardrooms*. Utrecht: Utrecht School of Economics, Utrecht University, 2010.

Maus, M. 'Het nadeel van de twijfel', *De Tijd*, 12 December 2014.

Mazzucato, M. *The Entrepreneurial State: debunking public vs private sector myths*. London: Anthem Press, 2013.

Mertens, P. *Hoe durven ze?* Antwerp: EPO, 2011.

Micklethwait, J. & Wooldridge, A. *The Fourth Revolution: the global race to reinvent the state*. London: Allen Lane, 2014.

Moloney, P. *The Therapy Industry: the irresistible rise of the talking cure and why it doesn't work*. London: Pluto Press, 2013.

Morrens, M. 'Routine outcome monitoring in Vlaanderen: leren we wel de juiste lessen uit het Nederlandse gerommel?', *Tijdschrift voor psychiatrie*, 2015, 57, pp. 392–394. http:// www.tijdschriftvoorpsychiatrie.nl/assets/articles/57-2015-6-artikel-morrens.pdf

OECD. *Education at a Glance 2011: OECD indicators*. http://www.oecd.org/education/school/ educationataglance2011oecdindicators.htm

——. *In It Together: why less inequality benefits all*. 2015. http://www.oecd.org/social/in-it-together-why-less-inequalitybenefits-all-9789264235120-en.htm

——. *The Future of Families to 2030: a synthesis report*. 2011. http://www.oecd.org/ futures/49093502.pdf

Omer, H. *The New Authority: family, school, and community*. Cambridge: Cambridge University Press, 2010.

Orwell, G. 'Notes on Nationalism'. 1945. http://orwell.ru/library/essays/nationalism/ english/e_nat

Pascal, B. *Pensées (translated by W.F. Trotter)*. New York: EP Dutton, 1958.

参고문헌

Peeters, J. 'De commons. Een beperkte gids naar recente literatuur', *Oikos*, 2014, 70, pp. 41–49.

Pels, D. *Het volk bestaat niet. Leiderschap en populisme in de mediademocratie*. Amsterdam: De Bezige Bij, 2011.

Pinxten, R. *Schoon protest. Want er is wel een alternatief*. Antwerp: EPO, 2014.

Polgreen, L. & Bajaj, V. 'India Microcredit faces collapse from defaults', *The New York Times*, 17 November 2010.

Ramzi, A. 'De vraag om gezag', opinion article in *de Volkskrant*, 8 May 2010. http://www. happychaos.nl/gezag-in-de-volkskrant/

Rawls, J. *A Theory of Justice*. Cambridge: Belknap, 1971.

Rifkin, J. *The Zero Marginal Cost Society: the internet of things, the collaborative commons, and the eclipse of capitalism*. New York: Palgrave-MacMillan, 2014.

Rosanvallon, P. *Democratie en tegendemocratie*. Amsterdam: Boom/Stichting Internationale Spinozalens, 2012.

Rosin, H. *The End of Men and the Rise of Women*. London: Viking, 2013.

Ross, C. *The Leaderless Revolution: how ordinary people will take power and change politics in the 21st century*. London: Simon and Schuster, 2011.

Rotmans, J. & de Zutter, J. 'Het zijn de burgers die aan het stuur zitten', *Samenleving en politiek*, March 2013, pp. 20–30. http://www.stichtinggerritkreveld.be/samenleving-en-politiek/zoeken-in-sampol/128-2013/maart-1017/1017het-zijn-deburgers-die-aan-het-stuur-zitten

Roubini, N. & Mihm, S. *Crisis Economics: a crash course in the future of finance*. London: Allen Lane, 2010.

Schaubroeck, K. *Een verpletterend gevoel van verantwoordelijkheid*. Breda, Netherlands: De Geus, 2010.

Schinkel, W. *De nieuwe democratie. Naar andere vormen van politiek*. Amsterdam: De Bezige Bij, 2012.

Semler, R. *Maverick!: the success story behind the world's most unusual workplace*. London: Arrow, 1993.

Sennett, R. *Authority*. London: Secker & Warburg, 1980.

——. *The Fall of Public Man*. London: Penguin, 2002.

Serres, M. *Thumbelina: the culture and technology of millennials*. London: Rowman and Littlefield, 2014.

Torfs, W. *Werken met hart en ziel. Bouwstenen voor een great place to work*. Tielt, Belgium:

LannooCampus, 2014.

van Bezien, I. et al. 'Going, Going ⋯ Gone?: the decline of party membership in contemporary Europe', *European Journal of Political Research*, 2012, 51(1), pp. 24 – 56.

van der Lans, J. *Koning Burger. Nederland als zelfbedieningszaak*. Amsterdam: Uitgeverij Augustus, 2011.

Van Driessche, W. *Modern Minds. Kan uw hoofd de 21ste eeuw aan?* Brussels: Mediafin, 2014.

Van Hoorde, H. 'Statistiatrie, nosologie en structuur: één vraag?', *Tijdschrift voor Psychiatrie*, 1986, 1, pp. 6 – 14.

Van Reybrouck, D. *Against Elections*. London: Bodley Head, 2016.

van Stigt, M. *Alles over pesten*. Amsterdam: Boom, 2014.

Vanheule, S. *Diagnosis and the DSM: a critical review*. London: Palgrave Macmillan, 2014.

Verbeet, G. *Vertrouwen is goed maar begrijpen is beter. Over de vitaliteit van onze parlementaire democratie*. Amsterdam: Singel Uitgeverijen, 2012.

Verhaeghe, P. 'Chronicle of a Death Foretold: the end of psychotherapy'. 2007. http://www.paulverhaeghe.com/lecturesandinterviews/DublinHealth4life.pdf

——. *Mijn idee voor Nederland*. 2013. http://paulverhaeghe.psychoanalysis.be/lezingen/Amsterdamdebaliedec2013.pdf

Versnel, H. & Brouwer, J.J. *Stop de Amerikanen! Ten minste tien goede redenen om gewoon Europees te blijven*. Houten: Terra Lannoo, 2011.

Warneken, F. & Tomasello, M. 'The Roots of Human Altruism', *British Journal of Psychology*, 2009, 100, pp. 455 – 471.

Weber, M. *The Protestant Ethic and the Spirit of Capitalism*. New York: Norton, 2009.

Welzer, H. *Selbst denken. Eine Anleitung zum Widerstand*. Frankfurt: Fischer, 2013.

WHO. *Mental Health, Resilience, and Inequalities*. Copenhagen, 2009. http://www.euro.who.int/__data/assets/pdf_file/0012/100821/E92227.pdf

Wilkinson, R. & Pickett, K. *The Spirit Level: why equality is better for everyone*. London: Penguin, 2010.

Young, M. *The Rise of the Meritocracy 1870 – 2033: an essay on education and equality*. London: Penguin, 1958.

Young-Bruehl, E. *Hannah Arendt: for love of the world*. New Haven: Yale University Press, 1982.

Zonderop, Y. *Polderen 3.0. Nederland en het algemeen belang Leusden*, Netherlands: De Vrije Uitgevers, 2012.

주

1 정체성과 권위

1. 만약 1년간의 세금 총액을 전부 납부할 때까지 월급 전액을 낸다면, 납부가 완료되는 그날은 '세금해방일'이자, 그 이후부터 내 월급이 매달 온전히 나의 것이 되는 분기점을 의미한다. 이 개념은 (대부분 자유시장 경제를 지지하는 정치인들이) 정부가 피땀 흘려 일하는 시민들의 등골을 ('정부 압류'라 불리는 세금을 통해) 뽑아 먹는다고 비판하기 위해 사용된다. 그 예시로 가장 자주 거론되는 미국에서는 시민들이 가장 적은 세금을 내며, 다른 나라에 비해 '세금해방일'이 가장 빨리 시작된다. 그러나 이런 이야기를 하는 정치인들은 시민들이 세금을 대가로 무엇을 받는지는 말하지 않는다. 그리고 미국 시민들이 무엇을 받지 못하는지도 말하지 않는다. 미국의 대학 등록금이 얼마인지, 병원 치료비가 얼마인지, 또는 도로와 전력 공급 시스템과 같은 공공 인프라의 상태를 살펴보길 바란다.
2. 이 문장들은 옮긴이가 번역한 괴테의 시 「자연과 예술(Natur und Kunst)」의 마지막 행이다.
3. 공식 통계에 의하면, 네덜란드 아이들의 14퍼센트는(7명 중 1명) 특별보호나 특수교육을 받으며 이런 조치들은 대개 심각성이 낮은 문제를 바로잡기 위해 도입됐다고 한다(Hermanns, 2009). 짐작건대 많은 서구 국가에서 이 문제의 심각성은 수치와 비례할 것이다.
4. 『타이거 마더』(2011)는 미국 작가 에이미 추아의 베스트셀러다(http://amychua.com 참고).
5. 영국 이민성(Home Office)의 언론 발표. 'Children Remind Adults To Act Responsibly on Our Streets', 4 April 2007, http://webarchive.nationalarchives.gov.uk/20091212125222/asb.homeoffice.gov.uk/news/article.aspx?id=10310
6. 조르기의 힘은 광고업계에서 나온 개념이다. 아이들을 직접 겨냥한 군것질거리 또는 장난감 광고를 본 아이들은 부모에게 이것을 사달라고 조르며, 부모는 결국 버티지 못하고 그 제품을 구매하게 되는 것이다. 푸레디(2009)는 정부 기관이 이런 개념을 이용하여 아이들을 통해 어떻게 부모들의 행동을 개선하는지 설명한다.
7. 이 연구는 네덜란드의 모티브액션(MotiveAction)에서 진행되었으며, "젊은 사람들과 그들을 바라보는 부모들 사이의 미묘한 차이"에 대한 강의에서 요 헤르만스(Jo Hermanns) 교수가 인용하였다(Hermanns, 2009).
8. Furedi, 2009.

2 권위의 원천: 왜냐고? 내가 하는 말이니까!

1. 권위라는 주제는 다양한 관점에서 수십 년간 연구된 분야이다. 확실한 역사적 개요를 알기 원하는 독자들에게는 푸레디의 『권위(*Authority*)』(2013)를 추천한다. 이 주제에 대한 몇몇 최신 연구가 있지만, 리처드 세넷이 심혈을 기울여 1980년에 출간한 책을 추천한다. '교육' 에 대한 연구는 푸레디의 2009년작을 참고하길 권한다. 가장 개인적인 연구를 찾아보려면 크리스틴 브링크흐레버(2012)를 참조하기를 바라며, 이번 장에서 보았듯이 한나 아렌트는 우리 시대의 변화를 이해할 수 있는 가장 좋은 분석을 내놓았다.

2. 드 라 보에티는 권위란 그 시대의 지도자들(그의 글 제목에서는 "독재자")이 갖는 절대적 권력이라고 생각했다. 그의 주장에 따르면 우리가 지도자들에게 (자발적으로 굴복하여) 그 권력을 주는 것이다. 그 말인즉, 우리가 그 권력을 가져갈 수도 있다는 것이다.

3. Harari, 2011, 8장.

4. 이는 학술 연구에 관한 한 세계적인 권위를 가진 미국의 국립정신건강연구소 의장 토머스 인셀(Thomas Insel)이 2013년 초반에 전파한 메시지다. https://www.youtube.com/watch?v=u4m65sbqbhY 참고. 인셀이 언급하지 않은 몇 가지 논점들을 잘 알지 못한다면, 설득력 있어 보이는 강의다(예를 들어, 전문가들이 절대적으로 인정하는 정신질환의 심리·사회적인 요인들, 그리고 정신질환이 뇌의 병이라는 과학적 증거의 불충분 등).

5. Freud, 1953b와 1953a.

6. Freud, 1953g와 1953f.

7. Freud, 1953f.

8. 『팡세』의 원고는 파스칼 사후 여러 개의 묶음으로 해체되어 발견되었다. 이 묶음들은 여러 편집자에 의해 다른 방식으로 정리되었다. 나는 브렁슈비크(Brunschvicg)판을 사용했다.

9. Harari, 2014, 6장.

10. 칸트의 1784년 에세이 「계몽이란 무엇인가?(Was ist Aufklärung?)」의 첫 구절이다.

11. de Waal, 2013, 6장.

12. Rawls, 1971, 3장.

13. Derrida, 1992.

14. "그러므로 우리는 자연이 자유의지와 자유 율법의 조화를 이룰 것이라 믿어야 한다. 그것으로 우리는 폭력을 허락하는 자연법을 찾은 것이다."(Kant, 1968; Ieven, 2005에서 재인용)

15. Blom, 2013.

16. Furedi, 2013, 318~319쪽, 327~331쪽.

17. Arendt, 1954. Biography: Young-Bruehl, 1982.

18. 이 설명은 플라톤의 『국가』 말미에 실린 에르 신화에 등장한다. 죽음에서 기적적으로 살아 돌아온 병사가 사후 세계에 관하여 이야기한다.

19. Pascal, 1958, 단장 294.

20. 고인류학자들은 가부장적 사회가 인류의 생활 방식이 유목형 수렵·채집에서 정주형 농업으로 전환됐던 신석기 시대로 거슬러 올라간다고 믿는다.

3 불가능한 세 가지 직업

1. Freud, 1953c와 Lacan, 1984.

2. 네덜란드의 텔레비전 다큐멘터리 시리즈 「젬블라(Zembla)」는 시리즈 전체에 걸쳐 이 주제를 다루었다. http://zembla.vara.nl/seizoenen/2014/afleveringen/04-09-2014. 고틀리브의 일기도 출판되었다(Gotlieb, 2014).

3. https://en.wikipedia.org/wiki/Causa_Guttenberg 참고.

4. Lacan, 1992.

5. 칸 로스(Carne Ross)는 몇 년간 영국 외교부에서 고위 공무원으로 일하면서 이라크와의 전쟁을 결정하는 데 밀접하게 관여했다. 그는 자신의 경험을 바탕으로, 정치인들이 상황을 보다 잘 파악하고 있다는 의견을 반박할 수 있었다. 사실, 완전 그 반대이다. 정치인들은 더 처참한 결과를 불러오는 판단을 할 때가 종종 있다. 현지인들의 정보가 더 정확하지만, 결정에 영향을 주는 일은 거의 없다. 로스는 '지도자 없는 사회'라는 급진적 제안이 담긴 책을 썼다. 그가 보여주는 예시들은 불편할 정도로 설득력이 있다. 그의 책은 정치적 지도자들의 결정들이 얼마나 비극적인지를 보여주는 바버라 투크먼의 역사적 연구 『바보들의 행진』을 뒷받침해준다.

6. 유럽연합의 평균은 12퍼센트이다. Laeven & Valencia, 2013 참고.

7. 네덜란드 사회연구기관, Een beroep op de burger. Minder verzorgingsstaat, meer verantwoordelijkheid?, 2012년 11월. 뤽 하위서의 신문 기사 'Doe-het-zelf-samenleving', *De Standaard*, 2014년 8월 2~3일자. 플랑드르도시와지방자치제협회(Vereniging van Vlaamse Steden en Gemeenten)의 회장 뤽 마르턴스(Luc Martens)는 같은 신문에서 더 날카로운 메시지로 답장을 했다. "맞다, 현지 정부들은 더 많은 책임을 질 수 있고, 그럴 것이다. 하지만 다시 한번 비용 절감의 부담을 시민들에게 떠넘기려는 숨은 계략이어서는 안 된다. 나아가 지방정부들이 규모를 더 이상 넓히지 않으면서도 스스로 결정을 내릴 수 있는 진정한 분권화의 과정이 함께 진행되어야 한다."

8. http://stresscourse.tripod.com/id100.html 그리고 https://www.youtube.com/watch?v=RcGyVTAoXEU 참고.

9. LSE, 2006과 2011.

10. '증거 기반' 심리치료는 연구 결과에서 보이는 신뢰성에 비해 실제 임상 현장에서의 효과는

미미하다. 나는 논문에서 그 이유를 설명한 적이 있다(Verhaeghe, 2007). 다른 관점에서 보았을 때도, 나의 주장은 몰로니(Moloney, 2013)의 연구를 통해서도 다양하게 확인된다.

11. 심리치료가 효과적인지 확인하는 것은 좋은 생각이다. 그러나 불행히도 이런 '품질 관리'는 (주목해야 할 부분: 품질 관리자는 누구인가? 누가 관리 대상인가?) 상담자들과 시설을 수단으로 상정하고 서로를 비교하는데, 그 목적은 '더 효과적인' 발전을 조장하기 위한 것이다. 하지만 사실은 비용 절감을 위해서라고 볼 수 있다. Morrens, 2015 참고.

4 귀환인가, 변화인가: 다스베이더 대 빅브라더

1. 크리스틴 브링크흐레버의 2014년 논문은 두 가지 경향성을 설명한다. 정부가 전문 지식을 겸비하고 더 나은 소통 방안을 마련해야 한다고 강조하는 그녀의 조언은 이 장에서 내가 전하는 것보다 확고하다.

2. 나는 이 단락에 대한 응답으로 루도 쿠브뢰르가 보내온 이메일을 인용하려 한다. "갈릴레오는 '실험'은 자연에 대한 질문을 하는 것이라는 멋진 생각을 한 사람이다. 결과적으로 그 답은 어디까지나 사람들이 묻는 질문에 대한 답일 것이다. 그 질문들은 특정한 사고방식 속에 갇혀 있으며, 특정한 목적을 위한 것이다. 객관성은 질문 없이도 답이 존재할 수 있고, 질문과 별개로 결과가 존재할 수 있다는 믿음으로 구성된다. 현재 우리는 감당할 수 없을 만큼 엄청난 양의 데이터에 압도되었다. 대량의 데이터와 조건 들은 너무나 서로 얽혀 있고 다양하여 두세 개의 축으로 이루어진 그래프로는 다 담기 어려운 정도다. 질문을 함으로써 통계에 개입하는 순간, 우리는 '선택'을 하는 것이며, 따라서 우리가 질문하지 않은, 선택하지 않은 것들을 배제하는 것이다. 수치를 정리하는 순간, 우리는 무질서의 세계에 간섭한다. 경제부문에서 모든 데이터 개입은 사후적으로 진행되며, 계산된 예측 가능성은 인간의 행위에 의해 예측 불가능성으로 전락하는데 이는 본질적으로 예측이 불가능하다. 경제적 수치를 과거를 모두 설명하고 그로써 필연적으로 미래를 예상하기 위한, 즉 모든 것을 망라하는 이론으로 암호화하면, 그 결과로 산출된 예언은 어떤 이데올로기도 그렇듯이 자기 충족적이 된다. 그리고 모든 것이 숫자 없이도 자동적으로 잘 운용되고 있으면, 신을 호출해 그의 보이지 않는 손으로 수치들을 올바른 자리에 집어넣어 달라고 청한다. 자연과학에서, 보이지 않는 것들을 숨겨주는 것은 자연 자체이며, 새로운 발견으로 다른 것들을 드러내주는 것도 자연이다. 자연은 인간의 행동을 할 수 있는 것처럼 스스로 자신의 일을 한다. 그렇기 때문에 기준계가 멈추어버렸을 때만 자연, 인간과 결부된 수가 성립한다. 측정과 수치를 통해 관찰되는 가장 이해되지 않는 부분은 양자물리학 분야에서 찾아볼 수 있다. 무언가를 측정하는 행위 자체가 그 측정 결과를 방해하기 때문에 '불확실성'을 야기한다. 수에 관한 가장 위대한 과학자 중 한 명인 아인슈타인은 "신은 주사위 놀이를 하지 않는다!"라고 말했다. 그러나

이 모든 상대성에도 불구하고도, 숫자는 인간의 성취에 큰 영향을 미친다. 기술의 진보는(양자물리학의 통찰조차도) 숫자가 그렇게 마법처럼 보이는 이유일 것이다. 이것은 우리가 수를 '통제'하고, 우리가 원하는 것만을 실행하기 때문이다. 또한 컴퓨터에서 산출돼 나오는 모든 수치가 인간에게 유용하게 쓰이려면 번역되어야 하는 이유다. 하지만 계속해서 수나, 수라고 우리가 상상하는 것에 대한 질문 그리고 수가 왜 출현하는가에 대한 질문은 삶을 풍요롭게 하는 원천이다." https://doxaludo.wordpress.com 참고.

3. 스웨덴 정부는 엇비슷한 프로젝트를 진행하여 똑같은 결론을 얻었다. 하지만 영국 정부와는 다르게, 스웨덴 정부는 결과를 인정하고 프로젝트를 폐지했다. 이와 또 다른 예시들은 Moloney, 2013에서 찾을 수 있다.

4. 수치들은 대부분 부정확하다. 정치인들이 인용하는 수치들을 자세히 살펴보고 실수와 고의적 속임수를 과감하게 폭로하는 안드레아스 티레즈(Andreas Tirez), 마티아스 소머르스(Matthias Somers) 같은 사람들의 노력 덕분에 시민들도 점차 이 사실을 인지하고 있다. 결국 사회적 맥락상 '정확한' 수치조차 어떤 질문의 답이 되어야 하는지에 따라 결정된다. 그리고 이런 사실은 아직 시민들의 관심을 받지 못하고 있다.

5. https://en.wikipedia.org/wiki/Phrases_from_The_Hitchhiker%27s_Guide_to_the_Galaxy#Answer_to_the_Ultimate_Question_of_Life.2C_the_Universe.2C_and_Everything_.2842.29 참고.

6. Welzer, 2013. 동료 학자들에게 맹렬한 비판을 받기 전에 급히 설명할 것이 있다. 과학적 경제학과 심리학은 정밀과학의 방식이 아닌 적절한 방식을 사용했을 때에 실로 가능하다. 정밀과학의 필수 조건 중 하나는 재현 가능성이다. 실험이 같은 조건에서 반복된다면 같은 결과가 나와야 한다. 사과가 나무에서 떨어지는 속도는 같은 조건하에서, 어디서나 똑같다. 그러므로 뉴턴의 법칙은 말 그대로 '법칙'이다. 심리학과 경제학 같은 인문과학은 그렇게 재현될 가능성이 거의 없다.(그렇기 때문에 시도 자체가 거의 없다.) 그 이유는 간단하다. 정밀과학이 아니며, 사용되는 '측정'도 정밀과학과 같은 기준을 따르지 않기 때문이다. 인문과학에서 실현 가능하면서 정책 결정에 영향을 줄 수 있는 조사 기법은 양적 측정과 질적 연구를 병행하는 것이다. 가장 유명한 최근의 예는 벤트 플뤼비에르(Bent Flyvbjerg, Oxford)가 진행한 연구다. 이 연구를 모든 정치인이 읽어야 한다. http://www.sbs.ox.ac.uk/community/people/bent-flyvbjerg 참고.

7. 나는 이 예시를 마티아스 데스멋(Mattias Desmet, 2013)의 연구에 기반을 두었다. 그는 심리학자가 같은 심리학적인 특징을 여러 다른 도구(예를 들어 자기 보고 설문조사, 투영 검사, 반(半)구조화 인터뷰)들을 사용해 측정하면, 그 결과들이 일치하는 경우는 거의 없다고 말한다.

8. 과도한 규칙은 측정에 집착하는 것과 밀접한 연관이 있다. '객관적인' 수치들이 더 많은 규칙을 위해 근거를 제공할 것이라는 점은 환상이다. 실제로 이런 측정들은 대개 더 많은 측정

을 낳을 뿐이다.

정신의학에서 가장 널리 사용되는 정신장애 분류 체계인 『정신질환의 진단 및 통계 편람』의 최신판이자 다섯 번째 개정판이 2013년에 출간되었다. DSM-5는 바로 앞 7번 주에서 설명한 것과 비슷한 측정 과정을 기반으로 한다. 벨기에 정신과 의사이자 정신 분석가 휘버르트 판 후르더(Hubert Van Hoorde)는 순간 영감을 받아 '통계적 정신의학(statistiarty)'이라는 조어를 생각해냈다. 이와 실제 정밀과학의 차이는 엄청나다.(하지만 그 차이를 측정할 수는 없다.) 확실히 예측할 수 있는 것은 새로운 정신질환의 수가 증가할 것이라는 점이다. 이전 판과 비교해보면 이미 100가지가 넘는 새로운 질환이 추가되었다. 비통함은 더 이상 그냥 비통한 감정이 아니라 우울증의 일종이며("이 환자 약 가져다줘!"), 주의력결핍 과잉행동장애(ADHD)의 진단 기준은 대폭 넓어졌고("리탈린을 추가 처방해야겠습니다."), 드디어 이 편람은 남성우월주의자 남성들이 여태 알고 있던 것을 확인시켜줬다. 생리 시작 직전에 여성들은 정신적으로 불안정해진다.

그러나 미국 저자들은 우리 시대의 가장 중요한 정신질환을 간과했다. 자신들조차 인지하지 못한 채 앓고 있다고 의심되므로 이건 실수가 아니다.(이렇게 자기 인식이 부족한 것은 이들이 또 다른 정신질환을 앓고 있다는 뜻이다. 바로 질병인식불능증(anosognosia)이다.) 요즘은 누구나 진단을 내릴 자격이 있는 것 같으니, 나도 DSM의 형식을 따른 새로운 진단을 제안한다. 진절머리 나는 약어 유행도 따라서 내가 제안하는 새로운 질병의 이름은 PEED, 또는 '허위 효율성과 유효성 장애(pseudo-efficiency and effectivity disorder)'이다. 다음은 허위 효율성과 유효성 장애의 진단 기준이다.

허위 효율성과 유효성 장애

이 진단은 아래 다섯 가지 항목 중 최소 세 가지의 특징을 보이는 사람에게 내릴 수 있다.

A. 모든 것을 측정하고 수량화할 수 있다는 망상을 겪고 있으며, 이런 점을 지적하였을 때 폭발적으로 공격적인 행동을 보인다.

B. 모든 것을, 특히 다른 사람의 행동이나 성격을 기록해야 한다는 강박이 있다. 아주 예외적인 경우가 아니면 자신에게는 해당하지 않는다.

C. 변화에 아주 민감하게 반응하며, 완전히 예측할 수 있고 표준화된 환경을 요구한다. 환경의 사소한 변화에도 불안 또는 분노를 유발한다.
NB: 자기 자신이 불러온 변화에는 적용되지 않는다.

D. 사용하는 언어가 갈수록 알아듣기 어려워지며, 더 이상 현실과 일치하지 않는다.

E. 과대망상증을 겪으며, 자신의 행동이 자신이 속해 있는 단체에 이익만을 줄 것이라는 확신을 갖고 있다.

이 정신질환은 불안장애의 일종이며, 전염성이 매우 높고, 늘 주변 환경에 해를 입힌다. 여태까지 효율적이거나 효과적인 치료 방법은 없지만, 제약업계는 새롭고 아주 강력한 항정신약품의 무작위 대조 실험에 돌입했다.

9. Bauman & Lyon, 2013.

10. Serres, 2014와 Baricco, 2013.

11. Le Bon, 1895와 Freud, 1953e.

12. 전통적인 엄격한 지휘 구조(예를 들어, 군사 훈련 설명서)에서 벗어난다는 개념이다. 1938년에 출판된 『기갑사단의 관리 및 배치 지침(*Richtlinien für die Führung und Einsatz der Panzer-Division*)』에는 여전히 지휘 구조의 조직도가 실려 있었지만 1940년판부터는 삭제되었다 (Dinardo, 2006, 119쪽). 나는 캄프그루펜(Kampfgruppen)이라는 개념을 한 경영서에서 처음 접했다. 이 저자들은 미국식 모델에서 벗어나 이런 유럽식 접근법을 지향해야 한다고 명쾌하게 주장한다. 나는 Versnel & Brouwer, 2011의 작업이 더 많은 관심을 받아야 한다고 생각한다. 이제 일부 미국 기업들도 접근법을 바꾸고 있다고 들었다. 그러나 이런 변화들이 인적자원 관리 요령 몇 가지를 도입하는 데 국한되는 한, 실질적인 변화는 거의 없을 것이다. 7장에서 논의하는 셈코 모델에서 배워야 할 교훈이다.

5 여성의 시대

1. 내가 살고 있는 플랑드르 지역의 마을 라르너에서 마지막으로 진행된 마녀 화형식은 1607년도였다.

2. *The New Yorker*, 2012년 8월 17일자에서 번역하여 인용. http://www.newyorker.com/news/news-desk/the-pussy-riot-verdict 참고.

3. http://www.popline.org/node/363769 and http://www.nocirc.org/symposia/first/hosken.html 참고.

4. 과거의 벨기에 국적 항공사인 사베나는 승무원들의 연령상한제를 시행했다.(40세가 되면 퇴사해야 했다.) 가브리엘러 뒤프레너(Gabrielle Dufrenne)는 자신의 해고에 대한 법적 소송을 제기했다.(그것도 1968년도에, 이 무슨 우연인가!) 법정이 그녀의 편을 들어주기까지 약 10년이라는 시간이 걸렸다. 이 사건은 2009년까지도 정치적 선전에 등장하기도 했다. https://en.wikipedia.org/wiki/Defrenne_v_Sabena_(No_2). http://www.senate.be/www/?LANG=nl&LEG=4&MIval=/Vragen/SchriftelijkeVraag&NR=2606 참고.

5. http://ww.ugentmemorie.be/dossiers/vrouwelijke-studenten-aan-de-ugent 참고.

6. OECD, 2011a.

7. Rosin, 2013.

8. 이 주제에 관한 대화는 대체로 이상적이다. 한편에서는 남자아이들이 겪는 문제들이 (그들이 봤을 때) 남성성, 즉 가부장제의 안타까운 실추 때문이라 하고, 그 반대편에는 이런 실추가 발전이라고 보는 사람들이 있다.

9. 미국의 통계를 보려면 *The New Yorker*, 2012년 2월 17일자 참고.
   유럽은 OECD, 2011b, p. 8 그리고 p. 13. OECD에 속하는 34개국은 서구 국가들과 일본, 대한민국과 비슷한 추세를 보인다.

10. 여성 폭력성의 증가에 대한 정보는 Chesney-Lind, M. 'Girls and Violence: is the gender gap closing?', VAWnet, 2004(Rosin, 2013에서 인용) 참고. 사회적 기대치에 대한 사회 · 심리학적 연구를 보려면 Lightdale & Prentice, 1994 참고.

11. 이런 통계의 신빙성을 확신하기는 어렵다. http://www.slate.com/articles/news_and_politics/foreigners/2009/06/the_herbivores_dilemma.html 참고.

12. 캐슬린 보글(Kathleen Bogle, 2008)은 '혹업'이 미국 대학 캠퍼스의 데이트 문화를 대체했다고 분석한다. 아직 바뀌지 않은 것은 여전히 여성들에게 '헤프다'는 꼬리표가 붙을 위험이 크다는 점이다.(보글의 인터뷰 http://www.insidehighered.com/news/2008/01/29/hook-ups 참고). 4년이라는 기간 진행된 또 다른 연구에서는 커리어 개발에 몰두해야 한다는 압박이 장기 연애에 해로운 영향을 미치며 그로 인해 혹업이 촉진된다고 한다(Hamilton & Armstrong, 2009).

13. http://www.npo.nl/3doc/14-11-2013/VPWON_1155462에서 신청.

14. Sennett, 2002, 7쪽.

15. Hekma, 2004, 39쪽.

16. OECD, 2011b.

17. 이 현상에 대한 생물인류학자 헬런 피셔(Helen Fisher)의 연구는 Rosin, 2013 참고. 미국 부모들의 성별 선호도에 대한 통계는 http://www.ingender.com/xyu/Gender-Preference/ 참고.

18. 아리스토파네스의 「여인들의 국회」를 각색한 연극의 제목은 「꼭대기의 여성들(Women at the Top)」이다. http://shc.stanford.edu/news/research/stanford-classics-theater-perform-women-top 참고. 오랫동안 남성 고전학자들은 아리스토파네스의 희극이 정치계에 여성이 개입하는 것에 대한 경고라고 생각했다. 스탠퍼드 대학의 여학생들은 아주 다른 메시지를 보았다.

19. Young, 1958과 Gerzema & D'Antonio, 2013.

20. 여성이 운영하는 회사들이 더 성공한다는 것은 미국의 연구 단체 카탈리스트(Catalyst,

2004)의 중심적 의견이다. 이에 대한 실증적인 증거는 매우 부족하다. 그 이유는 단순하게 여전히 지도자 역할에 여성보다는 남성이 많기 때문이다. 이에 대한 토론을 보려면 Marinova et al., 2010 참고.

21. 권위와 관련된 사회변화는 지도자의 역할에 대한 직접적 변화를 의미한다. 그리고 이 것은 현재 비즈니스의 세계에서 빠르게 진행되고 있다. 다음 자료를 참고. Washington, R.R. et al. 'How Distinct is Servant Leadership Theory?: empirical comparisons with competing theories', *Journal of Leadership, Accountability, and Ethics*, 2014, 11(1); Carson, J.B. et al. 'Shared Leadership in Teams: an investigation of antecedent conditions and performance', *Academy of Management Journal*, 2007, 50(5), pp. 1217 – 1234; Ashford, S. & DeRue, S. 'Leadership — It's (Much) More Than a Position', https://hbr.org/2010/04/ leadership-its-much-more-than.html; DeRue, S. & Myers, C.G. 'Leadership Development: a review and agenda for future research' in: Day, D.V. (ed.) *The Oxford Handbook of Leadership and Organisations*. Oxford: Oxford University Press, 2014; Pearce, C.L. & Sims, H.P. 'Vertical Versus Shared Leadership as Predictors of the Effectiveness of Change Management Teams: an examination of aversive, directive, transactional, transformational, and empowering leader behaviours', *Group Dynamics: Theory, Research, and Practice*, 2002, 6(2), pp. 172 – 197; Walumbwa, F.O. et al., 'Authentic Leadership:development and validation of a theory-based measure', *Journal of Management*, 2008, 34(1), pp. 89 – 126 'Authentic Leadership: development and validation of a theory-based measure', *Journal of Management*, 2008, 34(1), pp. 89 – 126.

22. 남녀평등연구소가 민원을 접수하기 일주일 전에, 한 어머니가 이미 민원을 접수했다(*De Standaard*, 2014년 11월 21일자). 그리고 2015년 5월 29일자에서는 오늘의 편지로 "법에 의해 망신당했다."는 한 여성의 이야기를 선정했다. 아이의 아버지인 전(前) 파트너가 아이가 양쪽 부모의 성을 따르는 것을 거절한 것이다.

6 집단으로서의 부모

1. Pascal, 1958, 단장 298.

2. Furedi, 2009, 7장.

3. 이것은 현대 심리학의 비평적 연구에서 첫 예시로 사용되었다(De Vos, 2012). 직설적인 제목을 가진 그의 책 『낭비: 왜 교육은 교육하지 않는가(*Wasted: why education isn't educating*)』에서 프랭크 푸레디는 교육이 치료적으로 변화하는 것은 고전적 가부장제도와 그 권위의 실추와 밀접한 연관이 있다고 이야기한다.

4. Furedi, 2009.

5. Omer, 2010. 온라인에서 잠깐만 검색해도 이런 방식에 관한 관심이 얼마나 많은지를 알 수
있다. 그가 말하는 '오래된' 권위를 내가 '가부장적' 권위라고 해석한 것은 완전한 것이 아니
다. '새로운'이라는 단어를 '공유' 또는 '공동' 권위로 바꾼 것이다. '새로운' 것은 몇 년 후면
또 시대에 뒤처질 것이며, 본래 의도했던 의미를 더 이상 가리키지 않게 한다.

7 돈 내놓을래, 죽을래?

1. 막스 베버(2009)는 1905년에 자본주의와 기독교를 비교한 첫 번째 인물이다. 1921년에 발
터 베냐민은 한발 더 나아가 자본주의 자체가 본질적으로 종교라고 말했다. 이 종교의 핵심
은 완전한 빚 청산의 불가능성이다. "이것은 비난을 불러오는 이단 종교이다. 자본주의는 회
개하는 종교가 아니라, 항상 책임을 전가하는 것부터 시도하기 때문이다. 추락을 위한 엄청
난 힘이 이 종교에 자리 잡고 있다. 이 거대한 죄책감에, 어찌 회개할지 몰라, 또다시 이단을
찾는다, 이 죄책감을 회개하기 위해서가 아니라, 죄책감을 더 널리 퍼트리기 위해서…….'' 현
대 사회에서 발전은 영구적인 조건이며 부채는 그 영구적인 결과다. 베냐민에 의하면, 그 종
점은 완전한 절망이다. "자본주의라는 종교의 핵심에는, 희망의 끈을 여전히 꼭 쥔 채 절망
의 세계에 도달하게 할(끝까지 버티다가, 결국 그 비난은 신을 향한다.) 힘이 존재한다." 이
런 주장은 개인에게도 적용된다. 자기 자신의 관리인으로서, 사람들은 언제나 효율성을 높여
야 하며, 그 과정에서 소진되어버린다. 그런데도 잠시 쉬어가는 시간조차 없애버렸다. "이단
의 실체는 자본주의의 두 번째 특징과 연결되어 있다. 이단의 불멸성. 자본주의는 휴전도 없
고 자비도 없는(sans [t]rêve et sans merci) 이단의 축복이다. '근무일'이란 없다. 극단적인
노력을 들여 예배하고 모든 신성함을 전시한다는 끔찍한 의미에서 휴일이 아닌 날은 없다."

2. https://www.youtube.com/watch?v=MEaJYeRpl1g 참고. 주인공인 고든 게코는 사이코패
스 주식 거래업자이다. 올리버 스톤 감독의 의도는 이 캐릭터가 경고의 메시지로 받아들여
지는 것이었으나, 그 반대의 효과를 야기했다. 게코는 인생 역전을 꿈꾸는 많은 젊은 미국인
들에게 롤모델이 되었다. 또 다른 미국 영화 「아메리칸 사이코」(2000)는 그런 메시지를 전
달하는 데 보다 더 성공했다.

3. 이래서 나는 소액 신용 대출(microcredit)을 '자유 화폐'의 선도자라고 본다. 원래의 의도는
일반 은행에서 대출을 받지 못하는 사람들에게 적은 돈을 빌려줘, 그들이 사업을 할 수 있게
도와주는 것이었다. 이런 생각의 창시자인 무함마드 유누스(Muhammad Yunus)는 2006년
노벨 평화상을 수상했다. 시간이 지나 이런 제도는 지속적인 성공을 거두었다…… 물론 은
행을 위해서. 원래 기초 자금은 충분하지 않았고, 은행들은 이런 시장을 '발견'한 것이었다.
은행에서 부과하는 이율은 20~30퍼센트 사이를 왔다 갔다 한다(Hunter, 2011). 그 결과는?

이전에는 그저 가난했던 사람들의 절반 정도가 이제는 가난하고 빚도 있다. 다행히도 이런 악용을 막을 방안들이 마련되고 있다(Polgreen & Bajaj, 2010; Bajaj, 2011). 그들이 성공하건 실패하건 그와 상관없이, 빚더미 위에서 경제를 운영하는 기업이나 국가라는 거시적 집단의 차원에서 발생하는 일들을 미시적 관점에서 바라보자. '기본소득(모든 성인에게 기본적으로 지급되는 소득)'이 더 나은 선택이다.

4. 은행 파산을 정확하게 예측한 몇 안 되는 경제학자 중 한 명인 루비니(Nouriel Roubini)는 세 페이지 남짓한 글에서 현대의 신용평가 기관들이 정확히 어떤 방식으로 운영되는지, 그리고 어떻게 개선되어야 하는지를 이야기한다(Roubini & Mihm, 2010).

5. 실업률 통계는 소위 '객관적인' 수치를 어떻게 조작할 수 있는지를 거의 예술적인 경지에서 보여준다. 예를 들어 실업수당 신청 자격이 되는 연간 실업 인구와 실업률이 가장 높은 연도를 비교해보자. 벨기에의 경우 2004년이 그해다. 실업률을 보여주는 보도들은 대부분 "실업률, 2004년 대비 X퍼센트 낮아졌다"와 같이 의기양양한 제목들을 내건다. 그러나 '실업률, 2008년 대비 X퍼센트 낮아졌다.'라는 기사 제목은 본 적 없을 것이다. 벨기에는 2008년에 2002년 이후 최저 실업률을 기록했다. 이런 수치들을 해석하려면 노력이 어느 정도 필요하다. 또 다른 속임수는 공식 실업자 등록 항목을 '창의적으로' 바꾸는 것이다. 너무 많은 나라들이, 너무 다양한 방법으로 이를 실천하기 때문에 OECD는 독자적인 기준인 화합 실업률(Harmonised Unemployment Rate, HUR)을 만드는 것이 필요하다고 결론 냈다. 단기적으로는 사회 중위 계층의 직업이 자동화됨에 따라 점점 더 높은 실업률을 향해 가차 없이 나아가고 있는 것이 현실이다. 어떤 정부도 그 영향을 상쇄할 만큼의 일자리 창출을 할 수는 없다. 정부가 할 수 있는 합리적 대처는 일자리의 급진적인 재배치이다. 이제는 일이 너무 많은 사람과 일이 없는 사람, 두 부류의 사람만이 존재하므로 그 필요성은 더더욱 커졌다.

6. *De Standaard*, 2012년 12월 28일자. 트뤼디 데휘어(Trudy Dehue)의 책 『우울증-전염병(*De depressie-epidemie*)』에 대한 논의에서 에르빈 모르티르는 다음과 같은 말을 했다. "갑자기 의료는 '케어 매니지먼트(care management)'가 되었고, '케어 범위의 간소화'에 대해 이야기됐고, 그 밖의 모호한 것들이 부자연스러운 전문 용어로 포장됐다. 환자들을 보살피는 것은 갑자기 '케어 운영'이 됐고, 케어 매니저는 어떤 수술에 들어갈 시간(과 돈)을 계산했다. 치료실은 멈춰 있는 컨베이어벨트가 되어, 계속 줄어드는 의료계 종사자들은 계속 늘어나는 병원 침대들을 마치 현대 자동 조립 라인과 유사한 방식으로 치료를 하며 서둘러 지나간다. 세계대전 이후의 복지국가는 우리를 솜이불 속에 꽁꽁 싸매, 협동과 연대보다 경쟁과 개인의 노력이 더 강력한 '자산'이 된 새로운 세계경제에서 경쟁하기에는 나약한 상태로 만들었다. 이런 진화는 전후 복지국가 정비의 일면일 뿐이었다."(*De Standaard*, 2008년 9월 26일자).

7. International Labour Organisation, 2015.

8. Mazzucato, 2013.

9. 아이슬란드가 위기에 대처한 방식에 관해 많은 연구가 수행되었다. 내 설명은 부분적으

로 아이슬란드 상공회의소의 2012년 경제 현황 보고서를 바탕으로 한 것이다. 헌법을 둘러싼 상황들을 자세하게 알고 싶다면 Landemore, H. 'The Icelandic experience challenges the view that the constitutional process must be exclusionary and secretive', http://www.democraticaudit.com/2014/07/23/the-icelandic-experience-challenges-the-view-that-constitutional-process-must-be-exclusionary-and-secretive/, based on 'Inclusive Constitution-Making: the Icelandic experiment', *Journal of Political Philosophy*, 2014, 23(2)를 참고. 아이스세이브(Icesave, 아이슬란드 란즈방키 은행의 온라인 저축예금 상품. 이 상품의 주 가입자가 34만여 명의 네덜란드 및 영국 예금자였고, 은행의 파산으로 동결된 이들의 예금을 상환하는 법안에 당시 대통령이 거부권을 행사하면서 이 법안이 국민투표에 부쳐졌다.—편집자)에 대한 내용은 Parker, I. 'Lost, after Financial Disaster, Icelanders Reassess Their Identity', 29 March 2009, *The New Yorker*, http://www.newyorker.com/magazine/2009/03/09/lost-19 참고.

10. 아마존 보이콧에 대해서는 http://www.independent.co.uk/news/world/europe/amazon-used-neo-nazi-guards-to-keep-immigrant-workforce-under-control-in-germany-8495843.html, 인도 채석장의 아동 노동 착취에 대해서는 http://www.flanderstoday.eu/business/local-cobblestones-linked-child-labour, 스타벅스의 세금 회피에 대해서는 http://www.reuters.com/article/2012/10/15/us-britain-starbucks-tax-idusbre89e0ex20121015, 소비자의 보이콧이 마침내 스타벅스를 후퇴하게 만들기까지 http://www.mirror.co.uk/news/uk-news/starbucks-move-hq-uk-pay-3419675 그리고 http://www.dailymail.co.uk/news/article-2606274/Starbucks-pay-tax-Britain-relocates-European-headquarters-London-following-customer-boycott.html 참고.

11. 셈코와 세믈러에 관한 정보는 위키피디아를 비롯해 아주 풍부하다. 더 많은 정보를 원하는 분들은 그의 책(1993)을 읽어보길 권한다.

12. 여기서 하라리(Harari, 2011)는 남아메리카의 원주민 부족들에 관한 연구를 인용하는 것이다. 폭력은 칼라하리 부시먼족 내에서 사망의 주요 원인이기도 하다(Konner, 1984, 9쪽). 루소의 '고결한 야만인'이 그다지 고결하지 않았던 것이다.

13. de Walsche, 2010과 Peeters, 2014.

14. 마리날레다는 공동체로 운영되는 스페인의 작은 마을이며, 최근 경제 위기 이후 많은 관심을 받기 시작했다.

15. 뷔르트조르흐에 대한 내용은 얀 로트만스(Jan Rotmans)와의 인터뷰(2013)에서 발췌했다. 현대의 기준(수익, 성장, 고객과 직원 만족도)으로 보면 뷔르트조르흐는 매우 잘하고 있다. CEO인 요스 더 블록(Jos de Blok)은 관리자가 아니라 직원들을 격려하는 사람이며, 각자 할 일을 알아서 하게 둔다. 몬드라곤의 성공에 대한 온라인 자료와 다큐멘터리가 많다. 바우터르 토르프스(Wouter Torfs, 2014)는 그의 접근법에 대한 책을 냈다. 프랑크 판 마센

호버의 접근법에 대한 유익한 인터뷰는 http://www.jandezutter.be/home/Interview_met_Frank_Van_Massenhove.html(네덜란드어)에서 볼 수 있다.

16. 인터넷은 공유를 위해 아주 중요한 도구이다. 열거할 수 있는 사례가 너무 많으나, 모든 예가 공동체에서 발생하는 것은 아니다. 사람들은 온갖 종류의 물건과 서비스, 방, 시설, 이동 수단을 나눠 쓴다. 그 외에도 장난감, 옷, 장신구, 음식 같은 것들을 공유하고 교환하는 것부터 건물과 정원을 공동 이용하는 것까지, 어마어마한 수의 구체적인 방안이 있다. 새로운 건축물들도 이런 변화를 반영하고 있다. 이 모든 예시는 지속 가능성에 집중하고 독점 소유권에서 벗어나 공유하기를 향하며, 인터넷이 강력한 촉진제 역할을 하는 분명한 전환이 있다. 이런 맥락에서 흥미로운 발전 한 가지는 디지털 '화폐'의 부상이다. 이는 보통 다른 사람을 위해 서비스를 제공하는 데 걸리는 시간을 기준으로 벌어서, 또 다른 사람의 시간을 '구매'할 수 있는 것이다. '시간은 돈'이라는 말이 그대로 실현된 것이다.

17. 그중 가장 잘 알려진 사이트는 트립어드바이저(TripAdvisor)와 옐프(Yelp)이다. 하지만 이 분야도 빠르게 발전하고 있다. 사용자들이 스마트폰으로 물건을 스캔하여 이 물건을 구매한 사람들의 실제 후기를 즉시 볼 수 있는 새로운 앱이 끊임없이 출시되고 있다.(후기 대다수는 광고가 호도한 바를 반박하는 내용이다.) 이는 최신 형태의 사회적 통제이며 곧 권위이다. 위키리크스의 경제적 버전이라 할 수 있을 듯하다.

8 발데마르 씨, 혹은 숙의 민주주의

1. van Bezien, et al., 2012.

2. 유럽의 투표율에 대한 추가 정보를 찾으려면 http://www.europarl.europa.eu/elections2014-results/en/turnout.html 참고.

3. De Standaard, 2013년 8월 3일자에서 작가 다비트 판 레이브라우크는 이 발언을 이렇게 요약한다. "연합 협정은 무시하라고 만드는 협정이다."(De Standaard, 2014년 12월 11일자) https://nl-nl.facebook.com/permalink.php?story_fbid=760734490668855&id=266204043455238 참고.

4. 루뱅의 철학자 토마스 데크뢰스(Thomas Decreus, 2013)는 "민주주의는 상태가 아니라, 결코 목적지에 도달하지 못하는 움직임이다. 권력의 불평등을 무효화하려 노력하는 지속적인 과정이다." Ieven, 2005 참고.

5. OECD, 2015. 불평등의 부정적 영향에 관한 과학적인 근거는 Wilkinson & Pickett, 2010의 선구적인 연구 이래로 증가하고 있다. 많은 사람들이 이 사실을 알지 못한다는 것이 놀라울 뿐이다. 가장 잘 알려진 과학지인 《사이언스(Science)》의 한 호는 온전히 이 주제를 다루었다. http://www.sciencemag.org/site/special/inequality/

6. *De Standaard*, 2015년 6월 16일자.

7. Dabla-Norris et al., 2015. 국제통화기금에 의하면, 불평등이 증가하는 주된 이유는 능력을 근거로 하는 상여금 제도, 곧 능력주의 때문이다. 내가 전작 『우리는 어떻게 괴물이 되어가는가』에서 같은 이야기를 했을 때, 스스로를 '중요 인물'이라 생각하는 많은 사람들이 나를 무능하고 무지하다고 무시했다. 나는 그들이 국제통화기금에 대해서도 똑같이 생각하는지가 궁금하다.

8. Benjamin, 1976.

9. Gribnau, 2013.

10. 룩스리크스에 대해 더 알고 싶다면, https://www.theguardian.com/business/2014/nov/05/-sp-luxembourg-tax-files-tax-avoidance-industrial-scale와 Maus, 2014 참고.

11. 이에 관한 리포트는 https://www.icij.org/project/swiss-leaks에서 볼 수 있다.

12. 피시킨이 발표한 글에 이것이 어떻게 작동하는지를 잘 설명한다. http://bostonreview.net/james-fishkin-nation-in-a-room-turning-public-opinion-into-polcy 참고. 피시킨의 방식이 어디에 어떻게 적용되었는가에 대한 정보는 http://cdd.stanford.edu., 영국 사례에 대한 광범위한 보고서를 보려면 http://cdd.stanford.edu/2010/final-report-power-2010-countdown-to-a-new-politics/와 Garton Ash, 2010 참고.

13. 두들(Doodle)의 정교한 버전이라 생각하면 된다. 그 목적은 회의 날짜를 잡는 용도뿐 아니라 회의 안건까지 정하는 것이다. 리퀴드피드백은 인터넷에서 무료로 다운로드받을 수 있다. 이것은 공유를 최우선 순위에 두는 공동체가 어떻게 지식과 실천의 결합으로 성장하는지를 보여주는 다양한 사례들 중 하나이다. 더 많은 정보를 보려면 https://en.wikipedia.org/wiki/LiquidFeedbackand, http://techpresident.com/news/wegov/22154/how-german-pirate-partys-liquid-democracy-works 참고.

14. Wilkinson & Pickett, 2010.

결론

1. 막스 플랑크 연구소(Max Planck Institute)의 Warneken & Tomasello, 2009는 어린아이들의 자발적인 친사회적 행동을 연구했으며, 그 결과는 반복적으로 확인되어왔다. http://www.parentingscience.com/helpful-kids-and-rewards.html 참고. 이런 결과는 프랑스 드 발의 거의 모든 사회생물학 연구를 통해 보다 폭넓게 입증되는 것을 확인할 수 있다. 우리의 상상력을 자극하는 예시가 있다. 영장류(즉, 우리)는 선천적으로 불공평한 것에 반응한다(웃기면서도 설득력 있는 동영상을 보려면 https://www.youtube.com/watch?v=meiU6TxysCg 참고). 어린아이들의 친사회적 행동에 관한 연구에서 가장 놀라운 점은 아이들이 스스로 결

정할 수 있는 정도가 클수록(예를 들어 부모의 권유로 다른 사람들과 나눠야 하는 상황이 아닐 때) 자발적으로 돕는 행동이 증가한다는 사실이다. 자율성에 대한 선호와 그에 따르는 긍정적 결과는 자기-결정 이론이라는 심리학의 새로운 연구 분야에서 발견되었다. 이 이론이 현재 큰 성공을 거두고 있는 것은 우연이 아니다. 현시대 정신의 심금을 울린다.

찾아보기

옮긴이 이승욱

정신분석가. 오클랜드 대학교에서 정신분석을 전공하고 오클랜드 정신병전문재활치료센터에서 심리치료실장으로 일했다. 뉴질랜드 국립정신보건연구원, 식이장애치료센터, 청소년정신건강센터, 도박방지센터의 전문위원, 자문역 등을 맡았다. 지금은 서울 종로에서 '닛부타의숲정신분석클리닉'을 운영하고 있으며, 정신분석을 공공재로 공유하기 위해 팟캐스트 「이승욱의 공공상담소」를 진행했다. 『상처 떠나보내기』『마음의 연대』『천일의 눈맞춤』『소년』『대한민국 부모』(공저) 등의 책을 썼다.

옮긴이 이효원

뉴질랜드의 오클랜드 대학교에서 심리학과 범죄학을 전공했다. 오클랜드의 가정폭력피해자센터 패밀리액션(Family Action)에서 인턴 과정을 마쳤으며, 지적장애인지원기관인 서포티드라이프(Supported Life)에서 근무했다. 현재 오클랜드 기술대학교에서 심리치료사 준석사 과정을 마치고 정신분석 석사 과정 중에 있다.

옮긴이 송예슬

대학에서 영문학과 국제정치학을 공부했고 대학원에서 비교문학을 전공했다. 바른번역 소속 번역가로 활동 중이며, 계간지 《뉴필로소퍼》 번역진으로 참여하고 있다. 옮긴 책으로는 『미국, 새로운 동아시아 질서를 꿈꾸는가』『계란껍질 두개골 원칙』 등이 있다. 고양이 말리, 니나, 잎새와 살고 있다.

우리는 왜 어른이 되지 못하는가

일, 육아, 교육이 갈수록 어려워지는 이유

1판 1쇄 펴냄 2020년 8월 31일
1판 2쇄 펴냄 2020년 12월 14일

지은이 파울 페르하에허
옮긴이 이승욱 이효원 송예슬

편집 최예원 조은
미술 김낙훈 한나은
전자책 이미화
마케팅 정대용 허진호 김채훈 홍수현 이지원
홍보 이시윤
제작 박성래 임지헌 김한수 이인선
관리 박경희 김하림 김지현
펴낸이 박상준
펴낸곳 반비

출판등록 1997. 3. 24.(제16-1444호)
(06027) 서울시 강남구 도산대로1길 62 강남출판문화센터
대표전화 515-2000   팩시밀리 515-2007
편집부 517-4263   팩시밀리 514-2329

만든 사람들
책임편집 조은
디자인 이경민